Karl-Marx-Allee
Magistrale in Berlin

Publikationen der Historischen Kommission zu Berlin

Karl-Marx-Allee
Magistrale in Berlin

Die Wandlung der sozialistischen Prachtstraße zur Hauptstraße des Berliner Ostens

Herausgegeben von
Helmut Engel und Wolfgang Ribbe

Akademie Verlag

Titelfoto: Michael Lindner

Die Deutsche Bibliothek – CIP-Einheitsaufnahme

Karl-Marx-Allee – Magistrale in Berlin : Die Wandlung der sozialistischen Prachtstraße zur Hauptstraße des Berliner Ostens / hrsg. von Helmut Engel und Wolfgang Ribbe. –
Berlin : Akad. Verl., 1996
(Publikationen der Historischen Kommission zu Berlin)
ISBN 3-05-003059-3
NE: Engel, Helmut [Hrsg.]

Der Akademie Verlag ist ein Unternehmen der VCH-Verlagsgruppe

Gedruckt auf chlorfrei gebleichtem Papier
Das eingesetzte Papier entspricht der amerikanischen Norm ANSI Z.39.48-1984 bzw.
der europäischen Norm ISO TC 46.

Satz und Litho: Werksatz J. Schmidt, Gräfenhainichen
Druck: GAM Media, Berlin
Bindung: Verlagsbuchbinderei Mikolai GmbH, Berlin
Einbandgestaltung: Ralf Michaelis, Berlin
Printed in the Federal Republic of Germany

Inhalt

Strukturen und Diskussionen

Sanierung eines Baudenkmals

ROSEMARIE BAUDISCH
Verzeichnisse

Vorwort der Herausgeber

Die Karl-Marx-Allee ist der einzige Boulevard, der nach dem Zweiten Weltkrieg in Europa entstand, zugleich auch die wichtigste städtebauliche Leistung Deutschlands in dieser Zeit. Sie gehört zu den bedeutendsten europäischen Baudenkmälern, und zwar nicht nur aus architekturgeschichtlichen Gründen, sondern vor allem auch wegen der mit ihr verbundenen gesellschaftlichen, sozialen und wirtschaftlichen Rahmenbedingungen, die sie geprägt haben.

Entstanden als »Stalinallee« blieb sie während des Kalten Krieges nicht nur wegen ihrer Architektur, insbesondere aus ästhetischen Gründen, umstritten – was im wesentlichen auf ihr äußeres Erscheinungsbild zielte –, sondern auch wegen der mit ihrer Entstehung und Geschichte verbundenen politischen Umstände. Die Internationale Bau-Ausstellung 1958 in West-Berlin war ein »klares Bekenntnis der Architektur zur westlichen Welt« und richtete sich gegen den »stalinistischen Zuckerbäckerstil« der Ost-Berliner Magistrale.

Die Stalinallee sollte den Sieg des Sozialismus demonstrieren, doch der Volksaufstand vom 17. Juni 1953, der hier seinen Ausgang nahm, bewirkte das Gegenteil. Die Partei- und Staatsführung der DDR löste sich von ihrem Prestigeobjekt, und zwar nicht erst mit der recht späten Umbenennung in »Karl-Marx-Allee« (1961), sondern vor allem mit der Ablösung des »nationalen Bauens« durch die uniformen, trostlosen Plattenbauten, die auch den weiteren Ausbau der Magistrale kennzeichneten.

Den Kern der Allee zwischen Strausberger Platz und Frankfurter Tor, das eigentliche Baudenkmal also, gilt es heute mit einem richtungweisenden Konzept zu sanieren, das den Bewohnern das Bleiben ermöglicht und die Allee zu einem »Bummelboulevard« macht, wie er zu einer weltstädtischen Magistrale gehört.

Sowohl die Tagung als auch der vorliegende Band haben profitiert von der Teilnahme von Experten, die mit dem Bauensemble eng verbunden waren. Es handelt sich dabei um den letzten noch lebenden Architekten der Magistrale, Kurt W. Leucht (Dresden), um den ehemaligen Generalkonservator der DDR, Prof. Ludwig Deiters (Berlin) sowie um die frühere Stadtplanerin von Berlin (-Ost), Dr. Dorothea Tscheschner. Bei der Durchführung und Leitung der Tagung stand uns als kompetenter Fachkollege Prof. Dr. Wolfgang Hofmann (TU Berlin) mit Rat und Tat zur Seite.

Eine ergänzende Tagung, die dem Abschnitt zwischen Alexanderplatz und Strausberger Platz gewidmet ist, also jenem Teil der Karl-Marx-Allee, der ursprünglich »Große Frankfurter Straße« hieß, ist geplant, ebenso eine Erörterung des Bauens in dem Bereich der Stalinallee, der heute wieder Frankfurter Allee heißt.

Sowohl unsere Tagung als auch die hier vorgelegte Dokumentation konnten durch die großzügige Unterstützung von Sponsoren realisiert werden. Zu danken hat die Historische Kommission insbesondere Herrn Hans-Ulrich Stork vom Vorstand der Deutschen Pfandbrief- und Hypothekenbank AG (Wiesbaden) sowie Herrn Direktor Donald Möller von der Deutschen Pfandbrief

Immobilienmanagement AG (Wiesbaden), aber auch dem Architekten des Sanierungsvorhabens, Dipl. Ing. Olaf Gibbins (Hamburg/Potsdam/Berlin). Die Inhaber der Karl-Marx-Buchhandlung, Dr. Erich Kundel und Dr. Georg Lenzner, haben uns ebenso unterstützt wie die Architektenkammer Berlin, die für die Tagung Räume zur Verfügung stellten und damit die Teilnehmer mit dem »genius loci« umgaben.

Die Vorbereitung der Tagung lag in den Händen des Konsultationsprogramms der Historischen Kommission zu Berlin. Der Leiter des Konsultationsbüros ist dabei unterstützt worden von Monika Koch, Constanze Mörth und Diana Schulle. Die Redaktion des Tagungsbandes lag in den bewährten Händen von Rosemarie Baudisch in reibungsloser Zusammenarbeit mit Günter Hertel, Heidemarie Kruschwitz und Christine Fromm vom Akademie Verlag. Ihnen allen sei für ihre Mitwirkung herzlich gedankt.

Helmut Engel
Wolfgang Ribbe

Hans-Ulrich Stork

Einführung

Über ein Bauwerk ist selten so viel Widersprüchliches gesagt und geschrieben worden wie über die Karl-Marx-Allee, vormals Stalinallee. Dies ist nicht ungewöhnlich, wenn es sich um ausgefallene Architekturen handelt. Ungewöhnlich ist, daß der Meinungsstreit unter den Politikern in Ost und West ebenso intensiv ausgefochten wurde wie unter Stadtplanern, Soziologen und Wirtschaftsfachleuten.

Nicht ganz so ungewöhnlich ist, daß nach der Überwindung des Kalten Krieges und der überraschenden Wiedervereinigung die Karl-Marx-Allee für den nachdenklichen Betrachter das zu werden beginnt, was sie immer sein sollte: ein Zeugnis

- imponierender Aufbauleistung im Hinblick auf den kurzen Fertigstellungszeitpunkt und der Bau- und Ausstattungsqualität;
- für den Wunsch der notleidenden Nachkriegsgeneration nach einem behüteten und gutbürgerlichen Wohnideal;
- für die Identifikationskraft einer hungernden und frierenden Notgemeinschaft mit starkem Wiederaufbauwillen.

Ihre Ideen und Wunschvorstellungen waren zum damaligen Zeitpunkt sicherlich nicht politisch okkupiert. Mit Bert Brecht könnte man sagen: »Erst kam das Fressen und dann die Moral«.

Zeitgeschichtlich manifestierte sich nach der Meinung des Westens in dieser Allee alles Negative, das man summarisch als »DDR-Unkultur« bezeichnete. Und so fand man es auch nur konsequent, daß hier der Arbeiteraufstand des Jahres 1953 losbrach.

Sicher wollte Walter Ulbricht mit der Stalinallee ein »Symbol des Fortschrittes« entstehen lassen. In seiner programmatischen Rede vor der Volkskammer am 31. Oktober 1951 bekannte er, welche Architektur nach seiner Meinung nicht richtig sei: »Gleichzeitig mit dem Studium der nationalen Tradition als Grundlage der Entwicklung unserer Architektur müssen wir den Bauhaus-Stil als volksfeindliche Erscheinung klar erkennen«, und weiter »Wie würde aber Berlin aussehen, wenn so wie in den westdeutschen Städten jeder Kapitalist das Recht hätte, Gebäude zu entwerfen unter Verzicht auf jeden Fassadenschmuck ...«

Gegen die Ost-Berliner Magistrale setzte West-Berlin 1957 sein Zeichen: die Interbau, die ein »klares Bekenntnis der Architektur zur westlichen Welt« ablegen sollte. Bundespräsident Theodor Heuss schrieb im Katalog, damit werde »eine Baugestaltung vollzogen, die, die Mitte des 20. Jahrhunderts dokumentierend, sich durchaus den Forderungen und Gesetzen eines Kommenden verpflichtet weiß«.

Das war vor vierzig Jahren. Dazwischen hat sich die Baukultur weiter verändert: Die Stalinallee wurde umgetauft in Karl-Marx-Allee und in ihren weiteren Abschnitten mit jenen »Eierkisten« weitergebaut, die Ulbricht so verteufelt hatte.

Mittlerweile haben die westlichen Planer die Interbau-Ideen weit hinter sich gelassen und in West-Berlin die »Internationale Bauausstellung« in den achtziger Jahren veranstaltet. Bereits damals sahen wichtige IBA-Architekten in der Karl-Marx-Allee die wichtigste städtebauliche Leistung Deutschlands nach dem Zweiten Weltkrieg. So ist die Karl-Marx-Allee auch der einzige Boulevard, der nach 1945 in Mitteleuropa entstanden ist. Erklärte Vorbilder für die Architekten waren die großen Aufbauprojekte in Moskau, Kiew, Leningrad und – vor allem – in Warschau.

Heute gehört die Allee zu den wichtigsten städtebaulichen Denkmälern in Europa; nicht nur wegen ihrer stadträumlichen Dimensionen und herausragenden Einzelbauwerke, sondern auch wegen der sozio-ökonomischen Rahmenbedingungen, die den Standort geprägt haben. Nachträglich sollten andere politische Richtungen nicht das Recht haben, dieses Ensemble für sich zu besetzen, um es zu verfremden.

Der Wandel der Meinungen und die nebeneinander bestehenden schroffen Gegensätze haben das kulturelle Bild Berlins in seinen wichtigsten Wachstumsperioden schon immer bestimmt. Diese Kontraste müssen erhalten bleiben, nicht nur als Zeugnisse der Geschichte, sondern als Beweis für eine intellektuell vitale Metropole, die Berlin künftig wieder sein möge.

Gerade heute, da es um das Gesicht der neuen/alten deutschen Hauptstadt geht, die seit 1990 radikal, also von den Wurzeln her umgekrempelt wird, muß man für alle baulichen Spuren der Vergangenheit dankbar sein. So kann man auch die Idee der Stalinallee sehen: »Man hat sich bei ihr nicht auf neue Stadtformen einlassen wollen«, wie es der Altmeister der Architekturhistoriker, Julius Posener, einmal nannte. Im Konzept der großen Berliner Boulevards (Kurfürstendamm im Westen, Unter den Linden in Berlins Mitte) darf die Karl-Marx-Allee im Osten nicht fehlen, auch wenn sie sich noch zu einem »richtigen« Boulevard entwickeln muß. Wir können entscheidend dazu beitragen, daß sie diesen Charakter in naher Zukunft erhält.

Sicher besteht heute eine Diskrepanz zwischen Funktion und Form der Gebäude, zwischen Wohnungen für Aktivisten, verdiente Arbeiter und der Schloßarchitektur der Fassaden. Aber wer will schon wissen, was hinter den Fassaden an den Champs-Élysées, den Ramblas in Barcelona oder der Bahnhofstraße in Zürich passiert, solange Menschen darin wohnen und arbeiten. Wichtig ist, daß die Straße lebt, auch ohne Touristen. Das »Versailles der Bürger«, gewissermaßen den nachmodernen Verwandten der Stalinallee, scheinen seine Bewohner zu lieben und die Fachleute zu achten. Nur eines sollte die Karl-Marx-Allee niemals werden: eine der wichtigsten Aufmarschstraßen des östlichen Stadtgebietes für Kundgebungen und Demonstrationen.

Die Architektenkammer Berlin hat in der Karl-Marx-Allee Standort bezogen. Sie ist prädestinierter Ort für die Auseinandersetzung zwischen Wesen und Sein der Magistrale. So wünsche ich mir von dieser Tagung der Historischen Kommission zu Berlin jene Kenntnisse aus unserer historischen Bau- und Kulturerfahrung, die uns die Wiederherstellung dieses europäischen Baudenkmals auch mit überzeugendem »Philosophie-Kapital« gestattet. Wir sollten nicht nur an den Steinen werkeln, sondern gerade an diesem Ort auch die Ideen des urbanen Lebens überzeugend voranbringen und umsetzen.

Stadtplanung, Architektur und Politik

Dorothea Tscheschner

Stadtplanung und Städtebau

Das Bauensemble Stalinallee ist der herausragendste und beispielgebende Meilenstein in der Anfangsgeschichte der DDR-Städtebau- und Architekturentwicklung und als solcher unverzichtbar für das Verständnis dieser Zeit. In zweijähriger Rekordzeit wurde 1952/53 eine weitgehend homogene, sieben- bis neungeschossige Straßenbebauung auf ca. 1,8 Kilometer Straßenlänge, zwischen Strausberger Platz und der Platzkreuzung Bersarin-/Warschauer Straße (seit 1961 »Frankfurter Tor«) errichtet. Gleichzeitig entstand der Strausberger Platz mit schalenförmiger Randbebauung und sieben- bis dreizehngeschossig gestaffelten Punkthäusern. Die östliche Fortsetzung der Magistralengestaltung um weitere 500 Meter bis zur Proskauer Straße einschließlich der markanten Turmkuppeln am Frankfurter Tor fand 1960 ihren Abschluß.

Blick vom Strausberger Platz in Richtung Frankfurter Tor

Der als »großstädtisch« verstandene monumentale Städtebau-Komplex bildet einen durchschnittlich 80 Meter breiten Straßenraum (stellenweise bis 115 Meter Breite), begleitet von 100 bis 280 Meter langen Baublöcken mit insgesamt etwa 5000 Wohnungen in den Obergeschossen. Die Erdgeschosse umfaßten durchgängig Läden, Gaststätten, Dienstleistungseinrichtungen, auch kleinere Spezialkaufhäuser und Kulturstätten.

Im Volksmund erhielt der Straßenzug verschiedene Namen, in denen sich das gespaltene Verhältnis der Bevölkerung zu seiner auf klassizistischen Anleihen beruhenden Architektur Luft machte. Er wurde »Kulinatra-Allee« (Kurt-Liebknechts-Nationale-Traditions-Allee) genannt oder die »Zuckerbäckerallee«. Auch der Begriff »Natitradi« (Nationale Tradition) war vor allem unter den Architekturstudenten geläufig als verächtliche Ironie gegenüber einer Architekturauffassung, mit der sie sich schwer taten.

Nachdem die Bebauung der Stalinallee entsprechend ihrer ursprünglichen Planung (jedoch in erheblich veränderter Form als »sozialistischer Wohnkomplex«) 1959 bis 1965 bis zum Alexanderplatz fortgeführt wurde, unterschied man zunächst zwischen der »alten« und der »neuen« Stalinallee. Mit der Umbenennung in Karl-Marx-

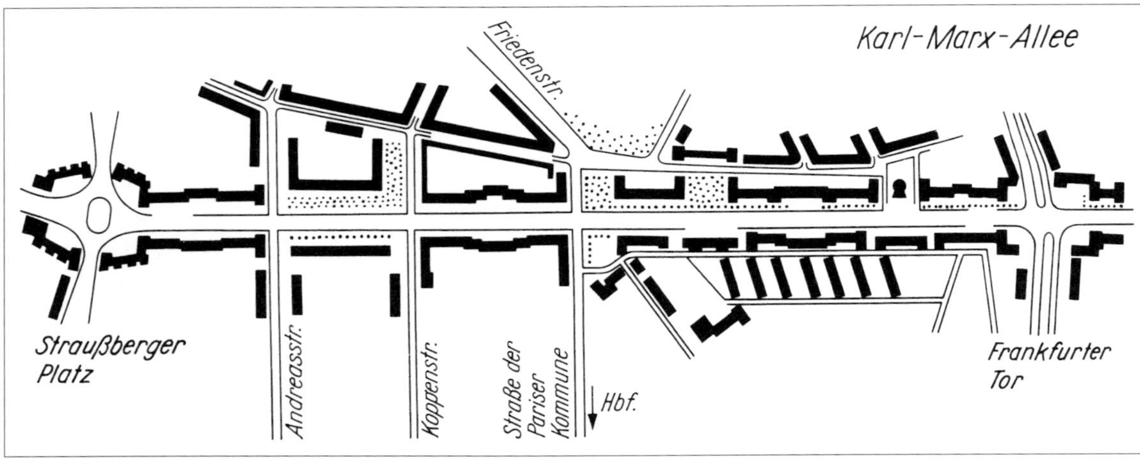

Bebauungsstruktur Karl-Marx-Allee zwischen Strausberger Platz und Frankfurter Tor

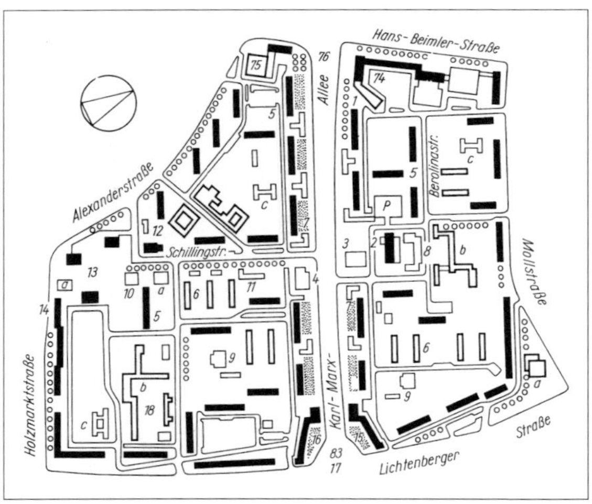

Bebauungsstruktur Karl-Marx-Allee zwischen Alexanderplatz und Strausberger Platz

Allee wurden die Bezeichnungen »Erster« beziehungsweise »Zweiter Bauabschnitt« eingeführt. Gelegentlich blieb es auch bei der »alten« und »neuen« Karl-Marx-Allee – »Kalle-Malle«, wie sie der Berliner getauft hatte. Namen und Begriffe unterlagen in der DDR vor allem bei Neubaugebieten entwicklungsbedingt einem mitunter häufigen Verschleiß!

Der unübersehbare Bruch in der Städtebau- und Architekturauffassung der Baugebiete von »alter« und »neuer« Karl-Marx-Allee, die zum Ende der fünfziger Jahre vollzogene Abkehr von der traditionell geschlossenen Straßenbebauung, von der Klassizismus-Adaption, von Stalinkult und Prunksucht sowie der radikale Sieg der Moderne mit offenen Städtebau-Strukturen und industriell vorgefertigten Großplattenbauten läßt viele Wissenschaftler gegenwärtig an den Ursachen herumrätseln. Es waren aber beide Entwicklungen gleichermaßen politisch bestimmt und strikt vorgegeben, Ausdruck eines sich rasant verändernden Zeitgeistes, dem die wachsende Ost-West-Konfrontation an der Nahtstelle der Besatzungssysteme in der geteilten deutschen Hauptstadt die wechselnden Richtungen diktierte.

Der Aufbau der zerstörten Städte im Nachkriegsdeutschland der Jahre 1945 bis 1950 wurde unter Planern und Architekten überwiegend als Chance gesehen, städtebauliche Strukturanpassungen an die durch Technik und Wissenschaft geänderten Lebensbedingungen vorzunehmen. Hierbei spielte – nicht zuletzt aus politischer Abkehr von der Architektur des Nationalsozialismus – die Rückbesinnung auf die Bauhaus-Theorien zum »Modernen Bauen« wie auch auf die 1933 unter Federführung Le Corbusiers formulierte »Charta von Athen« eine bedeutsame Rolle. Diese wurden vor allem als Notwendigkeit zur Schaffung moderner Verkehrssysteme sowie funktionsgerechter Arbeitsstätten und Wohngebiete verstanden, die durch Grünzüge und Parkanlagen im Sinne »aufgelockerter Stadtlandschaften« gegliedert sein sollten, während die Formensprache in der Architektur von Klarheit, Funktionalität und Materialgerechtigkeit bestimmt wurde. Weitgehende Übereinstimmung bestand auch darin, daß in der deutschen Hauptstadt die »stark verbaute« Alt-Berliner Mietskasernenstadt nicht rekonstruierbar sei.

Der deutschen Zweistaaten-Bildung im Jahr 1949, in deren Konsequenz Berlin auf Jahrzehnte geteilt wurde, folgte bald ein Auseinanderdriften der stadtbaukünstlerischen Vorstellungen nach West- und Ostorientierung. Unabhängig davon bildeten jedoch die unter Leitung von Hans Scharoun, Karl Bonatz und Wils Ebert konzipierten »Aufbaupläne« für Berlin das Grundgerüst aller folgenden Stadtplanungswerke in dem aus der Sowjetischen Besatzungszone entstandenen Ostteil der Stadt – auch wenn dieses häufig divergierend interpretiert wird. Mit der Planung »neuer Wohnzellen« im Bereich der Frankfurter Allee war bereits 1946 begonnen worden, da der Bezirk Friedrichshain zu den stark zerstörten und dichtest besiedelten Stadtgebieten gehörte. 1949 entstanden an der Südseite Frankfurter Allee und im südlich angrenzenden Gebiet Weberwiese die ersten Bauten der »Wohnzelle Friedrichshain« nach einem Entwurf von Hans Scharoun und Ludmilla Herzenstein. Die Grundsteinlegung durch den neu gekürten Präsidenten Wilhelm Pieck im Dezember 1949 wies auf den politischen Stellenwert dieses Ereignisses hin.

In den der DDR-Gründung folgenden Monaten wurden unter starkem sowjetischen Einfluß eine Reihe maßgeblicher Dokumente erarbeitet und beschlossen, die neue Grundlagen für die Baupolitik, den städtebaulich-architektonischen Schaffensprozeß und nicht zuletzt für eine politisierte Theorie-Diskussion schufen. Es waren das »Gesetz über den Aufbau der Städte in der DDR und der Hauptstadt Deutschlands, Berlin«, genannt »Aufbaugesetz«, und die »Grundsätze des Städtebaues«, beide vom Ministerrat am 23. August beziehungsweise 27. Juli 1950 verabschiedet und durch die Volkskammer am 6. September 1950 bestätigt. Kurt Junghanns verglich 1951 die Grundsätze des Städtebaues mit der »Charta von Athen« und stellte fest: »Die Charta forderte, vom Individuum ausgehend, die Stadt um die Wohnung – als Oase des Lebenskampfes – herum zu bauen. Die Grundsätze nahmen dagegen die alte Linie des Städtebaues wieder auf und machten das Zentrum zum Ausgangspunkt der Stadtplanung«[1]. Gleichzeitig hatte auf Walter Ulbrichts Drängen das Zentralkomitee der SED zu einer Diskussion um den Weg »zur neuen großen nationalen Baukunst«[2] aufgerufen. Damit wurde der Startschuß

Deutsche Sporthalle 1953

1 Kurt Junghanns, *Zwei interessante städtebauliche Dokumente,* in: *Planen und Bauen* 2 (1951).

2 Kurt Liebknecht, *Im Kampf um eine deutsche Architektur,* in: *Neues Deutschland,* vom 13. 2. 1951; ferner in: *Neues Deutschland,* vom 14. 3. 1951, 23. 3. 1951 und 29. 7. 1951; ders., *Fragen der deutschen Architektur.* Referat auf dem 1. Deutschen Architektenkongreß Berlin, Dezember 1951.

Schlüterfiguren vor der Sporthalle.
Kopien aus dem Berliner Schloß

zur Entdeckung eines neuen Schlachtfeldes im »Kalten Krieg« gegeben, methodologische Städtebauprobleme ebenso wie Baukunst und Ästhetik zu aggressiven Ideologie-Waffen instrumentalisiert und von Ost und West gleichermaßen mit großer Dogmatik gehandhabt. Es wuchsen schneller neue Politik-Fronten denn neue Häuser oder Stadtgebiete. »Formalismus, Konstruktivismus, Kosmopolismus« lauteten die Schimpf-Klischees gegenüber den »imperialistischen Bauten der Moderne« auf der einen Seite, »Epigonentum und Eklektizismus« hieß die Suche nach »den nationalen Traditionen in der Architektur« auf der anderen Seite. Kaum fertiggestellt, wurden deshalb seitens der Partei-Oligarchie die mit Laubengängen und in Zeilenbauweise errichteten Gebäude der »Wohnzelle Friedrichshain« mit harscher Kritik bedacht, als Gipfel architektonischer Primitivität und der Arbeiterklasse unwürdig bezeichnet, ihr Weiterbau eingestellt.

»Wir wollen in Berlin keine amerikanischen Kästen und keine Bauten im Hitlerschen Kasernenstil mehr sehen«[3], verkündete Walter Ulbricht auf dem III. Parteitag der SED (20. bis 24. Juli 1950) und weiter: »Wäre es nicht zweckmäßig, im Zentrum der Stadt den Straßenzug von der Stalinallee bis zum Brandenburger Tor wieder aufzubauen ... die neuen Gebäude ... architektonisch schön im Sinne des Volksempfindens zu gestalten?«.[4] Ulbrichts »Hinweise«, die häufig nicht mehr als laute Gedanken darstellten, wurden in der Partei und den Medien wie ein Evangelium behandelt und gebetsmühlenartig propagiert, obgleich ihre Realisierung nicht selten sehr unrealistisch war.

In dieser von kurzfristigen Festlegungen, vielen Improvisationen und ungeübten Auftraggebern geprägten Zeit bedurften die verantwortlichen Architekten eines beachtlichen Maßes an Kreativität, Erfahrung und kollektiven Denkens, um den sich überstürzenden Bauaufgaben gewachsen zu sein. So bekam der nach jahrzehntelanger Emigration zurückgekehrte Richard Paulick, einstiger Mitarbeiter von Walter Gropius in Dessau, zunächst den Auftrag, innerhalb von knapp fünf Monaten zu den III. Weltfestspielen der Jugend und Studenten (August 1951) eine Sporthalle für Leichtathletik-Wettkämpfe mit ca. 5000 Zuschauer-Plätzen an der Nordseite der Stalinallee zwischen Andreas- und Koppenstraße zu errichten. Sie war Teil eines in 148 Tagen zu realisierenden gigantischen Sportbau-Programmes, welches für die Weltfestspiele internationalen Wettkampfbedingungen zu entsprechen hatte. Paulick schuf einen im Grundriß elliptischen Rundbau in schlicht-moderner und doch eindrucksvoller Formensprache. Stahlbetonelemente waren kombiniert mit Stahlkonstruktionen, die zum Teil aus den Brandruinen des Berliner Schlachthofes geborgen, durch Travertin-Blöcke verkleidet wurden. Kopierte Schlüterfiguren vom Ostflügel des Schlosses schmückten die Eingangsterrasse. Auf der gegenüberliegenden südlichen Straßenseite blickte Josef W. Stalin von seinem Denkmalpodest siegesgewiß und wohlgefällig auf das erste markante Bauwerk seiner neuen Allee. Die kaum überlebensgroße Bronzefigur in einer Grünanlage war von einem sowjetischen Bildhauer geschaffen

3 Siehe *Protokoll der Verhandlungen des III. Parteitages der Sozialistischen Einheitspartei Deutschlands*, 20.–24. 7. 1950, S. 379.

4 *Ebda.*

Das Stalindenkmal gegenüber der Sporthalle

worden, nachdem die Ostradiale Große Frankfurter Straße/Frankfurter Allee am 21. Dezember 1949 anläßlich Stalins 70. Geburtstages seinen Namen erhalten hatte. So standen nach dem blutigen Ende des Zweiten Weltkrieges, der in Berlin 20 Millionen Kubikmeter Trümmer hinterlassen hatte – eine Masse, die zwanzig Cheopspyramiden gefüllt hätte –, Schlüters Heroen und Stalin einander Auge in Auge gegenüber am vermeintlichen Beginn einer neuen besseren Gesellschaftsepoche – Mirakel, Zynismus oder nur einfacher Zufall?

Fast gleichzeitig, vom 24. April bis 31. Juli 1951, hatte der Magistrat von Groß-Berlin mit der politisch vorgegebenen Zielstellung zur Errichtung einer repräsentativen Großstadt-Magistrale entlang der Stalinallee einen städtebaulichen Ideenwettbewerb ausgeschrieben. In der Ausschreibung heißt es unter anderem:

- »Der Wettbewerb ist die erste große baukünstlerische Aufgabe ... an entscheidender Stelle die architektonische Lösung zu finden, die der Bedeutung der Hauptstadt Deutschlands entspricht.
- Im kapitalistischen Berlin wurden die Arbeiterviertel mit ihren Mietskasernen im Osten der Stadt zum städtebaulichen Schandfleck ... Die Neuplanung und der Neuaufbau sehen ... eine grundlegende Veränderung dieses Stadtteiles vor.«[5]

Gefordert waren Städtebau-Lösungen für den Straßenabschnitt vom Strausberger Platz bis einschließlich der Straßenkreuzung Bersarin- (Petersburger)/Warschauer Straße. Die Baufluchtbreite sollte mindestens 75 Meter betragen, die Höhe der Randbebauung acht Geschosse und mehr, die Verbreiterung des Straßenraumes einseitig nach Norden erfolgen.

Unter den insgesamt 43 eingereichten Wettbewerbsarbeiten zeigten zur Enttäuschung von

5 Vgl. Johann Friedrich Geist/Klaus Kürvers, *Das Berliner Mietshaus 1945–1989*, München 1989, S. 332.

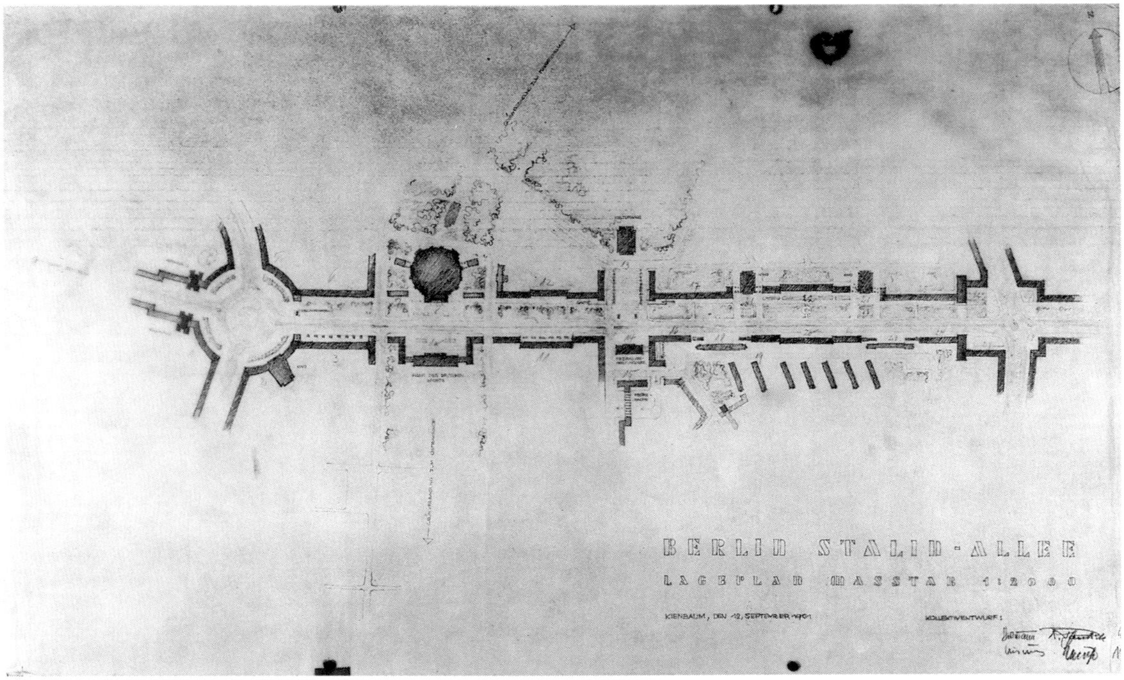

»Kienbaumplan« vom 12. September 1951

Jury und Auftraggeber, ungeachtet der scharfen öffentlichen Kritikdiskussion, viele Entwürfe Städtebaustrukturen in Zeilenbau, die als »formalistisch«, mit »unstädtischem Siedlungscharakter« ebenso entschieden auf Ablehnung stießen wie ihre »Eierkästenarchitektur«. Es wurden fünf Preise ausgelobt. Den 1. Preis erhielt Egon Hartmann (Erfurt), die weiteren Preise wurden an die Architekten Richard Paulick, Hanns Hopp (Deutsche Bauakademie), Kurt W. Leucht (Ministerium für Aufbau) und Karl Souradny (Leipzig) vergeben. Trotz Preisverleihung empfahl die Jury keine Arbeit zur Ausführung. Notgedrungen erklärten sich die Preisträger daraufhin bereit, gemeinsam ein neues Bebauungskonzept zu erarbeiten. So entstand innerhalb einer Woche der nach dem Klausurort benannte »Kienbaum-Plan«, datiert vom 12. September 1951.

Abweichend von den Wettbewerbsarbeiten, die die Gestaltung der angrenzenden Gebiete in die Gesamtlösung einbezogen hatten, reduzierte sich die Überarbeitung aus Zeitknappheit auf die Bebauung des Straßenraumes. Dieser hatte eine stark symmetrisch aufgebaute Gliederung erhalten, unterbrochen durch Platzaufweitungen an den Kreuzungspunkten zwischen Andreas- und Koppenstraße sowie an der Fruchtstraße (Straße der Pariser Kommune), nicht zu vergessen die das Ensemble beidseitig begrenzenden weiträumigen Stadtplätze des Frankfurter Tores und des Strausberger Platzes. Als Fixpunkte neben den wichtigen Straßenkreuzungen galten außer der Sporthalle lediglich die ungeliebten und deshalb mit Pappeln zugepflanzten zwei fünfgeschossigen Heimstätten-Laubenganghäuser von Ludmilla Herzenstein auf der Südseite der Allee.

Das mit dem kurzfristigen Bau der Berliner Sport-

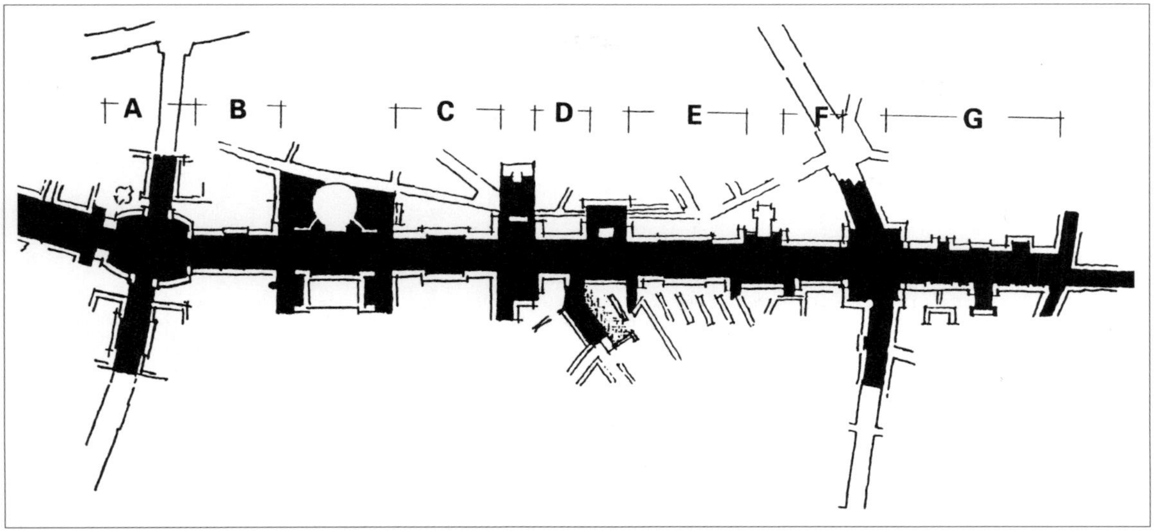

Bauabschnitte der Stalinallee zwischen Strausberger Platz und Proskauer Straße

stätten vorgelegte rasante Bautempo sollte nach Abschluß der Weltfestspiele nicht versanden, die begeisterte Aufbruchstimmung der Jugend zu neuen Zielen gelenkt werden. Am 25. November 1951 proklamierte deshalb das ZK der SED in der Zeitung »Neues Deutschland« das »Nationale Aufbauprogramm Berlin 1952«, in dem die Bevölkerung zur Enttrümmerung Ost-Berlins sowie zur Unterstützung der geplanten Baumaßnahmen in der Stalinallee durch freiwillige Spenden und Leistungen aufgerufen wurde. Als Belohnung winkten Geldprämien einer Aufbau-Lotterie und Wohnungsanrechte in den Neubauten der Stalinallee. Der Erfolg übertraf alle Erwartungen. Auf der Großbaustelle tummelten sich im Folgejahr bis 10000 Hilfskräfte und Bauarbeiter.

Durch diese Ereignisse unter enormen Termindruck gesetzt, wurde das Bebauungskonzept kurzerhand unter die fünf Preisträger-Architekten aufgeteilt, die Straße in fünf Bauabschnitte gegliedert. Dazu kam als sechster Bauabschnitt noch der Strausberger Platz, später ergänzt durch das Frankfurter Tor und die Fortsetzung der Magistrale bis Proskauer Straße. Die mit alphabetischen Buchstaben bezeichneten Bauabschnitte waren:

Bauabschnitt		Verantwortlicher Architekt
A	Strausberger Platz	Hermann Henselmann
B	Strausberger Platz bis Andreasstraße	Egon Hartmann
C	Koppenstraße bis Fruchtstraße (Straße der Pariser Kommune)	Richard Paulick
D	Fruchtstraße bis westliches Laubenganghaus	Kurt W. Leucht
E	Westliches bis östliches Laubenganghaus	Hanns Hopp
F	Östlich Kino Kosmos bis westlich Frankfurter Tor	Karl Souradny
G	Spätere Fortsetzung vom Frankfurter Tor bis Proskauer Straße	Hanns Hopp
	Platzbebauung Frankfurter Tor	Hermann Henselmann

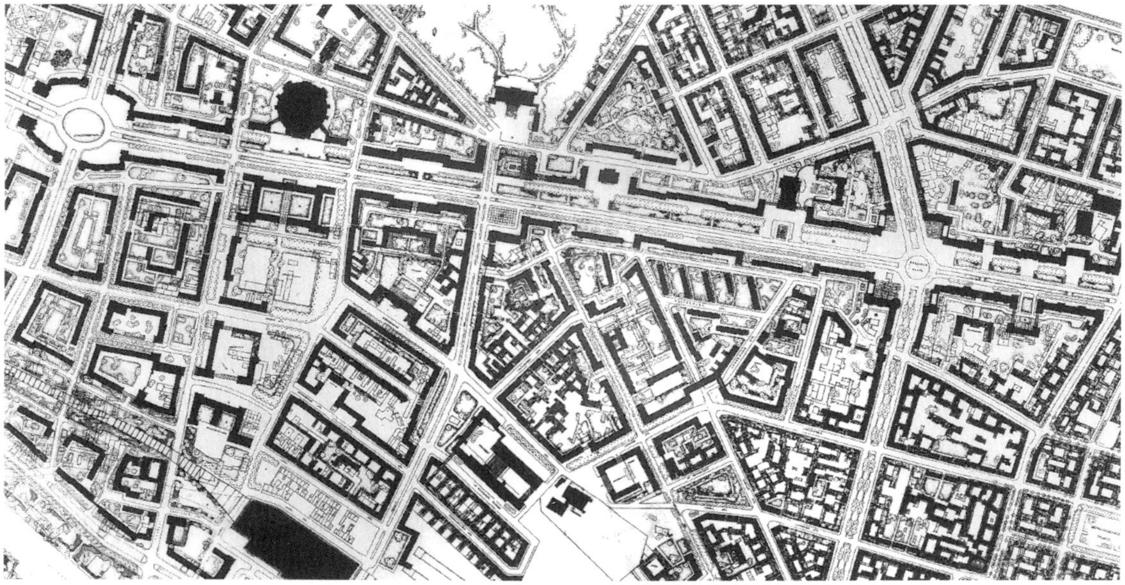

Bebauungsplan Stalinallee, Dezember 1951

In den letzten Jahren, aber auch schon früher, wurde durch Medien und Journalisten der Eindruck suggeriert, die Stalinallee sei das Werk des Architekten Hermann Henselmann. Zwar hat Henselmann solches nie behauptet, entsprechenden Darstellungen aber auch nicht sehr laut widersprochen. Ohne die Absicht, einen Nachruhm schmälern zu wollen, ist doch korrekterweise festzustellen, daß die Stalinallee von den fünf zuvor genannten Architektenkollektiven gleichberechtigt konzipiert wurde, und zwar die in den festgelegten Bauabschnitten einander jeweils gegenüberstehenden Straßenbebauungen. Von Henselmann, der erst nach Fertigstellung des Entwurfes zum Wohnhochhaus an der Weberwiese im Oktober 1951 hinzukam, wurden ausschließlich der Strausberger Platz und der Platz am Frankfurter Tor, also gewissermaßen nur »der Kopf und die Füße« der Stalinallee gestaltet. Zum Gesamtkoordinator der Entwurfs- und Projektierungsarbeit war Richard Paulick bestellt, der bereits bei der Erarbeitung des »Kienbaum-Planes« mit der Gesamtleitung betraut wurde. Wenn es denn einen »Vater der Stalinallee« zu nennen gälte, so hätte er den Namen Richard Paulick zu tragen.

Im Verlauf der »Formalismus-Kritik« waren die beiden Meisterwerkstätten Henselmann und Paulick (Deutsche Bauakademie) Anfang 1951 mit einer Überarbeitung der Scharoun-Planung für die Wohnzelle Friedrichshain von 1949 beauftragt worden. Die von ihnen vorgelegten Neuentwürfe im vermeintlichen Bauhausstil wurden als »armselig«, »menschenunwürdig« und »ohne ästhetisch schöne Gliederung« zurückgewiesen. Im Sekretariat der SED-Landesleitung kam es am 25. Juli 1951 zum Eklat. Henselmann, Hopp und Paulick wurden vergattert, innerhalb von acht Tagen andere »fortschrittliche Entwürfe – auf gesunder Linie bzw. im neuen Geiste« zu erarbeiten, die dann mit »Trotz und Wut im Bauch« [Henselmann] auch gemacht wurden.[6] Henselmanns Kon-

6 J. F. Geist/K. Kürvers, *Das Berliner Mietshaus* ... (wie Anm. 5), S. 332–335.

zept überzeugte Walter Ulbricht und fand am 4. August seine Bestätigung durch den Magistrat. Das erste klassizistische Hochhaus mit neun Wohngeschossen an der Weberwiese war geboren. Der Baubeginn fand bereits am 1. September 1951 statt, obwohl der Entwurf noch gar nicht fertig gezeichnet war, und zum 1. Mai 1952 erfolgte fristgemäß die Übergabe der 33 Wohnungen.
Henselmann hatte sich durch seinen Erfolg mit der Weberwiese für die Gestaltung des Strausberger Platzes legitimiert. Als Gegenentwurf zu dem von Paulick vorgeschlagenen Kreisplatz konzipierte er einen dem Straßenknick folgenden Trapezplatz mit zwei turmartigen Hochhäusern – gewissermaßen als Tor in das neue sozialistische Stadtzentrum der deutschen Hauptstadt.
Vom 9. bis 11. Dezember 1951 fand der erste Deutsche Architektenkongreß in Berlin statt, an dem auch sowjetische Kollegen, darunter der Chefarchitekt von Moskau, Wlassow, teilnahmen. Der Kongreß stand erwartungsgemäß völlig im Zeichen der »geschichtlichen Aufgabe der Architekten«, wie es Ulbricht in seiner Rede formulierte: » ... die großen Ideen des Fortschritts, des Kampfes um ein friedliches Deutschland und der neuen Zeit in ihren Bauwerken zu gestalten«.[7] Im Mittelpunkt der öffentlichen Ausstellung befand sich ein neuer Generalbebauungsplan des Berliner Zentrums und ein Modell der geplanten Stalinallee, die gleichzeitig der Presse vorgestellt wurden. Alle wesentlichen Entscheidungen zur Gestaltung des 1,8 Kilometer langen Straßenabschnittes vom Strausberger Platz bis zur Kreuzung Bersarinstraße waren bis Januar 1952 getroffen, die Inanspruchnahme der Grundstücke hatte bereits das Aufbaugesetz 1950 geregelt. Auch der Strausberger Platz, die Kreuzung der Stalinallee mit dem geplanten, das Zentrum umgebenden Hauptverkehrsring, hatte mit seinem Platzoval und den torartigen Punkthäusern als symbolischer Eingang ins Stadtzentrum bereits seine endgültige Form gefunden, nachdem die sowjetischen Kollegen durch entsprechende Hinweise mitgewirkt hatten.
Wie noch heute im Mitteldurchgang des Blockes E Süd (Hanns Hopp) auf einer Tafel nachlesbar ist, erfolgte dort die Grundsteinlegung am 3. Februar 1952 durch den Ministerpräsidenten Otto Grotewohl. In einem kaum vorstellbaren Kraftakt wurden dann in knapp zwei Jahren nahezu zeitgleich alle die Straße flankierenden Gebäude hochgezogen. Stalins Geburtstag am 21. Dezember 1953 war der magische Fertigstellungstermin. Ihm zuliebe – und natürlich wegen des zu hohen Kostenaufwandes – wurde bei den Keramikfassaden auf Hinterlüftung verzichtet, wurden die Kacheln auch in der Frostperiode des damals kalten Winters an der Fassade befestigt. Stalin kam zu seinem Recht (obwohl bereits verstorben und einbalsamiert), die Wohnungen wurden mit preußischer Pünktlichkeit übergeben, Ulbricht war zufrieden gestellt – nur das Berliner Bauwesen besaß schon bald die größte Havariebaustelle in der DDR, die schließlich jahrzehntelang einen eigenen Betrieb rund um die Uhr voll auslastete und Generationen Wissenschaftler mit immer neuen Versuchen beschäftigte, den Keramikfassaden ohne Totalerneuerung Stabilität zu verleihen.
Die politischen Versprechen wurden eingehalten und jeder, der ein Los in der Aufbaulotterie gewonnen oder der durch Bauleistungen ein Anrecht erworben hatte, bekam seine Neubauwohnung in

Tafel zur Grundsteinlegung für die Stalinallee im Durchgang Block E-Süd

7 *Walter Ulbricht,* in: *Deutsche Architektur* (1952), H. 1, S. 3.

der Allee. Durch Belegungsbindungen blockierte man einen Tauschhandel und erhielt somit lange Zeit ein gleichbleibendes Sozialgefüge, in dem Produktionsarbeiter neben hohen Parteifunktionären, Ministern oder Hochschulprofessoren Wand an Wand wohnten.

Mühsamer und zeitaufwendiger als der Wohnungsbau ging der Ausbau der Läden und Gaststätten vor sich. Die Punkthäuser am Strausberger Platz mit dem Kinderkaufhaus und dem Puppentheater sowie den Restaurants im »Haus Berlin« waren 1954 fertig. Die anschließend von Henselmann nach Gontards Vorbildern entworfenen Turmbauten als Eingang zum »Inneren Bezirk« am Frankfurter Tor bildeten 1956 den Abschluß dieses ersten Bauabschnitts der Stalinallee. Für den ursprünglich beabsichtigten sofortigen Weiterbau, stadteinwärts bis zum Alexanderplatz und stadtauswärts bis zum S-Bahnhof Frankfurter Allee war die Kraft ausgegangen.

Erstmalig in der deutschen Stadtbaugeschichte wurde ein derart monumentales Ensemble nicht nur geplant, sondern auch zügig und zusammenhängend gebaut. Erstmalig auch handelte es sich bei dieser maßstäblich neuen Repräsentativ-Architektur nicht um besonders bedeutsame Herrschaftsbauten, sondern um ganz normale, dringend benötigte Wohnungen für »Jedermann« in der Bevölkerung. Vorbilder beziehungsweise Parallelen dafür existierten im europäischen Raum lediglich in der Sowjetunion. So erklärt sich die Aufmerksamkeit und das nicht selten natürlich auch naserümpfende Interesse, welches die Stalinallee in internationalen Fachkreisen erregte. Kurioserweise überstieg dieses bei weitem die mehr propagandistisch betriebene als real vorhandene Begeisterung der DDR-Architekten.

Den Entwicklungs- und Gestaltungsprozeß der Magistrale begleitete die ständige Angst vor Monotonie und Schematismus, vor Vergleichen mit der Speer-Planung oder auch mit dem im Wohnungsbauprogramm der Weimarer Republik formulierten »Existenzminimum«. Es wurde deshalb großer Wert auf eine reiche Plastizität und Gliederung der Gebäude gelegt, darauf geachtet, daß durchweg gleiche Wohnqualitäten eingehalten wurden, sich das Wohnniveau der sozialistischen Arbeiterklasse deutlich von dem Berliner Hinterhofmilieu abgrenzte.

Von den geplanten zwei Uraufführungskinos kam nur eines zur Ausführung. Die Errichtung anderer beabsichtigter Gesellschaftsbauten wie das »Haus des Deutschen Sports« gegenüber der Sporthalle, ebenso das auf der gleichen Straßenseite östlich der Fruchtstraße beschlossene Rathaus Friedrichshain und ein an der südwestlichen Platzseite am Frankfurter Tor konzipierter »Tanzpalast« wurden in der Prioritätenliste der Schwerpunktinvestitionen immer wieder von einem Volkswirtschaftsplan zum nächsten verschoben, obwohl es bereits Studien, auch Projekte dafür in Mengen gab. Selbst am Standort des zweiten Kinos befindet sich bis zur Gegenwart eine Rasenfläche mit Sitzbänken, von den Anwohnern notgedrungen als »Grüne Oase« akzeptiert. So konnte die einst geplante Gliederung und Strukturierung der Magistralenbebauung, der Wechsel von Wohnzonen und Bereichen städtischen Lebens im Kontrast von Straßen- und Platzräumen, nie wirklich realisiert werden. Es blieb ein Städtebau-Torso.

Die Gründe für die Unfertigkeit der »alten« Stalinallee lagen sicher nicht nur im damaligen Mangel an Investitionen. Schließlich wurde das einzige Kino Kosmos des Architekten Josef Kaiser 1960/61 als ganz modernes Haus in die Nordseite zwischen die Bauabschnitte G und F eingefügt und zu einem sehr beliebten Anziehungspunkt, der auch architektonisch spannungsreich wirkt.

Ebensowenig fehlte es an Ideen für Stadtattraktionen oder dringendem Bedarf an Neubauten für Kultur, Bildung, Hotels oder ähnlichem. Verwaltungsbauten, Dienstleistungskomplexe oder Gewerbestätten allerdings blieben für die Stalinallee stets ein Tabu-Thema. Zu sehr waren sie mit dem Geruch kapitalistischer Citybildung behaftet, dem erklärten Feind jeglicher städtischer Urbanität. Insofern wurden nicht fertiggestellte Neubauensembles zu DDR-Zeiten keineswegs als nationales Unglück oder verpaßte Chance empfunden, sondern stets als offene Option für eine leistungsfähigere Zukunft. Nicht bebaute Stadträume trugen kein Negativ-Image, sondern bedeuteten Hoffnung, was auch in der Bevölkerung nicht anders gesehen wurde.

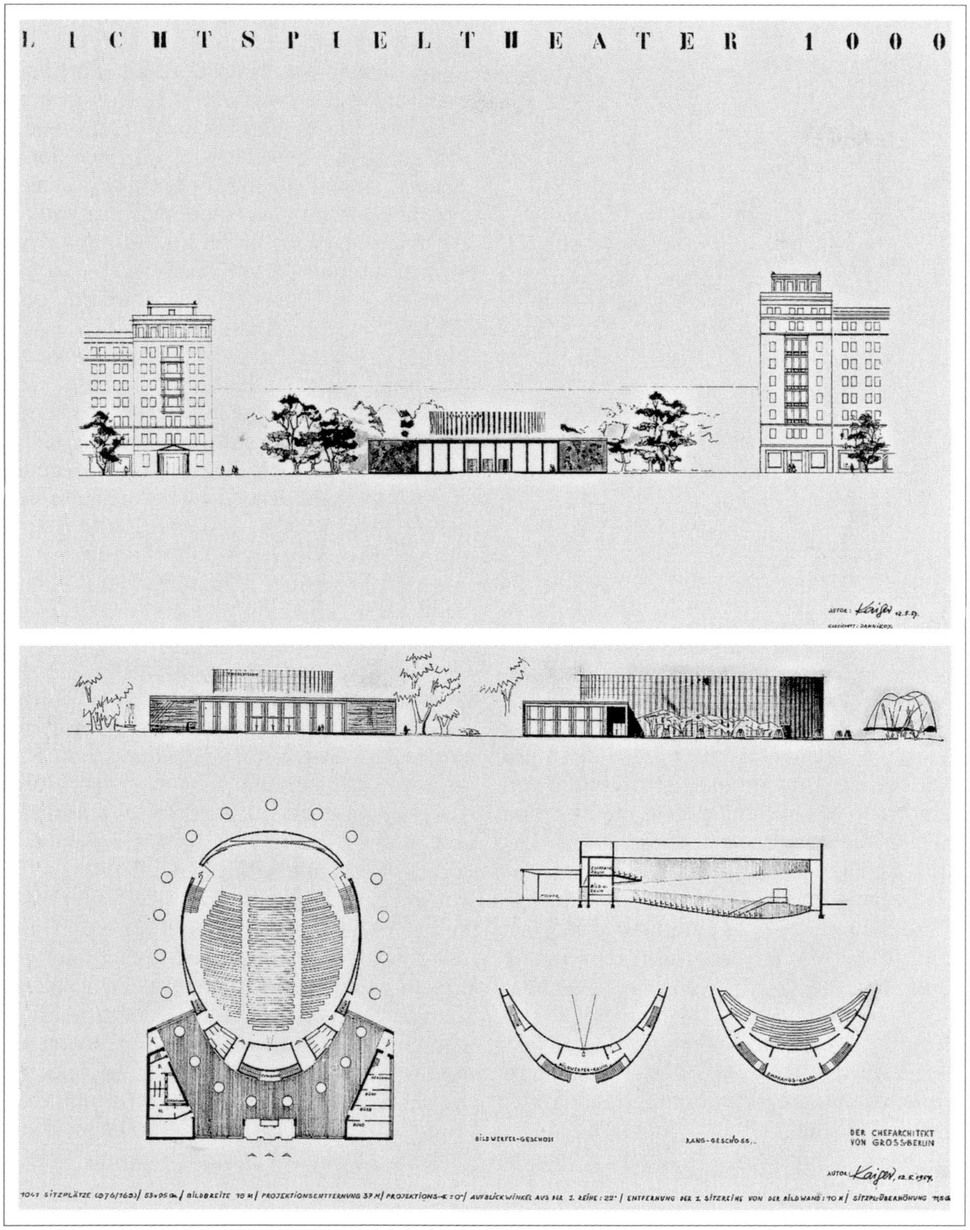

Kino Kosmos, Grundrisse, Schnitt, Ansichten.
Entwurf Josef Kaiser 1959

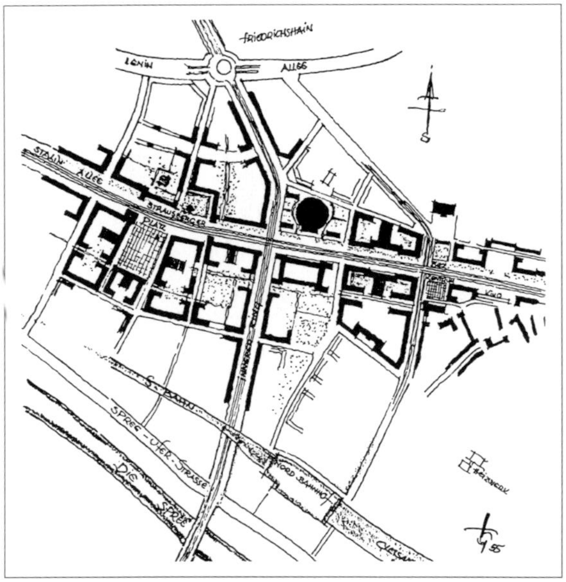

Analyse von Hans Gericke, 1955.
Vorschlag zur Verlegung der Verkehrstangente vom Strausberger Platz in den Straßenzug Andreasstraße

Dennoch bleibt die Frage offen, warum die beim Bau der Stalinallee angebotenen städtebaulichen Möglichkeiten zur Bereicherung des gigantischen Stadtraumes so wenig genutzt wurden. Die Ursachen dafür sind mit Sicherheit eher in den Bereichen politischer Meinungs- und Entscheidungsbildung zu suchen denn in Kommunalstrategien, was allerdings schwer zu beweisen sein dürfte und nur mit langjähriger Erfahrung erkennbar wäre.

Diese Haltung – denn eine solche ist klar nachweisbar – scheint das Ergebnis großer Unsicherheit gewesen zu sein, ausgelöst durch die einander überschlagenden außen- und innenpolitischen Unwägsamkeiten. So war die Stalinallee – kaum fertiggestellt – bereits von der Zeitgeschichte überrollt, politisch, moralisch und ästhetisch verschlissen. Die Ereignisse des Jahres 1953, Stalins Tod, der Aufstand der Bauarbeiter, der vom Nordabschnitt Auerstraße seinen Ausgang genommen hatte, und die so erzwungene Liberalisierungswelle schufen schlagartig ein neues Klima, leiteten rasante Umdenkungsprozesse ein. Die Stalinallee allerdings hatte einen Makel erhalten, an den man in Politikerkreisen ungern erinnert wurde. Die erste hier stattfindende Demonstration war eine andere geworden, als in den Zielen dieser neuen sozialistischen Magistrale vorgesehen. Allerdings war mit ihrer Existenz das Politikziel der Manifestation eines großartigen Beispiels zur sozialistischen Städtebau- und Architekturentwicklung erreicht. Man konnte sie jederzeit bei Bedarf zitieren. Aber an eine Wiederholung oder gar Fortsetzung dieser Art von Stadtgestaltung war nicht mehr zu denken.

So verschwand angesichts des immer lauter werdenden Rufes der Volkswirtschaftler nach Kostensenkung und Industrialisierung im Bauwesen die »Nationale Tradition« der Architektur stillschweigend in den Akten. Starke Impulse dazu gingen von den Architekturfakultäten der Dresdner und Weimarer Hochschulen aus, wo sich die Studenten vehement gegen den Ideologie-Dogmatismus zur Wehr setzten.

Auffällig ist auch, daß der heftige Theoriestreit im Vorfeld der Entstehung des Bauensembles nach dessen Fertigstellung keine Fortsetzung fand, weder als Kritik noch als Bestätigung. Nur pauschale Allgemeinplätze wurden von Ulbricht und Liebknecht zitiert. Hans Gericke fertigte 1954/55 am Institut für Theorie und Geschichte der Baukunst der Deutschen Bauakademie eine »Kritische Einschätzung der Stalinallee« an. Obwohl er in seiner Analyse hauptsächlich von Fachkritiken ausging und der Grundtenor durchaus positiv gehalten war, haben seine kritischen Aspekte offensichtlich ausgereicht, die gesamte Arbeit im Panzerschrank verschwinden zu lassen, aus dem sie erst 1990 wieder auftauchte. Lediglich der Bauakademiepräsident Liebknecht hielt im Referat zum VIII. Plenum der Deutschen Bauakademie (5. Mai 1954) einen euphorischen Abgesang zum vermeintlichen Erfolg der Stalinallee als »Keim für ein neues sozialistisches Berlin«, leitete aber mit einer anschließenden Mängelliste von der fehlenden Projektierungskomplexität, dem zu hohen Kostenaufwand, der unbefriedigenden Innenarchitektur, schlechten Arbeitsvorbereitungen bis zur

ungenügenden Aufarbeitung des Baukulturerbes bereits zu all den neuen Themenschwerpunkten über, die seit 1953/54 im Mittelpunkt der Durchsetzung einer völligen Reorganisation beziehungsweise Umstrukturierung des gesamten Bauwesens in der DDR standen.
Der 17. Juni 1953 hatte Politiker-Architekten wie Architekten-Politiker schmerzhaft auf den Boden der Realität fallen lassen. Die Lektion, daß schöne Häuser für wenige nicht ausreichen, um den Aufbau des Sozialismus attraktiv zu machen, sondern zumindest Wohnungen für viele dazu notwendig waren und die Stalinallee deshalb wirklich nur ein symbolischer Mosaikstein sein konnte, war in der Führungsspitze schlaglichtartig begriffen worden. Denn das sofort noch im Juni 1953 zusammengerufene Zentralkomitee der SED beschloß für das zweite Halbjahr 1953 ein zusätzliches Wohnungsbauprogramm in Höhe von 600 Millionen Mark, verteilt auf Berlin und die Industrieschwerpunkte, sowie die Ausweitung des Nationalen Aufbauprogrammes nach dem Berliner Vorbild auf andere Bezirke in der DDR-Region.
Die innenpolitischen Uhren in der DDR liefen zumeist nur von einem Parteitag bis zum nächsten, jedenfalls in der Ulbricht-Ära. Natürlich gerieten sie durcheinander, wenn Fehleinschätzungen oder unvorhergesehene Ereignisse das Uhrwerk über Gebühr belasteten. Der folgende Parteitag versuchte jeweils Uhr und Zeit wieder in Übereinstimmung zu bringen, manchmal auch mit Bocksprüngen. Die Zeit nach 1953 erforderte solche Bocksprünge bei Strafe eigenen Unterganges!
Die mit dem Bau der Sporthalle geschaffene markante Querachse zur Stalinallee östlich vom Strausberger Platz veränderte im Laufe der folgenden Jahre ihr Gesicht, leider sehr zum Nachteil der Allee. Die Sporthalle wurde nur relativ kurze Zeit für Leichtathletik-Wettkämpfe genutzt. Sie bekam bald mit der im Dezember 1953 als ständige Einrichtung installierten »Deutschen Bauausstellung«, der Nachfolgerin der »Ausstellung Nationales Aufbauprogramm«, einen zweiten Nutzer. Schon nach wenigen Jahren zeigten sich erste Bauschäden, die den weiteren Wettkampfbetrieb in Frage stellten. Die Stahlkonstruktion auf schlechtem, morastigen Baugrund wies

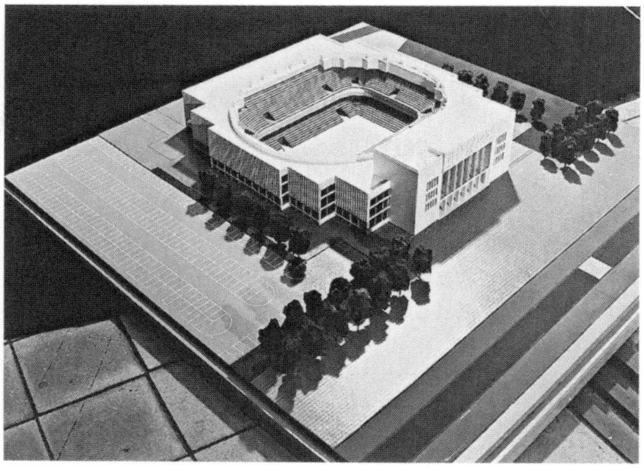

Modell zur Rekonstruktion der Sporthalle.
Entwurf Lothar Kwasnitza 1971

nicht die erwartete Standfestigkeit aus. Deshalb wurde das Haus 1959 dem »Klub für Jugend und Sport« als Trainingsstätte und für den gesellschaftlichen Massensport übergeben. Als Komplement auf der südlichen Straßenseite war im Rücken des Stalindenkmals lange Zeit das »Haus des Deutschen Sports« festgeschrieben. Zeitweilig wurde auch an ein großes Hotel oder ein anderes Monumentalgebäude gedacht. Entwürfe gab es zahlreich, aber keine konkrete Entscheidung. So blieb Stalin dort als Hüter seiner Ehrenallee fast zehn Jahre allein in der Grünanlage, flankiert von einem bescheidenen Provisorium für die Poliklinik der Bauarbeiter.
Im September 1971 wurde eine Rekonstruktion der Sporthalle ins Auge gefaßt. Diesmal waren die X. Weltfestspiele der Jugend und Studenten im Kommen. Das Projektierungsbüro des VEB Ingenieurhochbau erarbeitete entsprechende Entwürfe. Sie zeigten nicht nur Grundrißveränderungen, sondern auch neue Fassadengestaltungen. Da der Kostenaufwand für die Sanierung der Tragkonstruktion den Verantwortlichen aber sehr hoch erschien, schwankte man lange zwischen Rekonstruktion oder Abriß und Neubau. 1972, unter dem heranrückenden Termindruck der X. Weltfestspiele (August 1973), wurde für Abriß und Neubau entschieden. Aber nachdem das Haus ver-

schwunden war, wurden die Investitionsmittel plötzlich für Dringenderes gebraucht. Vielleicht auch hatte die FDJ inzwischen festgestellt, daß für die Weltfestspiele genügend Alternativen zur Verfügung standen. Die Gründe, weshalb ein geplantes Objekt überraschend aus dem Volkswirtschaftsplan verschwand, blieben häufig rätselhaft, zumal es da die immer nebelhafte Position der »Sonderbedarfsträger« gab, die ständig mehr Mittel verschlang. Die Abrißfläche wurde also provisorisch begrünt in der Annahme, der Sporthallen-Neubau sei nur um einige Jahre verschoben. Damit entsprach sie der Qualität der gegenüberliegenden Hälfte des Platzraumes auf der Südseite. Hier hatte, nachdem die Stalinallee am 13. November 1961 den Namen Karl-Marx-Allee bekam, Stalin in der Nacht zuvor still und heimlich seinen Sockel verlassen müssen und war vermutlich eingeschmolzen worden. An seiner Stelle hatte man ebenfalls eine provisorische Grünanlage angelegt, die einer endgültigen Gestaltung harrte. Leider ließ diese nach erfolgtem Abriß der gegenüberliegenden Sporthalle lange auf sich warten.

Nur am Rande sei noch vermerkt, daß die Stalinallee mit ihrer Namensveränderung auch an Länge einbüßte. Aus der einst vom S-Bahnhof Lichtenberg bis zur Einmündung in den Alexanderplatz reichenden Straße dieses Namens war nach ihrer Umbenennung eine nunmehr vom Alexanderplatz bis Warschauer Straße führende Karl-Marx-Allee geworden, die sich in der bis zum S-Bahnhof Lichtenberg reichenden Frankfurter Allee fortsetzte. Die inzwischen einen Platzraum darstellende Kreuzung Bersarin-/Warschauer Straße bildete als neues Frankfurter Tor die Zäsur zwischen beiden Alleen.

Anfang der siebziger Jahre war der Druck fehlenden Wohnraumes erneut gewachsen, vorbereitete Standorte in der Innenstadt knapp geworden, da sich hier mittlerweile die stärkste Arbeitsstättenkonzentration entwickelt hatte. Ulbricht war von Erich Honecker wegen falscher Wirtschaftspolitik entmachtet worden. Dieser wollte nun mit einem nie dagewesenen staatlichen Wohnungsbauprogramm neue Zeichen setzen. So entstand schnell der Gedanke, den nach Abriß von Sporthalle und Stalindenkmal entstandenen Freiraum im ersten Abschnitt der Karl-Marx-Allee mit Typen-Wohnhäusern in Anlehnung an den inzwischen errichteten zweiten Bauabschnitt westlich des Strausberger Platzes zu komplettieren. Da hierbei immerhin mehrere hundert Wohnungen möglich waren, nutzte der Widerstand im Stadtplanungsamt herzlich wenig. Mit der modernen Kachelfassade, typisch für den zweiten Bauabschnitt, glaubte man der »alten« Karl-Marx-Allee genügend Reverenz erwiesen zu haben, zumal die ursprünglich dort festgelegten Baufluchten eingehalten wurden. Nur waren diese auf monumentale Solitäre orientiert und nicht auf geschlossene Wohn-Karreebebauungen, denen außerdem öffentliche Erdgeschoß-Zonen fehlten. Damit verpuffte die einst hier geplante Querachse zur Belebung des Straßenraumes völlig. Die Bauten stehen trotz Kachelansicht als Fremdkörper in einem trostlos gewordenen Raum. Auch aus dieser Entscheidung wird deutlich, wie wenig wirkliche Wertschätzung das Bauensemble zeitweilig genoß.

Wo liegt nun die Bedeutung des ersten Abschnittes der Karl-Marx-Allee, was macht ihre Faszination in der späten DDR und der heutigen Zeit aus? Thesenhaft ausgedrückt sind das folgende Aspekte:

1. In der DDR, aber nicht nur dort, war Bauen zuerst und vor allem eine politische Aufgabe. Allerdings nicht (wie vielfach fälschlich verstanden) eine Aufgabe des Staates – der lediglich die ausführenden Organe stellte –, sondern eine des ideologischen Systems, gesteuert durch die führende Partei der Arbeiterklasse. Mit dem Bau der Stalinallee als Demonstration zum beginnenden Wiederaufbau des Zentrums der Hauptstadt eines neuen, besseren Deutschlands sollten Zeichen gesetzt werden für eine andere Gesellschaftspolitik, deren Maßstäbe es im Städtebau und der Architektur sichtbar zu machen galt.
2. Die Bedeutung dieses Städtebauensembles liegt zweifelsohne in ihrer Erst- und Einmaligkeit:
   - Erstmals in Deutschland wurde ein so großes Stadtgebiet als Ganzes ohne Rücksicht auf Grundstücksgrenzen und Eigentumsverhältnisse völlig neu gebaut.

- Der Baukomplex war einmalig in seiner Entstehungszeit mit den in Deutschland bis dahin unüblichen Dimensionen (sieht man von den Speer-Planungen ab).
- Er war einmalig als Kollektivarbeit von sechs verschiedenen Architektenteams.
- Einmalig auch war er in seinem sozialen Charakter, als gewissermaßen »geschlossener Stadtmikrokosmos«, der alle Stadtfunktionen auf einem Standort vereinte.
- Einmalig war die extrem kurze Bauzeit und das freiwillige Engagement tausender Menschen auf dieser Großbaustelle.
- Einmalig geblieben war das Ensemble auch in seiner monumentalen Städtebau- und Architektursprache.

3. Die Faszination der Straße besteht auch darin, daß sie als etwas erscheint, was sie gar nicht ist, daß sie mehr Fragen provoziert, als Antworten gibt:
   - Sie erscheint als homogenes Gebilde und ist doch sehr heterogen.
   - Sie erscheint als geschlossene, vom Osten direkt ins Zentrum führende Magistrale, weist aber bei Nähe betrachtet eine Reihe bedeutender städtischer Ringverbindungen auf (Petersburger/Warschauer Straße, Straße der Pariser Kommune/Friedenstraße, Lichtenberger Straße).
   - Sie wirkt im Straßenraum symmetrisch und ist doch asymmetrisch ausgebildet.
   - Sie vermittelt den Eindruck, als sei sie durchweg von einer Architektenhandschrift konzipiert, obwohl bei genauem Hinsehen die Handschrift der vielen Architekten durchaus deutlich erkennbar ist.
   - Sie wirkt so, als seien die Straßenseiten wie die Hoffronten in gleicher Architekturqualität, die markanten Torplätze auch in keramischer Plastik ausgebildet. Tatsächlich sind die Straßenrückseiten überwiegend in Putz ausgeführt, ebenso wie Teile der Punkthochhäuser an den Plätzen.

Sicher liegt in dieser Faszination auch ein Teil der Gründe, weshalb sich die allgemeine Aufmerksamkeit nahezu ausschließlich auf den seinerzeit als »erste sozialistische Straße Berlins« deklarierten Magistralenbereich konzentrierte. Immerhin war die Stalinallee ursprünglich geplant als die von Osten kommende einheitlich und repräsentativ gestaltete Eingangsmagistrale in das Stadtzentrum, als Bestandteil der Ost-West-gerichteten »Zentralen Achse« des Zentrums. Sie reichte vom S-Bahnhof Lichtenberg bis zum Alexanderplatz. In dieser Spannweite ist sie heute geprägt von drei ebenso unterschiedlichen wie zeittypischen Bauensembles. Jedes der drei Ensembles

- die 1952 bis 1960 erbaute »erste sozialistische Straße« im Abschnitt zwischen Strausberger Platz und Proskauer Straße,
- der 1959 bis 1965 als »erster sozialistischer Wohnkomplex« errichtete Bauabschnitt in Großplattenbauweise, vom Strausberger bis Alexanderplatz reichend,
- die 1985 bis 1990 als »innerstädtisches Rekonstruktionsgebiet« in Kombination Stahlbetonskelett-Großplattenbauweise entstandene Wohnbebauung mit erdgeschossigen Läden an der Frankfurter Allee zwischen Proskauer Straße und S-Bahnhof Frankfurter Allee

trägt als Unikat gleichzeitig Modellcharakter für charakteristische Entwicklungsschritte in der Städtebau- und Baupolitik der DDR, die es als bedeutsamen Teil Ost-Berliner Stadtgeschichte weder zu verfremden oder gar zu zerstören, sondern historisch genauer zu analysieren gilt.

In den ereignisreichen fünfziger Jahren zwischen der Entstehungszeit der alten Stalinallee und dem Baubeginn ihres zweiten Bauabschnittes vom Strausberger Platz bis Alexanderplatz war die DDR-Führung vehement um die Entwicklung und den Ausbau ihres sozialistischen Gesellschaftssystems, dabei vor allem um die Schaffung einer leistungsfähigen Bau- und Baumaterialienindustrie bemüht. Die Errichtung neuer Großbauten der Schwerindustrie vor allem aber das ab 1953 forcierte Bemühen um verbesserte Lebensbedingungen, der verstärkte Wohnungsbau in den Landwirtschafts- und Industrieregionen bremsten die Neugestaltung der Stadtzentren in Berlin und den Aufbaustädten.

Hermann Henselmann, dem die Anerkennung seiner Entwurfsarbeit an der Weberwiese und dem Strausberger Platz im Juli 1953 die Berufung des

Wohnbebauung mit Läden (SK-Großplattenbauten)
Frankfurter Allee 1985 bis 1990.
Entwurf Till Dorst

Magistrats zum Chefarchitekten von Groß-Berlin – analog dem Moskauer Vorbild – beschert hatte, sah nun seine Hauptaufgabe an der Spitze des im Osten verbliebenen Stadtplanungsamtes darin, möglichst schnell entscheidungsreife Planungsunterlagen für den sich an die Stalinallee anschließenden Wiederaufbau des Zentrums der Hauptstadt Deutschlands zu präsentieren. Bereits 1954 lag ein Generalplan zur Raumordnung von Groß-Berlin und seiner Zentrumsstruktur vor, den der Ministerrat im Oktober 1955 wohlwollend als weitere Arbeitsgrundlage akzeptierte. Nachdem der IV. Parteitag der SED im April 1954 die »Lebensfragen der deutschen Nation« in den Mittelpunkt seiner Beratungen gestellt hatte, folgte Ende Oktober 1954 der Politbürobeschluß zu den »neuen Aufgaben im Bauwesen«. Lothar Bolz, der Aufbauminister, erläuterte bereits auf der Deutschen Bautagung während der Leipziger Herbstmesse am 2. September 1953 den »neuen Kurs der Regierung« und die auf die Formeln »Industrialisierung – Rationalisierung – Typisierung« gebrachten Ziele für das Bauen. Im Jahr danach waren diese nun ergänzt worden durch die Forderungen nach »Komplexer Planung – Komplexer Projektierung – Komplexem Bauen«. Die erste Baukonferenz der DDR schließlich bekundete im April 1955 mit ihrem Motto »Besser, schneller und billiger bauen« die totale und endgültige Abkehr von der noch für die Stalinallee gültigen Maxime einer »schönen und zweckmäßigen Architektur«. Nach dem Einsatz standardisierter Bauteile – wie bereits in der Stalinallee praktiziert – und der im Wohnungsbau überwiegend angewendeten Großblockbauweise sollten vorrangig die Berliner Bau- und Projektierungsbetriebe zur Übernahme der in der Sowjetunion üblichen Großplattenbauweise auf- und ausgerüstet werden. Mit einer gewissen Naivität glaubte man in Politikerkreisen, daß über den Weg einer radikalen Industrialisierung, Gebäudetypisierung und nach Taktstraßen organisierten Bauprozessen sich automatisch Kapazitätserhöhungen und Kostensenkungen einstellen würden, die dann mehr Spielraum für Individualität und Ausgewogenheit in der Architektursprache zulassen würden – ein fataler Irrtum, wie sich schon sehr bald herausstellen sollte. Der versuchten Architektur-Indoktrination folgte innerhalb weniger Jahre die alles beherrschende Bauindustrie-Indoktrination. Die Gesetze importierter »Häuser-Fabriken«, Kranbahntechnologien, zentraler Flächen- und Kostennormative engten die Handlungsräume der Architekten so ein, daß jede Theoriediskussion bald auf der Strecke blieb, wurden doch fehlende Variationsbreiten der Architektur als Unvermögen der Architekten im Umgang mit industriellen Bauweisen interpretiert. Also bestimmten die Regeln von Größe und Masse an Bauinvestitionen sowie die konkurrenzlose »Effizienz« der Baubetriebe fortan die Maßstäbe von Architekturqualität.

Natürlich geschah dieses nicht von heute auf morgen. Aber die Politikschwenkung des IV. Parteitages der SED (1954) hatte entsprechende Weichen gestellt, deren Richtung in der Folgezeit über präzisierte Zielstellungen und Investitionslenkungen konsequent durchgesetzt wurden. Kurt Liebknecht als Bauakademiepräsident kommentierte die neue Baupolitik im Juni 1954 in der

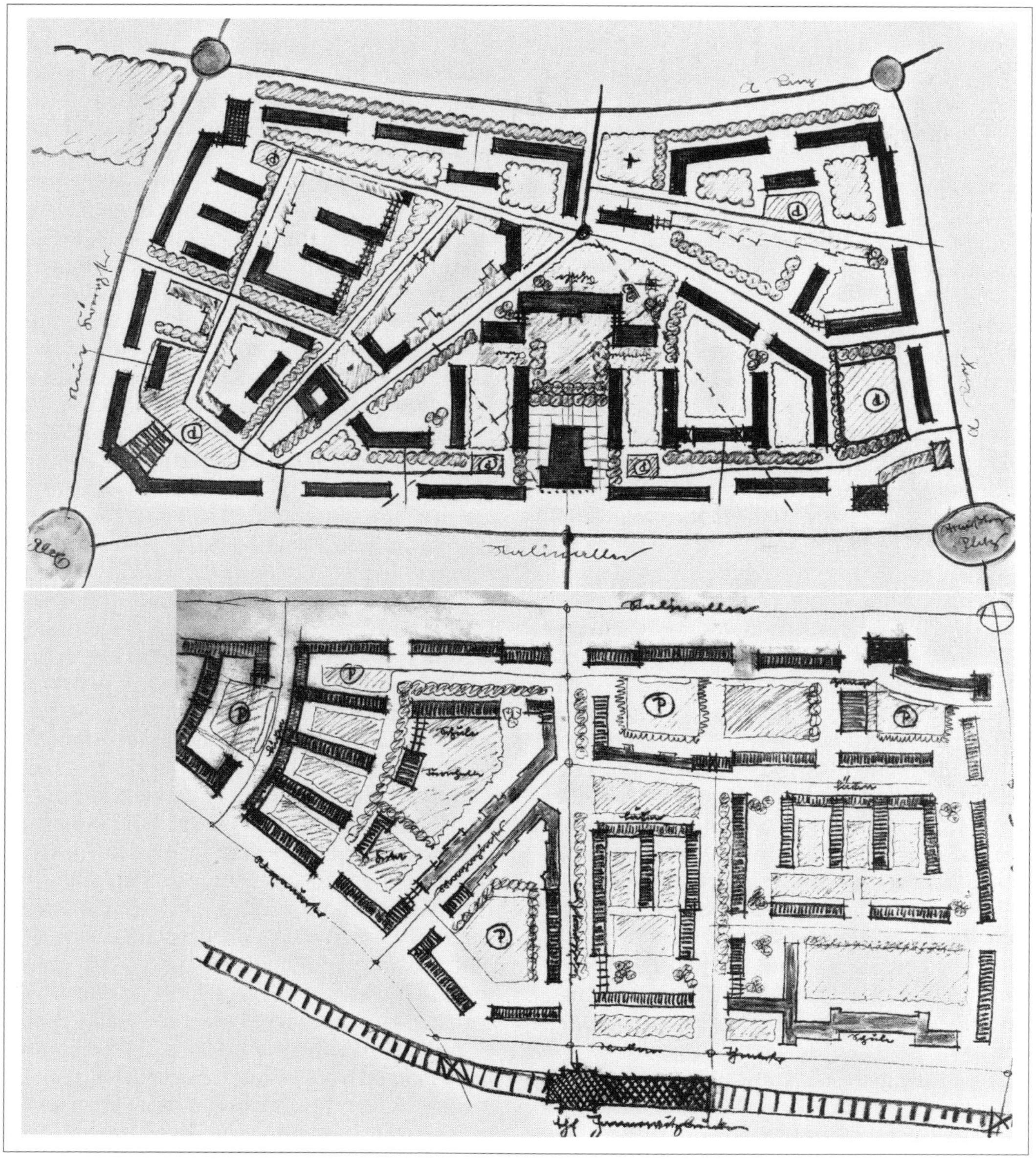

Bebauungsskizze zur Fortsetzung der Stalinallee bis Alexanderplatz, 1955
Büro Chefarchitekt beim Magistrat von Groß-Berlin

Zeitschrift »Deutsche Architektur«, vor allem die Forderung nach »Komplexem Planen – Projektieren – und Bauen«. Darunter verstand man – zur Erhöhung der territorialen Wirtschaftlichkeit – die Durchführung konzentrierter Planungen und die Errichtung von geschlossenen, voll funktionsfähigen Stadtgebieten, im Gegensatz zu Einzelinvestitionen.

Henselmann als Chefarchitekt reagierte prompt mit Bebauungsvorschlägen für neue Wohnkomplexe nördlich und südlich der Stalinallee, aber auch für das angrenzende Gebiet bis zum Alexanderplatz. Ein 1955 entstandener Entwurf zeigt noch das deutliche Bemühen, wenigstens entlang der Magistrale den Charakter der Stalinallee-Bebauung fortzuführen, desgleichen eine platzbildende Querachse mit Gesellschaftsbauten, also die analoge Rhythmisierung anzuordnen. Die Komplexbebauung im Nord- und Südbereich nimmt weitgehende Rücksicht auf die traditionelle Straßenstruktur und erhaltenswerte Altbausubstanz, trägt aber bei den Neubauten noch immer – oder wieder – ausgeprägte Siedlungsstrukturen, weshalb diesem Entwurf keine Lebensdauer anhaftete. Außerdem waren noch zu viele dieses Gebiet tangierende Fragen wie die Straßenführung des Hauptverkehrsringes (A), die genaue Lage des S-Bahnhofes Jannowitzbrücke, vor allem aber Struktur und Inhalte des Alexanderplatzes völlig offen. Das entscheidende Problem bestand jedoch darin, daß die notwendigen technisch-materiellen Voraussetzungen zum industriellen Bau vielgeschossiger Häuser in der DDR noch gar nicht existierten, andererseits ein Weiterbau der sieben- bis neungeschossigen Magistralengestaltung bis zum Alexanderplatz mittels fünfgeschossiger Großplattenbauten nicht denkbar war.

Drei Jahre später, am 17. April 1958, unterbreitete Henselmann dem Politbüro des ZK der SED, ausgehend von den inzwischen präzisierten Planungsgrundlagen zur Städtebaukonzeption des Zentrums, ein Bebauungsprojekt »Vom Strausberger Platz zum Alexanderplatz« in mehrstufigen Realisierungsetappen. Mit der zunehmenden Industrialisierung entwickelte sich ein Kranbahnfetischismus, der nicht nur konsequent rechtwinklige Städtebaustrukturen erzwang, sondern dazu führte, daß diese sogar zum neuen ideologisch verbrämten Ordnungsprinzip sozialistischen Städtebaues erklärt wurden. Dem Entwurf von Henselmann und seinen Mitarbeitern ist deutlich anzumerken, mit welcher Mühe man dem historischen Stadtgrundriß eine rechtwinklige Bebauung aufgepfropft hatte. Die Fortsetzung der Allee als Magistrale sollte durch eine Reihung symmetrisch angeordneter Punkthäuser mit 14 Wohngeschossen in Plattenbauweise unterstrichen werden, zurückgesetzt flankiert von achtgeschossigen Laubenganghäusern und ein- bis dreigeschossigen Flachbauten für Läden, Gaststätten und anderen Einrichtungen. Bei geforderter Senkung der Bebauungsdichte auf maximal 500 Einwohner pro Hektar sollten Wohnungen für ca. 15000 Menschen entstehen (40000 Einwohner vor 1939). Auf die ursprüngliche Betonung der Querachse war verzichtet worden, Kino und Einkaufszentrum hatten sich verlegen versteckt. Obwohl Henselmann an diesem Beispiel kaum nachzuweisen war, er hätte sich nicht ernsthaft bemüht, alle von zentraler Stelle laut artikulierten Vorstellungen peinlichst zu beachten, brachte ihm der im August 1958 in der Zeitschrift »Deutsche Architektur« veröffentlichte Entwurf wiederum nur harsche Ablehnung ein.

In großer Eile forderte das Bauministerium die Deutsche Bauakademie, die DDR-Hochschulen und Berliner Projektierungsbetriebe sowie das Stadtplanungsamt des Magistrats auf, schnellstens neue Vorschläge für das Gebiet zwischen Strausberger Platz und Alexanderplatz auszuarbeiten. Den Teilnehmern an diesem Kurzwettbewerb bzw. bestellten Variantenvergleich wurden folgende Entwurfsgrundsätze vorgegeben: »Die Stalinallee ist in dem Abschnitt zwischen Strausberger Platz und Alexanderplatz unter Berücksichtigung eines geschlossenen Straßenbildes als Magistrale und Ladenstraße fortzuführen. Bei der Gestaltung dieses Abschnittes ist zu berücksichtigen, daß der städtebauliche Höhepunkt am Marx-Engels-Platz liegt. Deshalb sollte dieser Abschnitt der Stalinallee eine gewisse Zurückhaltung bewahren, um eine städtebauliche Steigerung über den Alexanderplatz hinaus bis zum Marx-Engels-Platz zu ge-

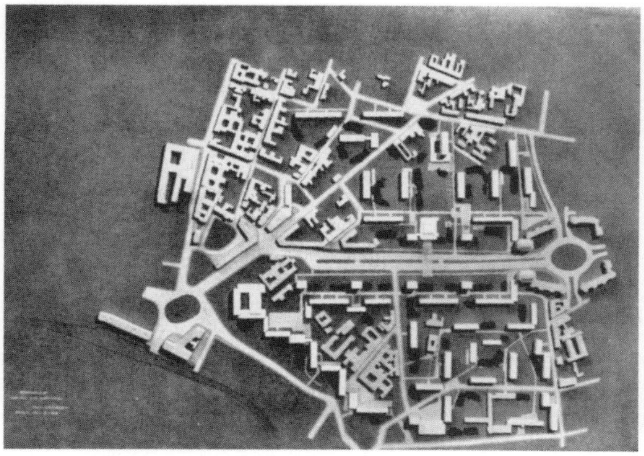

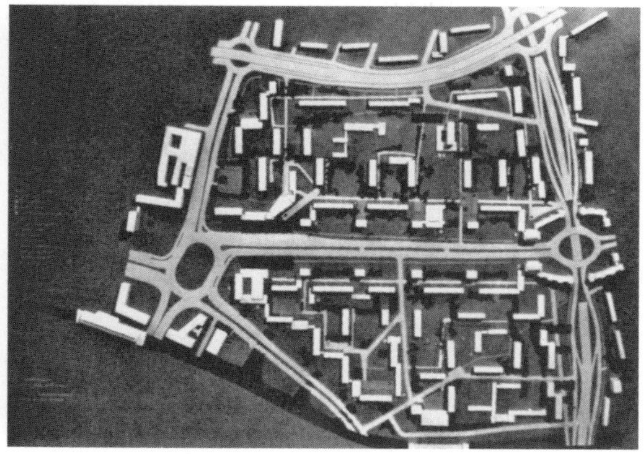

Bebauungsvorschlag »Vom Strausberger Platz zum Alexanderplatz«, Hermann Henselmann. April 1958
– 1. Bauetappe – Endzustand

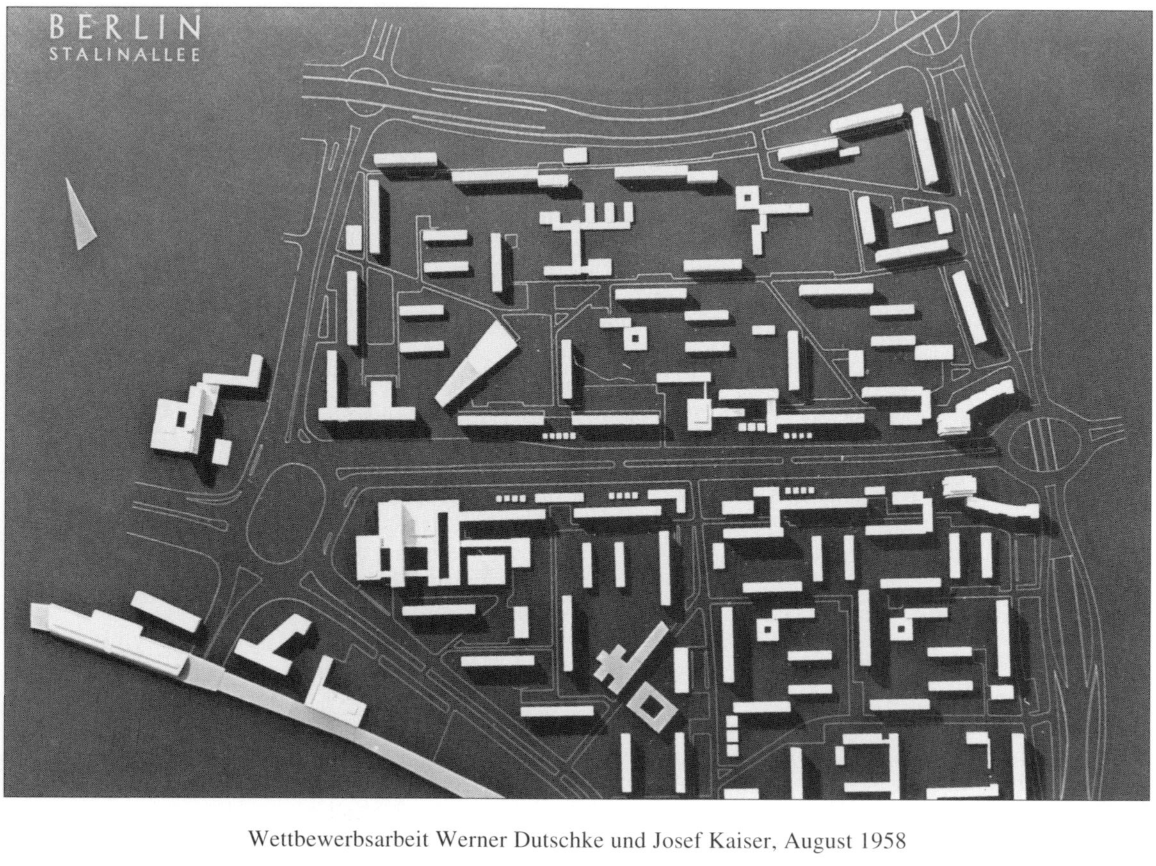

Wettbewerbsarbeit Werner Dutschke und Josef Kaiser, August 1958

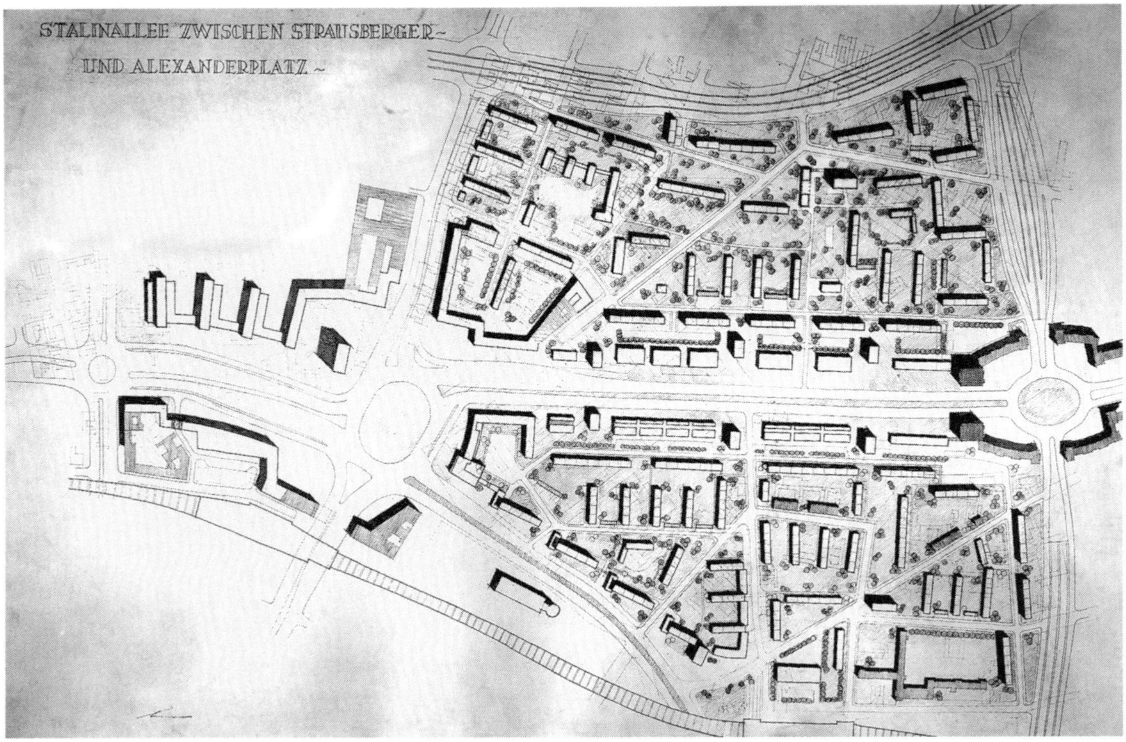

Wettbewerbsarbeit Hermann Henselmann. August 1958

währleisten. In der städtebaulichen Gesamthaltung darf kein Bruch mit der Gestaltung der bestehenden Stalinallee entstehen, wobei jedoch von der industriellen Bauweise auszugehen ist.«[8]
Und weiterhin: »Von einer Anordnung von Punkthäusern, Laubenganghäusern und durchgehenden Wohnungen durch zwei Geschosse ist in diesem Straßenabschnitt abzusehen. In den Wohnbauten können lediglich kleinere Läden vorgesehen werden, während größere Läden in selbständigen Baukörpern anzuordnen sind.«[9] Damit war Henselmanns Entwurf aus dem Stadtplanungsbüro ohne jede weitere sachliche Begründung verworfen, darüber hinaus »nur lapidar festgestellt, der Vorschlag hätte sich für die Ausführung als ungeeignet« erwiesen.

Folgende Architektenkollektive beteiligten sich im September/Oktober 1958 an der Erarbeitung neuer Entwürfe:
Edmund Collein/Kurt W. Leucht/Hans Mertens, Institut für Gebiets-, Stadt- und Dorfplanung der Deutschen Bauakademie;
Werner Dutschke/Josef Kaiser und Mitarbeiter, Entwurfsbüro Hochbau I Berlin;
Otto Englberger und Mitarbeiter, Hochschule für Architektur und Bauwesen Weimar;

8 Vgl. *Vom Strausberger Platz zum Alexanderplatz,* in: *Deutsche Architektur* (1959), H. 1, S. 16.
9 *Ebda.*

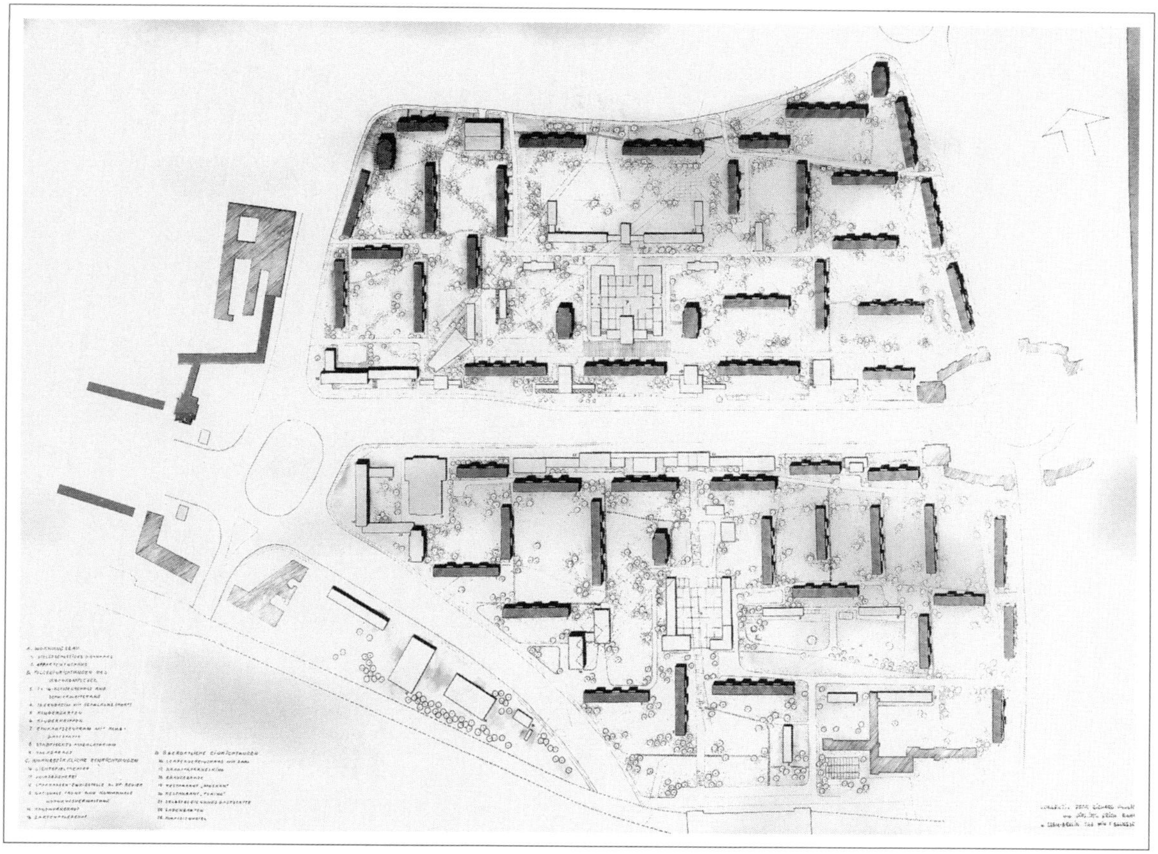

Wettbewerbsarbeit Richard Paulick, August 1958

Georg Funk und Mitarbeiter, Technische Hochschule Dresden;
Hermann Henselmann und Mitarbeiter, Büro Chefarchitekt, Magistrat von Groß-Berlin;
Hanns Hopp und Mitarbeiter, Berlin;
Richard Paulick und Mitarbeiter, Deutsche Bauakademie;
ferner ein später vorgelegter und daher nicht mitbewerteter Bebauungsplan von Hans Schmidt (Basel) und Erhard Walter, Institut für Theorie und Geschichte der Baukunst der Deutschen Bauakademie.

Alle Arbeiten wiesen im Hinblick auf ihren Schematismus bemerkenswerte Ähnlichkeiten auf. Fast ausnahmslos war die Gestaltung des Straßenraumes der Stalinallee mit scheibenförmigen Wohngebäuden von acht bis zehn Geschossen mit davor oder dazwischen angeordneten Flachbauten für öffentliche Einrichtungen vorgeschlagen worden und die dahinter liegenden Wohngebiete in fünf- bis achtgeschossiger Zeilenbebauung beziehungsweise mit offenen Wohnhöfen ausgebildet.

So, wie der Auftrag zur Variantenbearbeitung schon weitgehend durch vorgefaßte Meinungen im Bauministerium und der Bauakademieleitung bestimmt war, verlief auch der Beurteilungspro-

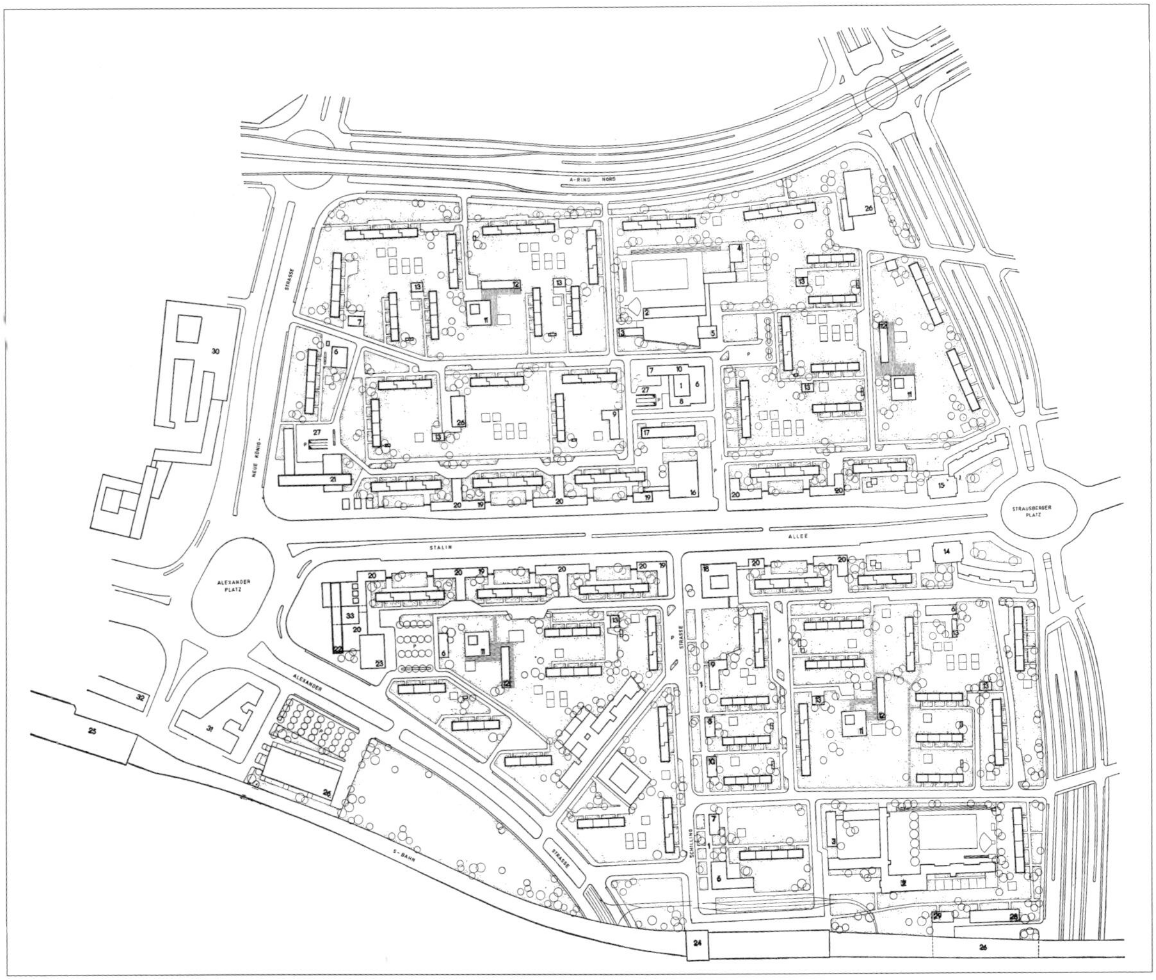

Ausführungsprojekt 1959.
Edmund Collein, Werner Dutschke, Josef Kaiser

zeß über die eingereichten Arbeiten recht merkwürdig, da maßgebliche Juroren gleichzeitig als Entwurfsarchitekten beteiligt waren.
Bewertet wurden die Überbauung unterirdischer Hauptleitungen und vorhandener Straßen, die Beachtung der geforderten Wohndichte, ein differenzierter Massenaufbau sowie die Eignung der Gebäude zur Konstruktion in der industriellen Großplattenbauweise. Der Entwurf Werner Dutschkes, der in enger Zusammenarbeit mit Josef Kaiser entstanden war, bestach vor allem durch seine große Detailkenntnis über das Gebiet, wie auch durch die Anarbeitungsqualität der Gebäude und ihrer Grundrisse, nicht zuletzt durch den Nachweis ihrer Realisierungsfähigkeit in der anvisierten Bauweise. Alle anderen Bebauungs-

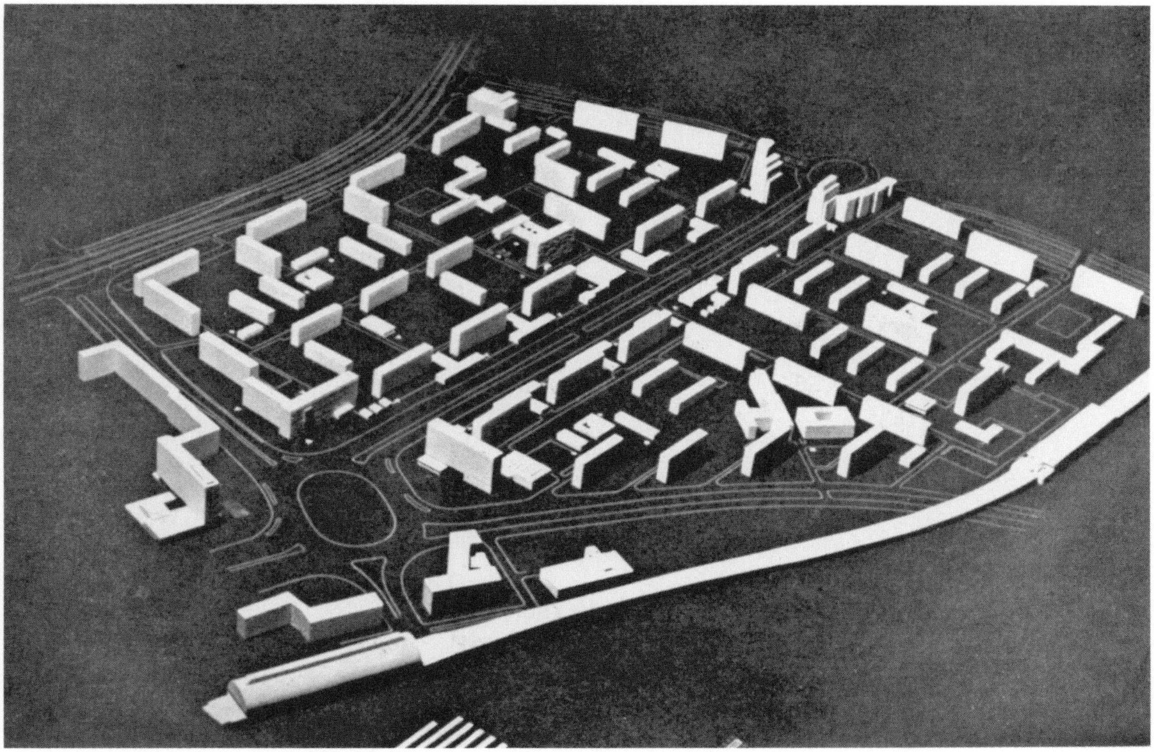

Modell des bestätigten Vorschlages 1959.
Edmund Collein, Werner Dutschke, Josef Kaiser

konzepte hatten sich weitgehend so verhalten, als befänden sie sich »auf der grünen Wiese« und nicht in einem zwar zerstörten, aber in seiner Grundstruktur noch existierenden innerstädtischen Mischgebiet. Nach Ausschaltung des in diesen Fragen einzig kompetenten Konkurrenten Henselmann war es für einige Führungseliten offenbar nicht akzeptierbar, daß Entwurf und Leitung eines solch wichtigen Aufbaugebietes am Eingang zum Hauptstadtzentrum mit Josef Kaiser und Werner Dutschke zwei immerhin sehr profilierten, aber dennoch »parteilosen Kollegen« anvertraut bleiben sollte. Daher der Auftrag, Colleins Arbeit einzubeziehen, zumal die Bauakademie ähnlich Stalinstadt bzw. Hoyerswerda auch hier unter keinen Umständen die Federführung an den Berliner Magistrat abgeben wollte, was sich letztendlich gar nicht verhindern ließ, da er der Investitionsträger war. Vergleicht man beide Entwürfe mit der dann unter der offiziell festgelegten Autorenschaft von Edmund Collein, Werner Dutschke und Josef Kaiser entstandenen Ausführungsfassung, so sind darin außer den T-förmigen Ladenbauten an der Allee keine weiteren Collein-Ideen zu entdecken.

Das 1959 bis 1965 erbaute Gesamtgebiet von ca. 60 Hektar Größe gliederte sich in zwei nahezu gleich große Wohnkomplexe nördlich und südlich der Stalinallee, jeweils ausgestattet durch nötige Nahversorgungseinrichtungen. Mit knapp 5000 Wohnungen wurde es zur Heimstatt für etwa 15000 Menschen. Die nun mit gänzlich anderen

Modellansicht Wohn- und Ladengebäude.
Entwurf Josef Kaiser

»Bausteinen« erfolgende Fortsetzung der Stalinallee um 750 Meter bis zum Alexanderplatz stieß verständlicherweise auf viele Schwierigkeiten städtebaulicher und architektonischer Natur. Dutschke berichtete darüber im Oktober 1959 in der Zeitschrift »Deutsche Architektur«.

Die Verlängerung der »plastischen Korridorstraße« – wie man den Duktus der alten Stalinallee vereinfacht bezeichnen könnte – mittels kubischer Scheiben-Häuser, analog den Technologievorgaben der damaligen Bauindustrie, hält oberflächlich gesehen keinem Vergleich stand. Dennoch wurden viele Grundgedanken aufgenommen beziehungsweise weitergeführt, wenn auch in eine andere Architektursprache übertragen. So fand sich die Bauflucht von 70 Meter in der Anordnung der Laden-Flachbauten wieder. Dagegen wurden die dem Höhenmaßstab entsprechenden zehngeschossigen Wohnbauten der Verkehrsbelastung wegen auf eine Bauflucht von 110 Meter zurückversetzt und somit den »Cours d'honneurs« der alten Allee entsprochen. Das Gliederungsprinzip durch prononcierte Querachsen wurde diesmal konsequent eingehalten. Bestimmt von der Lage des U-Bahnhofes Schillingstraße öffnete sich der Straßenraum der Allee nach Norden und Süden zu Fußgängerbereichen mit markanten öffentlichen Zentrumsbauten, deren teilweise bildkünstlerische Gestaltung Aufmerksamkeit erheischten. Im Gegensatz zum ersten Bauabschnitt wurden bis auf einige Läden alle überörtlichen Gesellschaftsbauten mit dem Hotel Berolina (400 Betten), dem Kino International (600

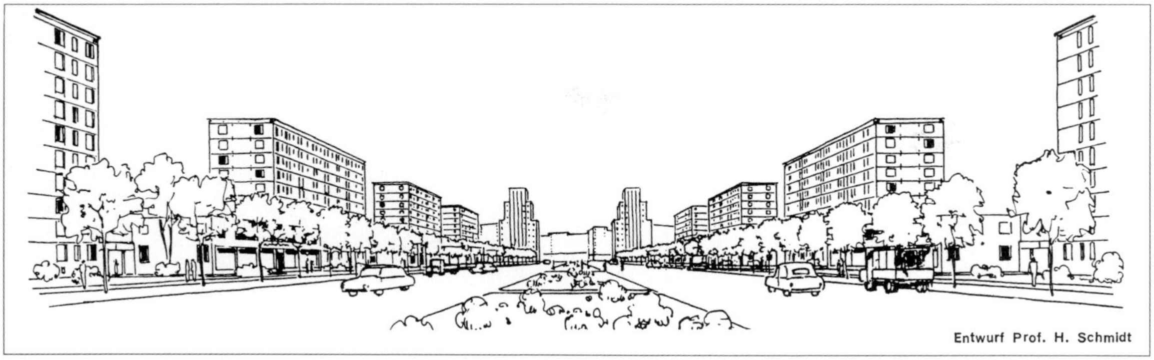

Perspektive. Entwurf Hans Schmidt (Basel)

Perspektivzeichnung Fußgängerzone Schillingstraße, Blick zum Hotel Berolina.
Entwurf Josef Kaiser

Plätze) mit Bibliothek, dem Restaurant Moskau (600 Gaststättenplätze), einem Ambulatorium und zwei Einkaufszentren sofort mitgebaut. Die etwas monotone Reduzierung auf die damals festgelegten Maximalvarianten von zehn-, acht- und fünfgeschossigen Wohnhaus-Typen der Serie QP mit ihren durch den Materialcharakter der Stalinallee bestimmten Kachelfassaden gaben in ihrer Konsequenz dem Neubaugebiet seine eigene Typik und Unverwechselbarkeit.

Blick vom Strausberger Platz zum Alexanderplatz

Der verantwortliche Architekt des Gesamtgebietes war letztendlich Josef Kaiser. Alle Hochbauten, Wohnhäuser wie öffentlich-gesellschaftliche Bauwerke wurden nach seinen Entwürfen errichtet, wobei er durch die Synthese von Architektur und Bildkunst im Stadtraum neue Akzente setzte, die danach am Alexanderplatz ihre Fortsetzung fanden. Werner Dutschkes Architekturleistung bestand in der Erarbeitung des Städtbauprojektes, welches er gemeinsam mit Kaiser konzipierte.

Das zum »ersten sozialistischen Wohnkomplex« erklärte Gebiet, welches nur kurze Zeit Stalins Namen trug, rutschte als »Wohngebiet Karl-Marx-Allee« in der Beliebtheitsskala der Ost-Berliner Bevölkerung rasch auf einen Spitzenplatz, den es auch bis 1990 behauptete. Erklärbar war diese Anziehungskraft mit der hervorragend erschlossenen und städtisch optimalen Lagegunst bei gleichzeitig höchster Wohnqualität. Letztere drückte sich vor allem in einer später nicht mehr erreichten Grundriß-Qualität der Wohnungen mit grundsätzlich mindestens einseitiger ruhiger Wohnlage in einem weiträumigen, dicht begrünten Umfeld und der fußläufigen Erreichbarkeit vieler Angebote des Stadtzentrums aus.

*

Wie soll es mit der Karl-Marx-Allee weitergehen? Wie sollte man mit ihren beiden, so unterschiedlichen Straßenabschnitten umgehen: Sie gegeneinander ausspielen, als zwei feindliche Brüder behandeln, getrennt durch die Bezirksgrenze? Oder wäre es nicht denkbar und vor allem auch sinnvoller, die beiden Architekturensembles als differenzierte Teile eines historisch gewachsenen Stadtbildes am nach wie vor existierenden Eingang in das Hauptstadtzentrum anzuerkennen, dessen entgegengesetztes Pendant, der Ernst-Reuter-Platz, aus gleichem Zeitgeist entstand?

Es scheint so, als seien wir in eine Zeit hineingefallen, der es vielfach nicht nur an historischem Wissen und gewachsener Erfahrung mangelt, son-

dern der es vor allem an differenziertem Wahrnehmungsvermögen und Gelassenheit fehlt. Vorschnelle Urteile, später häufig korrigiert, tragen in hohem Maße zu allgemeiner Verunsicherung bei. Die Karl-Marx-Allee in ihrem heutigen Erscheinungsbild benötigte – trotz zentralistischen Dirigismus und permanenten Fertigstellungsdrucks – runde 15 Entstehungsjahre, die Begründung und Entwicklung eines städtisch pulsierenden Lebens sogar nahezu 20 Jahre. Dagegen wirkt die proklamierte Erwartungshaltung zur kurz- bzw. mittelfristigen Wiederbelebung der Magistrale nach der im Gefolge von Einigungsvertrag und blinder Treuhandpolitik ohne Zukunftsstrategien administrativ herbeigeführten Stadt-Agonie von 1990/91 mehr als realitätsfremd, bedenkt man darüber hinaus den damit verbundenen ungeheuren Wandel in den Lebens- und Eigentumsverhältnissen der Ost-Berliner Bevölkerung.
Zu wünschen wären weniger Aktionismus, weniger schnelle Investoren, dagegen mehr exakte Analysen über nicht erfüllte Bedürfnisse von Anwohnern und Besuchern, über vorhandene Fehler, Mängel und Störfaktoren, die einer funktionierenden Stadtstruktur hinderlich sind – wie zum Beispiel der ungebremste Verkehrsfluß des überörtlichen Lieferverkehrs, die unverträgliche Erschütterung durch Schwerlasttransporte, die hohe Lärmbelastung und Umweltverschmutzung, die fehlenden Parkplätze usw. –, mittels derer manchen Fehlentscheidungen gegengesteuert werden könnte. Auch besteht kein Grund zur Ungeduld über mangelnde Attraktivität, solange die Allee eine Großbaustelle darstellt, die den Menschen ohnehin enorme Belastungen abfordert und fußgängerfeindliche Situationen schafft. Dagegen liegt in dieser Übergangszeit aber eine große Chance, über richtige Perspektivmaßnahmen nachzudenken, Alternativen zu prüfen. Wer die Gegenwart verbaut, läßt der Zukunft keine Chancen mehr. Es steht zu vermuten, daß sich weder die Stadt noch das Land auf Dauer die heute übliche Wegwerfmentalität bei Häusern, Gebieten und Stadtsubstanz ökonomisch leisten kann. Alles spricht also dafür, mit dem Vorhandenen sorgfältiger umzugehen, die darin enthaltenen Möglichkeiten auch für künftige Anforderungen intensiver auszuloten, somit selbst die Denkmalpflege als einen flexiblen Prozeß anzusehen, in dem immer neu zwischen Bewahrenswertem und Veränderbarem zu entscheiden sein wird.
Bisherige Rekonstruktionsmaßnahmen zeigen großes Bemühen um detailgerechte Wiederherstellung der Bauten von 1952/53. An den späteren Bauten existiert offenbar weit weniger denkmalpflegerisches Interesse, wurde beim Umbauprojekt des Kinos »Kosmos« doch sogar auf eine Konsultation des noch unter den Lebenden weilenden zweiten Architekten Günter Kunert verzichtet. Aber welche Achtung besitzt das Städtebaukonzept der Allee? Eine Querachse am Standort der einstigen Sporthalle wurde bereits zu DDR-Zeiten eliminiert, ähnliches zeichnet sich mit dem wachsenden Neubau an der Kreuzung »Straße der Pariser Kommune« ab. Wird es so auch an der Koppenstraße und dem an der Nordseite befindlichen Standort des nicht gebauten zweiten Kinos weitergehen?
Eine massive Zerstörungsgefahr im neueren Bereich der Karl-Marx-Allee, westlich des Strausberger Platzes, ist dagegen nicht länger zu übersehen. Erste rekonstruierte Wohnblöcke dort lassen die Verwandlung des bisher homogenen Wohngebietes in ein modernes Städtebauchaos erkennen, dergestalt, daß das Gebiet nicht unter Wahrung seines Charakters instandgesetzt bzw. erneuert, sondern »individualistisch umgemalt« wird. Erschütternd vor allem aber ist die rasante Vernichtung der Bauten von Josef Kaiser, dem Werk eines der besten Architekten der Nachkriegs-Moderne im Osten Deutschlands, nur weil ihm das Pech widerfuhr, in der Bundesrepublik und in West-Berlin unbekannt geblieben zu sein, obwohl er in Berlin einem Scharoun durchaus vergleichbar ist. Wo Scharoun sich als Avantgardist des Individualismus in Architektur und Städtebau von West-Berlin erwies, zeichnete Kaiser neue Wege und Maßstäbe auf, das in der DDR als Aufgabe gestellte industrielle Bauen architektonisch mit individueller Ausdrucksstärke und großer Gestaltungskraft bei höchster Einfachheit zu meistern.
Der bereits erfolgte Abriß des Hotels Berolina zugunsten eines modernen Verwaltungshauses für die Bezirksbehörde, welches – glaubt man der

vom Senat beabsichtigten Zusammenlegung der Innenstadtbezirke – kaum Aussicht hat, das Rathaus Mitte darzustellen, läßt Schlimmes erahnen. Wann werden ihm das Kino International und das Restaurant Moskau folgen? Wird die Mokka-Milch-Bar zum einzig überlebenden Relikt des einstigen Wohnkomplexes Karl-Marx-Allee werden?

Meine Fragen wollen und sollen nicht provozieren, sondern zum Nachdenken anregen, denn mir scheint, daß das in Berlin vielfach über die Köpfe der Bevölkerung hinweg praktizierte Bauen die Gefahr vieler Fehler, Irrtümer und Mißerfolge in sich birgt, auch Bezirkspolitiker und Investoren mit westdeutschen Gutachtern nicht immer gut beraten sind. Wie lange wird es wohl dauern, bis die vereinte deutsche Hauptstadt fähig ist, gebaute Geschichte im Berliner Osten nicht nur zu ertragen, sondern auch zu akzeptieren und den Weiterbau dieser Geschichte nicht nur unter Politikern und Fachleuten, sondern auch mit den Menschen dieser Stadt zu diskutieren und zu entscheiden?

Helmut Engel

Anmerkungen zum Hochhaus an der Weberwiese

Die Partei habe ihn immer wieder an die Wand geklatscht, ihn aber auch immer wieder abgekratzt – so die launige, im Kern von einem gesunden Selbstvertrauen zeugende Bekundung seines politischen Schicksals in der DDR, wie sie bereits für die Mitte der fünfziger Jahre überliefert ist.[1] Das ganz gesunde Selbstvertrauen bescheinigen seine ehemaligen Mitarbeiter auch noch heute.

Die Formalismus-Realismusdebatte

Möglicherweise nicht zum erstenmal, aber auf jeden Fall öffentlich und heftig an die Wand geklatscht hatte ihn – vordergründig zumindest – die Partei am 29. Juli 1951. An diesem Tag erschien im »Neuen Deutschland« ein ganzseitiger Beitrag von Rudolf Herrnstadt mit der Überschrift: »Über den Baustil, den politischen Stil und den Genossen Henselmann« – die Quittung für eine im gleichen Monat wenige Tage zuvor stattgefundene hitzige Diskussion zwischen der Parteileitung der SED und den drei Leitern der Meisterwerkstätten der Deutschen Bauakademie, von denen einer Henselmann war[2]. Offensichtlich weniger gegen Henselmann als gegen seine Zunftgenossen der Meisterwerkstätten wurde ein Bannstrahl geschleudert: Wie man – und das zielte direkt auf Henselmann selber – politisch uneinsichtig die Architektur der gerade im Bau befindlichen Botschaft der UdSSR Unter den Linden habe kritisieren können, warum – und das war die Generaldebatte – trotz gehabter Parteibeschlüsse die Formensprache der Architekten noch immer nicht an dem großem Vorbild ausgerichtet sei – das ZK der SED hatte auf seiner 5. Tagung vom 15. bis 17. März 1951 den Beschluß verabschiedet: »Der Kampf gegen den Formalismus in Kunst und Literatur, für eine fortschrittliche deutsche Kultur«, der III. Parteitag hatte sich 1950 bereits in gleicher Richtung geäußert.

In dieser Formalismusdebatte hatte Henselmann freilich selber kräftig öffentlich mitgemischt – und jeweils zu passender Gelegenheit: 1950 schrieb er zum Zeitpunkt der Überarbeitung seiner Stalinallee-Entwürfe über »Formalismus und Realismus«[3] und im »Neuen Deutschland« vom 4. Dezember 1951 ebenfalls gezielt über »Der reaktionäre Charakter des Konstruktivismus«[4]. »Unter Formalismus« – so Henselmann 1950 – »verstehen wir also eine Verhaltensweise im geistigen Prozeß, die alten Verkehrsformen unterliegt und nicht die wirkliche Bewegung spiegelt ... Dieser Formalismus im künstlerischen Verhalten wird immer dann auftreten, wenn das eigentlich bewegende Agens im künstlerischen Auftrage – und das kann immer nur eine sittliche Kraft sein, die der Entwicklung des Lebens dienen will – außer

1 Freundliche Mitteilung Ludwig Deiters.
2 Christian Borngräber, *Hermann Henselmann,* in: Wolfgang Ribbe/Wolfgang Schäche (Hrsg.), *Baumeister. Architekten. Stadtplaner. Biographien zur baulichen Entwicklung Berlins,* Berlin 1987, S. 564.
3 Vgl. *Planen und Bauen* 4 (1950).
4 *Neues Deutschland* vom 4. 12. 1951.

Berlin-Friedrichshain, Hochhaus an der Weberwiese
Architekt Hermann Henselmann, 1951

acht gelassen wird und statt dessen die künstlerische Tätigkeit auf Formprobleme, auf technische, kunsthistorische oder funktionelle Probleme – kurz, auf irgendein Einzelgebiet eingeengt wird. Immer dann, wenn die Kunst betrachtet wird als ein in sich abgeschlossener Vorgang mit eigenen Gesetzmäßigkeiten, wenn die Entwicklung der Kunst lediglich als ein Problem der Formerneuerung angesehen wird, liegt ein formalistisches Verhalten vor ... Unter Realismus ist demgegenüber eine künstlerische Verhaltensweise, eine Methode zu begreifen, die durch ihr reales Verhalten zur Wirklichkeit erkennbar wird. Diese reale Bewegung wird nicht entschieden durch das Kostüm, durch die isoliert betrachteten künstlerischen Mittel, sondern durch das wirkliche Verständnis der großen Konflikte und Krisen der gesellschaftlichen Entwicklung.« Dieser Artikel ist fast so etwas wie ein Drahtseilakt, denn obgleich Henselmann im Grunde genommen den Revolutionären des Neuen Bauens im weiteren Verlauf der zwanziger Jahre zunehmend Realitätsverlust, weil schließlich von der sozialen Wirklichkeit abgehobene Formalismen bildend, vorwirft, andererseits aber den revolutionären Anfang dieser Architekten im Umfeld des Ersten Weltkrieges uneingeschränkt anerkannte, vermied er ein eindeutiges Verdammungsurteil und gab sich damit unter der Hand sogar als Sympathisant zu erkennen. Das konnte so lange gut gehen, wie er vordergründig mit der Entschließung des Zentralkomitees gegen den Formalismus, die im März 1951 gefaßt worden war, übereinstimmte. Diese Entschließung ging von einer Rede Johannes R. Bechers auf dem III. Parteitag der SED aus, der vom 20. bis 24. Juli 1950 stattgefunden hatte. Aus der Rede wurde wörtlich zitiert: »Viele der besten Vertreter der modernen deutschen Kunst stehen in ihrem Schaffen vor dem großen Widerspruch zwischen einem neuen Inhalt und den unbrauchbaren Mitteln der formalistischen Kunst ... Die Formalisten leugnen, daß die entscheidende Bedeutung im Inhalt, in der Idee, im Gedanken des Werkes liegt ... In der Architektur ... hindert uns am meisten der sogenannte ›Bauhausstil‹ und die konstruktivistische, funktionalistische Grundeinstellung vieler Architekten an der Entwicklung einer Architektur, die die neuen gesellschaftlichen Verhältnisse in der Deutschen Demokratischen Republik zum Ausdruck bringt. An Bauwerken wie dem Wohnblock in der Stalinallee in Berlin [gemeint sind die Laubenganghäuser] ... zeigt sich, daß die künstlerische Idee einer mit dem Volksempfinden verbundenen Kunst verkümmert ist. Die meisten Architekten gehen abstrakt und ausschließlich von der technischen Seite des Bauens aus, vernachlässigen die künstlerische Gestaltung der Bauwerke und lehnen das Anknüpfen an Vorbilder der Vergangenheit ab.« Dieser III. Parteitag im Jahre 1950 nahm in der Tat eine Art Schlüsselrolle für das Bauschaffen ein. Und deutlich wurde auch in der Reaktion der SED, daß sich die Architekten sehr sperrig gegenüber der neuen Ideologie verhielten.

Spätestens mit dem III. Parteitag der SED vom 20. bis 24. Juli 1950 war dann auch die Architektur in diesen Parteiauftrag eingebunden und nach der stalinistischen Doktrin ausgerichtet. In seinem Bericht über den »Fünfjahresplan und die Perspektiven der Volkswirtschaft« geht Ulbricht mit längeren Passagen auf den »Wiederaufbau der zerstörten Städte der Republik« ein: »Unser Beitrag zum Fortschritt auf dem Gebiete des Bauwesens soll gerade darin bestehen, daß sowohl unsere Stadtplanung als auch der Städtebau, der Industriebau, der Bau der neuen Kulturstätten und der Maschinenausleihstationen das Besondere unserer nationalen Kultur zum Ausdruck bringen«[5]. Damit gleichbedeutend wird der Formalismus des Bauschaffens in der Weimarer Republik und während des Dritten Reiches angegriffen: »In der Weimarer Zeit wurden in vielen unserer Städte Gebäudekomplexe gebaut, die in ihrer architektonischen Gestaltung nicht den Wünschen der Bevölkerung entgegenkamen, die nicht der nationalen Eigenart unseres Volkes entsprachen, sondern dem formalistischen Denken einer Anzahl Architekten, die Primitivität gewisser Fabrikbauten auf

5 Protokoll der Verhandlungen des III. Parteitages der Sozialistischen Einheitspartei Deutschlands, 20. bis 24. Juli 1950 in der Werner-Seelenbinder-Halle zu Berlin, Berlin 1951, Bd. 1, S. 378ff.

die Wohnbauten übertrugen.« Gerade diese Feststellung mündet dann in einen Angriff auf die Bauabteilung des Magistrats von Groß-Berlin, die »die Hauptstadt Deutschlands durch den Bau von niedrigen Häusern verniedlichen und Gebiete der Innenstadt nach den Richtlinien für Stadtrandsiedlungen bebauen« wolle – die Kritik richtet sich eindeutig gegen die Planungen Scharouns zur Wohnzelle Friedrichshain. Johannes R. Becher bringt das einzuhaltende Vorbild des großen »Moskauer Bruders« dann unverblümt zum Ausdruck: »Es wird und kann aber eine neue deutsche Kultur auch nur entstehen, wenn sie in sich die freiheitlichen Traditionen aller Völker aufnimmt, und es kann und wird eine deutsche Kultur entstehen nur dann, wenn in ihr vor allem die kulturellen Errungenschaften der Großen Sozialistischen Oktoberrevolution, die Errungenschaften des Sozialismus als die Kulturschöpfungen einer neuen, für die ganze Menschheit vorbildlichen Lebensordnung enthalten sind.«[6]

Die Entschließungen des III. Parteitages über »Die gegenwärtige Lage und die Aufgaben der Sozialistischen Einheitspartei Deutschlands« legen dann fest: »In der bildenden Kunst ist der entschiedene Bruch mit dem Formalismus noch nicht vollzogen, weil der Formalismus und dessen Wurzel, der Kosmopolitismus, nicht als volksfremde und volksfeindliche Strömung, als Waffe des Imperialismus erkannt wurden. Erst ganz bescheidene Anfänge des Realismus sind in der bildenden Kunst zu erkennen. Besonders stark herrschen in der Architektur die formalistischen Tendenzen vor, die an den wahren Bedürfnissen der Werktätigen vorbeigehen.«

Die SED sah sich mit der Tatsache konfrontiert, daß die Architekten, die während des »Dritten Reiches« nicht in die Emigration gegangen waren, mit den sowjetischen Denkschemata nicht vertraut waren – diese mußten jetzt mit Druck durchgesetzt werden, denn die Kulturverbände hatten in der zweiten Hälfte der vierziger Jahre offensichtlich noch keine ausreichende Überzeugungsarbeit leisten können. Die aus dem Moskauer Exil heimgekehrten Kommunisten hatten dagegen von Anfang an unter dem Einfluß der stalinistischen Kunstdoktrin gestanden, wonach somit auch in Deutschland eine Kunst zu schaffen sei, »die ihrem Inhalt nach sozialistisch, ihrer Form nach realistisch ist« – so Anton Ackermann auf einer Kulturtagung der KPD vom 3. bis 5. Februar 1946.[7] Die Formalismus-Realismusdebatte war nicht erst 1950 entstanden, sondern sie war von Anfang an in den Köpfen der deutschen Kommunisten angelegt. Auch über die Grundlagen für die realistische Form einer solchen zu schaffenden nationalen Kunst bestand kein Zweifel – Alexander Abusch auf einer gemeinsamen Arbeitstagung des Kulturbundes zur demokratischen Erneuerung Deutschlands, des Freien Deutschen Gewerkschaftsbundes und der Gewerkschaft Kunst und Schrifttum am 28. und 29. Oktober 1948 in Berlin: »Wir wollen eine neue realistische Kunst, die das beste künstlerische Erbe der Vergangenheit für unsere Zeit weiterentwickelt.«[8] Die erste Parteikonferenz der SED vom 25. bis 28. Januar 1949 wies dann die Entwicklung einer realistischen Kunst innerhalb des Zweijahresplanes als Parteiauftrag aus: »Der Beitrag der Künstler und Schriftsteller ... besteht in der Entwicklung einer realistischen Kunst ...«[9] Kunst und ihre Ausdrucksformen sollten also nicht mehr der Entwicklung und individuellen Überzeugung des einzelnen überlassen werden.

Im Hintergrund stand ohnehin der »Große Bruder« und mischte sich auch in die Kulturpolitik ein: Pieck, Grotewohl und Ulbricht mußten in einer Besprechung am 8. Juni 1950 Kritik von Tschuikow, Semjonow und den anderen Mitgliedern der SKK einstecken und die für den gleichen Monat geplante Konferenz des Kulturbundes wegen ungenügender Vorbereitung verschieben.[10] Bereits am 24. März hatte sich Wilhelm Pieck

6 *Protokoll* ... (wie Anm. 5), Bd. 2, S. 67.
7 Zitiert nach Claus Träger, *Studien zur Erbetheorie und Erbeaneignung* (= Reclam Universal Bibliothek 907 – Kunstwissenschaften), Leipzig 1981, S. 139.
8 C. Träger, *Studien* ... (wie Anm. 7), S. 146.
9 C. Träger, *Studien* ... (wie Anm. 7), S. 148.
10 Rolf Badstübner/Wilfried Loth, *Wilhelm Pieck – Aufzeichnungen zur Deutschlandpolitik,* Berlin 1994, S. 348f.

eine Rüge über bedenklich schwache Funktionäre des Kulturbundes anhören müssen.[11] Ein Zeichen der wohl wegen der sowjetischen Kritik mit dem Jahr 1950 energisch vorangetriebenen Entwicklung: Zum Jahresende 1950 wurde Scharoun als Leiter des Instituts für Bauwesen folgerichtig entlassen, das Institut selber aufgelöst und zum 1. Januar 1951 die Deutsche Bauakademie unter der Leitung des aus der UdSSR zurückgekehrten Kurt Liebknecht gegründet. Liebknecht eröffnete bereits im Januar die Polemik gegen das Bauhaus: »Funktionalismus, Konstruktivismus, die ›neue Sachlichkeit‹ oder auch Bauhausstil genannt, hat nichts mit wirklicher Kunst zu tun«[12]. Folgerichtig wiederum hatte Scharoun das Angebot zur Übernahme einer der Meisterwerkstätten in der Deutschen Bauakademie abgelehnt, die nun mit Henselmann, Hopp und Paulick besetzt wurden.
Die Bauakademie gab von 1952 an als Zeitschrift die »Deutsche Architektur« heraus, in der sich die Maxime der Partei zunächst zum Wiederaufbau von Berlin spiegeln und in deren drei ersten Heften Ernst Hoffmann »Ideologische Probleme der Architektur« vor allem als Verurteilung aller formalistischen Tendenzen darlegt. Die von 1951 an von der Akademie herausgegebenen Bücher – über die sowjetische Architektur der letzten dreißig Jahre, über den Wiederaufbau von Warschau und über »Deutsche Baukunst in zehn Jahrhunderten« durchzieht ununterbrochen mit den von Liebknecht verfaßten Vorworten oder in den Textbeiträgen selber das Thema Formalismus und Realismus in der Architektur, aber auch die Vorbildlichkeit der sowjetischen Architektur – Liebknecht: »Die Erfahrungen und Erkenntnisse der sowjetischen Architekten müssen von uns ausgewertet werden. Sie sollen uns anspornen, auch in unserem deutschen Vaterlande eine neue Architektur zu schaffen, eine Architektur, deren Inhalt demokratisch und deren Form national ist.«
Deutlich wird in den Verlautbarungen der Bauakademie auch, daß die Stalinallee erster Ausdruck einer realistischen Architektur in der DDR werden soll. Und in einer von der Bauakademie aus Anlaß der Weltfestspiele der Jugend und Studenten im August 1951 herausgegebenen Aufklärungsbroschüre mit dem Titel »Für einen fortschrittlichen Städtebau – für eine neue deutsche Architektur. Grundsätze und Beiträge zu einer Diskussion«[13] erklärte der Minister für Aufbau, Lothar Bolz, unumwunden, daß die architektonische Gestalt der Stalinallee einem Moskauer Machtwort im Frühjahr 1950 zu verdanken war. »Als wir in Moskau die im Bau befindlichen Hochhäuser besichtigten, sagte eines der Delegationsmitglieder zu dem Stellvertretenden Minister für Städtebau der UdSSR: ›Ja, solche Bauten drücken zweifellos die Idee der Hauptstadt aus. Aber wir sind heute nicht in der Lage, so etwas zu bauen. Sollen wir deswegen auf das Bauen verzichten?‹ Die Antwort lautete: ›Ihre Bevölkerung braucht Wohnungen, also müssen Sie bauen; Sie müssen bauen, auch wenn Sie nur einstöckige Häuser bauen können; die bauen Sie aber draußen! Und wenn Sie dreistöckige Häuser werden bauen können, dann bauen Sie dreistöckige, aber nicht an der Stalinallee!«[14] Die Sowjets beobachten im gleichen Zeitraum nicht nur die Tätigkeit des Kulturbundes, sie verfolgen also auch die Architektur.

Henselmann 1951

Hinter der breit ausgemalten Empörung des »Neuen Deutschland« vom 29. Juli 1951 vor allem über den Genossen Henselmann wurde kaum sichtbar, daß ihn die Partei offensichtlich bereits schon »von der Wand abgekratzt«, wenn sie ihn wegen seiner Architektur überhaupt ernstlich angegriffen hatte – man wollte wohl eher die lockeren Sprüche des Architekten eindämmen und sich

11 R. Badstübner/W. Loth, *Wilhelm Pieck* ... (wie Anm. 10), S. 339.

12 Zitiert nach Johann Friedrich Geist/Klaus Kürvers/Dieter Rausch, *Hans Scharoun. Chronik zu Leben und Werk*, hrsg. von der Akademie der Künste, Berlin 1993, S. 100.

13 *Für einen fortschrittlichen Städtebau – für eine neue deutsche Architektur. Grundsätze und Beiträge zu einer Diskussion*, hrsg. von der Deutschen Bauakademie, Leipzig 1951.

14 *Für einen fortschrittlichen Städtebau* ... (wie Anm. 13), S. 29.

den Rücken gegenüber den Sowjets freihalten. Herrnstadt konnte in seinem Artikel immerhin darstellen, die Genossen hätten nach kurzer Bedenkzeit bereits den richtigen Weg einer sozialistischen Architektur gefunden. Die Philippika der Funktionäre hatte teilweise schon nach 24 Stunden Wirkung gezeigt, da hatte man – wie die Kontrolle in den Ateliers ergab – Details in der gewünschten Haltung bereits zu Papier gebracht. Henselmann wurde in dieser Hinsicht von Herrnstadt gar nicht erwähnt.

Auf den Entwurf für das Hochhaus an der Weberwiese hätte die Kritik im »Neuen Deutschland« ohnehin keinen Einfluß mehr gehabt, er war bereits fertig und die Entscheidung, daß Henselmanns Entwurf gebaut werden sollte, gefallen.[15]

Die Entwürfe der drei Meisterwerkstätten waren in der Bauakademie bei Liebknecht im ersten Obergeschoß abgegeben worden. Und wenig später stand bereits der Gewinner fest[16], das Hochhaus wurde nachfolgend zu einem anerkannten Werk der DDR-Architektur.[17]

Der Beitrag im »Neuen Deutschland« hatte bei Henselmann trotzdem Wirkung gezeigt: Er wollte weg, die DDR verlassen, und nur Brecht überzeugte ihn mit dem Argument der Unvollständigkeit aller revolutionärer Umwälzungen an ihrem Beginn und mit dem Hinweis, daß gesellschaftliche Erneuerungen eines langen Weges bedürften. Henselmann blieb. Aus dem Gespräch nahm der Architekt eine Lehre mit: Auf seine Frage, wie sich Brecht selber in einer solchen, die eigene Überzeugung verleugnenden Zumutung verhalten würde, antwortete der Dichter sinngemäß: Öffentlich bereuen und weitermachen – die Galileische List begleitete Henselmann fortan.[18]

Gänzlich von der Wand gekratzt ist Henselmann Anfang November 1951, gerade acht Wochen später.

Vom 2. bis 4. November 1951 fand in der alten Singakademie hinter dem Kastanienwäldchen eine Kulturkonferenz der Gesellschaft für Deutsch-Sowjetische Freundschaft statt; Thema: »Das große Vorbild und der sozialistische Realismus in der Architektur und in der Malerei«. Das Grundsatzreferat zur Architektur hielt der Präsident der Deutschen Bauakademie, Kurt Liebknecht; mit von der Partie: Hermann Henselmann, der sich mit einem längeren Beitrag zu Wort meldete. Was Wunder, denn Liebknecht führte in einer sicherlich bewußt gewählten Reihenfolge zwei »Beispiele für die Entwicklung einer deutschen Architektur« an: Das Kulturhaus für die Werktätigen der Maxhütte in Unterwellenborn (Thüringen), entworfen von einem Verfasserkollektiv unter der Leitung von Hanns Hopp und Josef Kaiser, an erster Stelle, und danach in einer kürzeren Darstellung das Hochhaus an der Weberwiese, »das von der Meisterwerkstatt Prof. Henselmann ausgearbeitet wurde«. Henselmann erläuterte während der Konferenz seine Haltung als Architekt folgendermaßen: »Wir müssen aus der Analyse der Vergangenheit in den Bauten der Gegenwart eine geordnete und friedliche Zukunft durchleuchten lassen. Ein Architekt, der so baut, erhebt ein Stück Zukunft zur unmittelbaren Gegenwart. Natürlich müssen wir das Studium der Vergangenheit schöpferisch und kritisch betreiben, so wie uns das Lenin gelehrt hat. ... Wir müssen uns wieder zur Schönheit bekennen, auch zum Ornament, um das dem Direktor der Akademie der Künste, unserem Freunde Engel, zu antworten.«[19]

15 Freundliche Mitteilung Hans Grotewohl.

16 Freundliche Mitteilung Hans Grotewohl.

17 Vgl. dazu Wilhelm Girnus, *Zu den neuen Entwürfen für die Stalinallee*, in: *Neues Deutschland* vom 8. 2. 1953, S. 6: »Dennoch zeigen die abgelehnten Entwürfe [d. h. im Wettbewerb zum Frankfurter Tor], daß unsere fortschrittlichen Architekten den vollen Sinn unserer Architekturdiskussion noch nicht begriffen haben. Allen abgelehnten Entwürfen ist nämlich eins gemeinsam: sie sind durchweg nur Abwandlungen der Bauformen und Architekturelemente, die an der Weberwiese und an der Stalinallee geschaffen wurden. Besonders das Henselmannsche Hochhaus an der Weberwiese hat viele Nachahmer gefunden.«

18 Freundliche Mitteilung Hermann Henselmann.

19 *Das Große Vorbild und der sozialistische Realismus in der Architektur und in der Malerei. Vorträge von Dr. Kurt Liebknecht, Präsident der Deutschen Bauakademie, Professor Kurt Magritz*, zusammengestellt und hrsg. vom Haus der Kultur der Sowjetunion, Berlin 1952.

In der Tat war Henselmann in seinem Wesen »Künstler« -Architekt, von den konstruktiven Voraussetzungen des Bauens »hatte er keine Ahnung« – so Hans Grotewohl als sein enger Mitarbeiter, der den Grundriß des Hochhauses entwickelt hatte. Henselmann selber skizzierte nur zu Anfang des Entwurfsprozesses, und seine Mitarbeiter detaillierten anschließend seine Vorstellungen. Die Korrekturen der jeweiligen Planungsstände erfolgten meistens verbal. Bei diesen Erläuterungen wollte Henselmann verstanden werden und wurde, wenn die Mitarbeiter ihm nicht folgen konnten, temperamentvoll und auch laut. Grotewohl: »Er war immer der ›einzige‹ Architekt«, spöttisch bis ablehnend gegenüber seinen Kollegen, so besonders gegenüber Paulick. Liebknecht war für Henselmann zum Beispiel »der Kunstpfeifer«[20].

Aus zwei Gründen war Henselmann zu dem Zeitpunkt, zum dem die Veranstaltung in der Singakademie stattfand, in seiner Stellung gefestigt:

Einmal: Etwas mehr als einen Monat vor dieser Kulturkonferenz hatte Oberbürgermeister Friedrich Ebert am 1. September den Grundstein für das Hochhaus an der Weberwiese gelegt[21] – am 19. Januar 1952 wird der Bau gerichtet und am symbolträchtigen 1. Mai des gleichen Jahres den ersten Bewohnern übergeben werden – eine ungewöhnlich kurze Bauzeit, aber auch eine ungewöhnlich kurze Frist für die Projektierung. Zum anderen: Im Sommer hatte der Magistrat Groß-Berlin zeitgleich zur Projektierung der Weberwiesen-Bebauung den Wettbewerb für die Stalinallee ausgeschrieben, am 29. August 1951 wurde die Entscheidung des Preisgerichtes verkündet.[22] Gewonnen worden war der Wettbewerb von Egon Hartmann, der zusammen mit Richard Paulick, Hanns Hopp, Karl Souradny und Kurt W. Leucht zur Weiterbearbeitung beauftragt wurde. Unmittelbar anschließend erarbeiteten sie den sogenannten Kienbaum-Plan als Grundlage für die Ausführungsplanung. Dieser Kienbaum-Plan lag am 12. September 1951 vor.[24] Damit eröffneten sich für Henselmann die Möglichkeit, auch an der Stalinallee mitzubauen.

Henselmanns Tätigkeit war somit im September 1951 sichtbar von Erfolg beschieden, und der Architekt konnte Anfang November in der Singakademie, dem Haus der Kultur der Sowjetunion, unangefochten sein Bekenntnis zur Schönheit in der Architektur ablegen – noch nicht einmal ein Vierteljahr nach seiner öffentlichen Abkanzelung im Neuen Deutschland.

Einen Monat nach der Tagung im Haus der Kultur der Sowjetunion wird Walter Ulbricht in einer Rede auf dem Deutschen Architektenkongreß am 8. Dezember 1951 zwar ebenfalls »Formalismus und Konstruktivismus« eine Absage erteilen und zum Studium der »edlen Traditionen« der Baukunst auffordern, doch wird er darüber hinaus außerordentlich deutlich werden: Die Befreiung von den formalistischen Einflüssen habe »rücksichtslos« zu erfolgen – d. h. also nicht im Sinne eines geistigen, seine Zeit in Anspruch nehmenden Selbstfindungsprozesses, sondern schnell und gegebenenfalls nachhaltig von außen, d. h. politisch befördert – und ferner legte er den Architekten nahe, »vor allem von den großen Leistungen der sowjetischen Baukunst zu lernen« – und schließlich verlangte Ulbricht der neuen Architektur noch ein Wesensmerkmal ab, das bislang keine Rolle gespielt hatte: Die neuen Bauten sollten »monumental« werden.[25]

Vier Tage vor dieser Rede Ulbrichts übte Henselmann in einem Beitrag im »Neuen Deutschland« mit der Überschrift »Der reaktionäre Charakter des Konstruktivismus« Selbstkritik – er korrigierte seine in Teilen positive Haltung, wie sie in seinem Beitrag über »Formalismus und Realismus« von August/September 1950 gegenüber den zwanziger Jahren noch zu verspüren gewesen

20 Freundliche Mitteilung von Hans Grotewohl.

21 Gerhard Keiderling, *Berlin 1945–1986. Geschichte der Hauptstadt der DDR,* Berlin 1987, S. 386.

22 Hanns Hopp, *Werkstattbericht zum Projekt Stalinallee,* in: *Deutsche Architektur* 2 (1952), S. 66.

23 Adalbert Behr, *Richard Paulick 1903–1979,* in: Große Baumeister (= Bauakademie der DDR. Schriften des Instituts für Städtebau und Architektur), Berlin 1990, S. 312.

24 A. Behr, *Richard Paulick* ... (wie Anm. 23), S. 314.

25 Zitiert nach: *Deutsche Architektur* NW 7 (1952), H. 1, S. 3.

war: »Diese konstruktivistische Richtung tritt im Gewande einer pseudo-revolutionären Theorie gegen den angeblichen Akademismus früherer Epochen auf ... Der pseudorevolutionäre Anspruch der Konstruktivisten geht davon aus, daß die Architektur angeblich eine neue Gesellschaft und neue Menschen schaffen wird«. Und seine Selbstkritik gipfelte in der Feststellung: »Ich selbst habe die dringliche Aufgabe des Übernehmens des Kulturerbes und damit auch die Rolle der Sowjetunion unterschätzt. Ich habe die kritische klassenmäßige Betrachtung des Konstruktivismus nicht zu Ende geführt«.[26] Dieser Beitrag war nicht zufällig zu diesem Zeitpunkt im »Neuen Deutschland« erschienen: Rudolf Herrnstadt, aus Anlaß eines Besuches in der Meisterwerkstatt, bei der er sich über die Ernsthaftigkeit und Intensität der Architekturdiskussion überzeugen konnte, vom uneingeschränkten Kritiker Henselmanns zu dessen wohlwollendem Begleiter gewandelt, gab den Hinweis, daß ein selbstkritischer Aufsatz Henselmann mit Sicherheit eine Beteiligung beim Bau der Stalinallee eintragen würde[27] – und da Henselmann bauen wollte, griff er zur Galileischen List.

Und diese List war lebenswichtig, denn Ulbricht war in Sachen Architektur kein Sonntagsredner. Als er am 23. April 1952 mit einem Staatsakt zum Ehrenmitglied der Deutschen Bauakademie ernannt wurde, führte Wilhelm Pieck folgende Berufungsgründe an: »Herr Walter Ulbricht steht mit Rat und Tat den Architekten zur Seite, um ihnen zu helfen, eine realistische Architektur zu schaffen, die ein Ausdruck unserer fortschrittlichen Gesellschaftsordnung ist. Und: »Durch grundsätzliche Ausführungen hat Herr Walter Ulbricht besonders zur Klärung ideologischer Fragen auf dem Gebiete der Architektur beigetragen«.[28] Das konnte bedrohlich gelesen und sollte sicherlich im Wortsinn als richtungweisend verstanden werden.

Das Hochhaus

Die Frage nach der Schönheit des Hochhauses an der Weberwiese muß nicht nur – um seinen Urheber beim Wort zu nehmen – erlaubt sein, sie muß dringend gestellt werden, will man Architektur nicht nur als zeitgeschichtliches Dokument verstehen, sondern auch als autonomes Kunstwerk begreifen.

Immer wieder veröffentlicht wurde die zur Weberwiese gelegene Eingangsfassade, die den kompositorischen Gesamtaufbau des äußeren Erscheinungsbildes denn auch am besten zu erkennen gibt: Eingebunden in einen horizontal gebänderten, auf dieser Seite fensterlosen Sockel ist der breit gelagerte, durch zwei Säulen rhythmisch unterteilte, immer verschattet wirkende Zugang in das Hausinnere – die Stufen, über die die Höhe des Erdgeschosses erreicht wird, sind in den Baukörper eingezogen und nicht vorgelagert – ein erster Hinweis, wie wichtig der Eindruck kubischer Geschlossenheit für den Entwurfsverfasser gewesen sein muß. Andererseits verschmilzt dieser Sockel im optischen Erscheinungsbild auch nicht mit dem Gelände, auf dem er steht, sondern ein dunkler Streifen legt eine überaus deutliche Zäsur zwischen den Erdboden und das Haus, das in seiner strahlenden Helligkeit inmitten der Trümmerwüste einen überwältigenden, optimistisch stimmenden Eindruck gemacht haben muß. Über der breit gelagerten Höhle des Einganges, den schmalen Sturz optisch nicht zerbrechend, die vier Fensterachsen der sieben Obergeschosse, die Fensteröffnungen in ihrem Zuschnitt von Breite zu Höhe von eindeutiger Vertikalität, die Senkrechte auch deutlich hervorkehrend die nicht umsonst in einem Rundstab auslaufenden Teilungsrippen, die in ihrem Höhenzug ungebrochen in Erscheinung treten können, denn die Brüstungsfelder wirken zwischen sie wie eingehängt – hier herrscht kein Raumgerüst mit einer gleichgewich-

26 Zitiert nach: Hermann Henselmann, Der *reaktionäre Charakter des Konstruktivismus* [4. Dezember 1951], in: Andreas Schätzke, *Zwischen Bauhaus und Stalinallee. Architekturdiskussion im östlichen Deutschland 1945–1955.* Mit einer Schlußbetrachtung von Thomas Topfstedt (= Bauwelt Fundamente 95), Braunschweig-Wiesbaden 1991, S. 147.

27 Freundliche Mitteilung Hermann Henselmann.

28 *Ein wichtiges Ereignis für die Entwicklung der deutschen Architektur,* in: Deutsche Architektur (1952), H. 2, S. 50.

tigen Verspannung von Vertikalen und Horizontalen, sondern die Vertikale triumphiert. Und damit diese offene Mitte des Hauses sich zu den Seiten hin nicht verläppert, sich nicht verliert, sozusagen auseinanderfließt, wird sie von zwei in die Höhe strebenden Türmen auf beiden Seiten eingefaßt, in denen wie selbstverständlich die schlanken, stehenden Fensterformate in der Mittelachse der Turmseiten angeordnet werden – keine Spielereien mit Motivverschränkungen in Horizontalen oder Diagonalen, aber auch kein übermäßiges Strapazieren von Längen und Höhen, die seitlichen Fenster nehmen noch nicht einmal den sich aus den einzelnen Geschoßdecken eigentlich als selbstverständlich anbietenden Höhenbezug zu den mittleren Fenstern auf, denn ihre Stürze liegen deutlich tiefer – kein horizontal wirkender Kompositionsbezug soll der Vertikalen Konkurrenz machen. Die turmartigen Hausecken sind aber auch nicht so in der Höhe überdehnt, daß sie die zwingende Kraft verlieren würden, die Vertikalrippen der Hausmitte gleichsam in die Höhe zu treiben, damit sie dann mit dem achten Obergeschoß seitlich wirksam über die Köpfe der Türme – diese gleichsam wahrnehmbar bändigend – ausgreifen. Fast um dem Haus so etwas wie eine federnde Vibration zu geben – das abschließende, in Glas nahezu aufgelöste Oberlicht über dem zentral gelegenen Treppenhaus, das dem ganzen Baukörper die Stumpfheit eines nur waagerechten Abschlusses nimmt. Die Details des Hauses sind, um die Eindeutigkeit dieser der expressiven Vertikalentwicklung dienenden Kuben, Flächen und Rippen nicht zu beeinträchtigen, so zurückhaltend wie nur möglich gestaltet – die Glasflächen der Turmfenster sind nicht unterteilt, die mittleren Fenster sollten ursprünglich nur eine knappe Vertikalunterteilung haben, die Umrahmung der Turmfenster ist nur so dünnlinig ausgefallen, daß sie kaum als Motiv, wohl aber als reliefhafte Schattenkante wahrnehmbar wird. Das Sockelgeschoß stemmt sich nicht in einem Kraftakt sichtbar verjüngend nach oben gegen die Last der Obergeschosse, sondern die Ausladung gegenüber den Hauskanten ist kaum wahrnehmbar.[29]

Wie sehr an dem Haus gearbeitet worden ist, machen die Abweichungen des Entwurfes gegenüber der Ausführung deutlich, die sich vor allem auf einzelne Proportionen ausgewirkt haben: die Brüstungen aller Fenster (so als sei die Stockwerkshöhe generell reduziert worden), der waagerechte Gesimsabschluß des achten Obergeschosses (um dessen horizontale Scharfkantigkeit aufzulösen), die Pfostenunterteilungen des Treppenhausoberlichtes (die wohl aus statischen Gründen eingeführt werden mußten) – offensichtlich wurde noch während der Baudurchführung an dem Entwurf gearbeitet.

Bei aller Klarheit des Entwurfes – eine »gerechnete« Architektur ist das Hochhaus an der Weberwiese nicht. Es ist deshalb schön, weil es aus der unmittelbaren Eingängigkeit der Entwurfsidee, der vertikalen Entfaltung lebt und diesem Ziel die Mittel unterordnet. Selbst das Detail ist nicht Dekor und damit Selbstzweck, sondern unterstützt den Ausdruck.

Versuch einer Ableitung

Wenn das Hochhaus an der Weberwiese seine Eigenständigkeit auch im Vergleich mit voraufgegangenen und nachfolgenden Architektenleistungen gewinnen soll, muß sich das autonome Kunstwerk folglich in den entwicklungsgeschichtlichen Zusammenhang von Entwurfshaltung und Bautypus stellen lassen.

Solche dynamischen Baukörperinterpretationen könnten in einer »nationalen« Tradition auf die Turbinenhalle der AEG von Peter Behrens in der Moabiter Huttenstraße zurückgeführt werden: Zwischen zwei mächtigen Eckpfeilern schiebt sich eine gläserne Fassade, oberflächenversetzt gegenüber den seitlichen Einfassungen, empor, um dann die Außenpfeiler fast wie mit einem Flügelgestus zu übergreifen. Im Expressionismus der zwanziger Jahre wird dieser Gestus zu einer Art Architekturmotiv: Walter Gropius bringt es in seinem 1921 bis 1922 für den Rechtsanwalt Otte in Zehlendorf erbauten Haus, Erich Mendelsohn

29 Diese Interpretation wurde von Henselmann akzeptiert. Als sie ihm vorgelesen wurde, applaudierte er.

Berlin-Tempelhof, Ullstein Druckhaus.
Architekt Eugen Schmohl, 1925

dramatisiert es zur gleichen Zeit mit dem Mosse-Haus im Zeitungsviertel – in den späten zwanziger Jahren wird sich Henselmann – im renommierten Büro von Leo Nachtlicht tätig – bei Mendelssohn (auch bei Poelzig) bewerben[30].

Damit sollen keine unmittelbaren Abhängigkeiten im Sinne von mehr oder weniger direkten Vorbildwirkungen unterstellt werden, wohl aber sind solche Haltungen ein Überlieferungsrahmen, aus dem sich dann spätere Entwürfe wie auch der des Hochhauses an der Weberwiese entwickelt haben könnten.[31]

In Berlin hatte sich der Typus Hochhaus um den Ersten Weltkrieg ausgebildet – der sprichwörtliche Schrei nach dem Turmhaus beherrschte die frühen zwanziger Jahre. Die Bebauung des Grundstücks unmittelbar nördlich des Bahnhofes Friedrichstraße ließ im Mai 1921 Otto Kohtz ein Hochhaus entwerfen, das bei einer gleichmäßig engen Vertikalgliederung der einzelnen Fassadenabschnitte eine Grundaufteilung des Baukörpers mit vier vortretenden Ecktürmen, einen über die Ecktürme übergreifenden höheren Kernbau und einen stark zurückgesetzten Laternenaufbau aufwies.[32] Kohtz war zusammen mit Möhring und Kraffert mit der Ausarbeitung von Entwürfen im Frühjahr 1921 beauftragt worden, wobei Kohtz die Grundform eines solchen Hochhausbaukörpers in einer Reihe von Varianten durchspielte. Daß Otto Kohtz sich bei diesen Hochhausstudien in einer konzeptionellen Form bewegte, die der Zeit entsprach, belegen die in den mittleren zwanziger Jahren entstandenen Giebelfassaden wie etwa der Südgiebel des Tempelhofer Ullstein-Hauses von Eugen Schmohl oder die Giebelfassade des Zwietusch-Werkes von Hans Hertlein aus dem Jahr 1926. Beide Giebelfassaden arbeiten mit einer stark durchfensterten, von Vertikalrippen durchsetzten Mitte, seitlich einfassenden, geschlossenen, pfeilerartigen Scheiben sowie überfangenden Aufbauten.

Wiederum sollen keine unmittelbaren Vorbildwirkungen behauptet werden, doch kann immerhin festgestellt werden, daß diese Beispiele mit dem Zeithorizont übereinstimmen, in dem Hermann Henselmann in Berlin sein Studium an der Kunstgewerbeschule absolvierte und seine erste Berufspraxis erlebte.

30 Freundliche Mitteilung Hermann Henselmann.

31 Henselmann schloß in einem persönlichen Gespräch eine unmittelbare Vorbildwirkung der angeführten Beispiele aus, merkte aber an, man habe damals, und er natürlich auch, alle wesentlichen Bauten Berlins gekannt. Nach einer Mitteilung von Hans Grotewohl wurde in der Meisterwerkstatt nur ganz selten über die Architektur der zwanziger Jahre gesprochen – offensichtlich wirkte sich die Formalismus-Debatte doch aus. Le Corbusier war dagegen »sein Freund«.

32 *Der Schrei nach dem Turmhaus. Der Ideenwettbewerb Hochhaus am Bahnhof Friedrichstraße BERLIN 1921/22.* Katalog der Ausstellung vom 12.10.1988 bis 8.1.1989 im Bauhaus-Archiv Museum für Gestaltung, Berlin 1988, S. 154.

Berlin-Mitte, zwei Studien für das Hochhaus am Bahnhof Friedrichstraße.
Architekt Otto Kohtz, 1921

Natürlich muß auch die Frage nach der Zeit gestellt werden, in der das Hochhaus an der Weberwiese selber entworfen worden ist: In der »Neuen Bauwelt«, Jahrgang 1950, vertrat Paul Wolf aus Dresden seine Überzeugung zur Bedeutung des Hochhauses im Neuaufbau zerstörter Städte[33], wobei der Autor Vorbildwirkungen vor allem in Stockholm sah – in den Wohnhochhäusern am Mälarsee und den Punkthäusern im Stadtteil Södermalm.[34] Wolf illustrierte seinen Bauwelt-Artikel mit Schaubildern, die sich wenig von den Ergebnissen des ersten bedeutenden städtebaulichen Wettbewerbs unterschieden, der 1948 für den Wiederaufbau des Gebietes rund um den Zoo in Berlin durchgeführt worden war. Im gleichen Jahrgang der Bauwelt wurde auch über die Grundsteinlegung zu einem Wohnhochhaus in Berlin am Innsbrucker Platz nach dem Entwurf von Paul und Jürgen Emmerich berichtet. Solche Hochhauslösungen entstanden ebenfalls in der Schweiz – am nordwestlichen Rand der Stadt Basel.[35] Und ein gleicher Typus mit der Ernst-Reuter-Siedlung 1953 auf dem Wedding entsteht.
Selbst im Ausbau von Moskau kommen Wohnhochhäuser vor, wenn offensichtlich auch relativ selten: L. J. Talalary und A. A. Dserskhowitsch errichteten 1937 am Novinsky-Boulevard in Verbindung mit einer niedrigeren Zeilenbebauung einen solchen Typus, der einen gewissen formalen Vergleich mit dem Hochhaus an der Weberwiese zuläßt. Dieses Moskauer Beispiel hatte die »Deutsche Bauakademie« zweimal veröffentlicht. Und Henselmann wird diese Veröffentlichungen gekannt haben. Das das Hochhaus an der Weberwiese prägende Motiv turmartiger Eckeinfassungen begegnet man dann aber vor allem in der Moskauer Architektur der Jahre um 1948–1950. Die Lomonossow-Universität in Moskau von Rudnew, Abrassimov und anderen[36], entstanden ab

33 Paul Wolf, *Das Hochhaus im Neuaufbau zerstörter Städte,* in: *Neue Bauwelt* (1950), H. 7: Architekturteil, S. 25ff.

34 Henselmann schätzte das zeitgenössische Werk des Schweden Asplund; freundliche Mitteilung von Hans Grotewohl.

35 Arnold Gfeller/Hans Mähly, *Wohnhochhäuser in Basel,* in: *Die neue Stadt. Monatsschrift für Architektur und Städtebau* 4 (1950), S. 438ff.

36 Alexej Tarchanow/Sergej Kawtaradse, *Stalinistische Architektur,* München 1992.

Moskau, Lomonossow-Universität.
Architekten Rudnew, Abrossimov u. a., ab 1949

1949, führt diese klare Eckeinfassung eines Hochhausbaukörpers bei eindeutig vertikaler Gliederung der einbeschriebenen Fassadenbereiche uneingeschränkt vor. Und solche Turmbauten wie die der Lomonossow-Universität wurden auch in Berlin aufgegriffen, wie der Vergleich mit dem von Richard Paulick 1950 und Hanns Hopp 1951 entworfenen Regierungshochhaus für die sozialistische Stadtkrone Berlins belegen – an den Beratungen zur Gestaltung des Stadtzentrums nahm auch Hermann Henselmann teil.[37] Und so dürfte wahrscheinlich sein, daß das Hochhaus an der Weberwiese ein unmittelbares Kind der Berliner Architekturerörterungen des Jahres 1951 ist.

Das erste Halbjahr 1951

Henselmanns erste Entwürfe zur Randbebauung der Stalinallee, die er 1950, teilweise noch im Institut für Bauwesen unter der Ägide Scharouns, auf der Grundlage der ersten Städtebaukonzeption aus diesem Jahr bearbeitet hatte[38], zielten in städtebaulicher Konzeption und architektonischer Formensprache noch keinesfalls auf einen neuen deutschen Städtebau, sondern entsprachen einem auch außerhalb der DDR betriebenen gängigen Standard: Quer zur Allee angeordnete kurze Wohnhausscheiben wurden durch entlang der Straße gestellte niedrige Verbinder untereinander zu einer Abfolge verkettet und durch parallel zur Straße stehende langgestreckte Baukörper fortgesetzt – insgesamt ein Ansatz, wie er auch in der jungen Bundesrepublik etwa in der Holtenauer Straße in Kiel oder entlang der Ost-West-Straße in Frankfurt (Main) ausgeführt wurde.[39] Erst der Wettbewerbsentwurf des Kollektivs Egon Hartmann führte 1951 zu einer räumlich straffen Fassung der Allee. Die Überarbeitungen der Architekturentwürfe zur Stalinallee, die Henselmann Ende 1950 vornahm, hatten ihn offensichtlich noch nicht zu einer entschiedenen Änderung des städtebaulichen Konzeptes geführt, und in seinen Fassadenaufrissen war noch allzu deutlich eine formalistische Handschrift zu verspüren. Folge war, daß das Politbüro im Januar 1951 sein Konzept kommentarlos ablehnte.[40] Die Partei hatte ihn also »an die Wand geklatscht«.

Dieser Mißerfolg muß in Henselmann während der ersten Jahreshälfte Kräfte freigesetzt haben, die ihn bis zur Jahresmitte zu der Entwurfshand-

37 *1945. Krieg – Zerstörung – Aufbau. Architektur und Stadtplanung 1940–1960* (= Schriftenreihe der Akademie der Künste, Bd. 23), Berlin 1995, S. 212.

38 Freundliche Mitteilung von Ludwig Deiters.

39 Gerhard Rabeler, *Wiederaufbau und Expansion westdeutscher Städte 1945–1960 im Spannungsfeld von Reformideen und Wirklichkeit. Ein Überblick aus städtebaulicher Sicht* (= Schriftenreihe des Deutschen Nationalkomitees für Denkmalschutz, Bd. 39), Bonn o. J.

40 *1945. Krieg – Zerstörung* ... (wie Anm. 37), S. 217.

schrift führten, mit der ihm der künstlerische Durchbruch gelang. Diese künstlerische Entwicklung mußte alle Merkmale eines länger andauernden Prozesses gezeigt haben, denn selbst die zum Weberwiesen-Hochhaus gehörende niedrigere Wohnbebauung besitzt noch nicht dessen Reifegrad, selbst wenn die Details der keramischen Einfassungen mit denen des Hochhauses übereinstimmen – die Randbauten wurden erkennbar aus den im Oktober 1950 überarbeiteten Entwürfen der Stalinallee heraus entwickelt und zum Schluß nur noch schnell mit den Details des Hochhauses dekoriert. Die Eingangsachsen dieser Randbebauung lassen sogar vermuten, daß Henselmann in dieser für ihn kritischen Phase der ersten Jahreshälfte auf den mutmaßlich erfolgreicheren Konkurrenten Richard Paulick geschielt hatte, denn Anklänge an dessen Sporthalleneingang finden sich bei den Hauseingängen wieder.

Nach dem Erfolg des Hochhauses an der Weberwiese kam in der Stalinallee wohl nicht zufällig auf Henselmann die Gestaltung der Plätze mit ihren Türmen zu, obgleich sie aus dem stalinistischen Städtebauvokabular entlehnt waren.

Wie eigenständig Henselmann innerhalb der stalinistischen Architektur tatsächlich war und mit den beiden Hochhäusern am Strausberger Platz auch bleiben wird, belegt – gewollt oder ungewollt – Hanns Hopp mit dem Kopfbau von Block E-Süd, denn dessen Fassade weist alle kompositorischen Merkmale des Hochhauses an der Weberwiese auf: Sockel, beherrschendes vertikales Mittelmotiv, waagerechter Abschluß des Baukörpers mit einem lagerhaften Stockwerk sowie bekrönendem haubenartigem Aufbau. Den Kopfbau von Block E-Süd entwarfen aber zwei aus der Meisterwerkstatt von Henselmann ausgeliehene Architekten, einer davon Hans Grotewohl.[41]

Möglicherweise könnte bereits auf das Hochhaus an der Weberwiese zutreffen, was Henselmann später zu den beiden Hochhäusern am Strausberger Platz vermerken wird: »Die schöpferischen Kräfte des Menschen tragen den Sieg über Trümmer, Krieg und Elend davon. Diese Idee soll durch ein Pathos wirken, das den Glauben an die eigene Kraft stärkt und den Willen zum Handeln weckt. Bei den Überlegungen, welche architektonischen Bilder am deutlichsten diese Idee vermitteln könnten, schwebte dem Verfasser die Vorstellung von Türmen vor ...«[42]

Berlin-Mitte, Entwurf für eine sozialistische Stadtkrone mit einem Regierungshochhaus. Architekt Richard Paulick, 1950

Und diese Türme am Strausberger Platz belegen spätestens, daß die Selbstkritik Henselmanns vom 4. Dezember ein Lippenbekenntnis war, denn die Turmhäuser des Strausberger Platzes wurzeln unter Fortentwicklung des Hochhauses an der Weberwiese wieder in den zwanziger Jahren – sie lassen Verwandtschaft mit dem Wettbewerbsentwurf der Luckhardts für das Verwaltungsgebäude der Chicago Tribune oder eine Variante des Hochhauses für den Potsdamer Platz erkennen, ebenso wie sie in bestimmten Grundstrukturen mit Entwürfen von Peter Behrens zum Alexanderplatz in Übereinstimmung zu bringen sind – beispielsweise mit einer perspektivischen Ansicht zu einem Projekt »Theater des Volkes«[43].

41 Freundliche Mitteilung von Hans Grotewohl.

42 Hermann Henselmann, *Aus der Werkstatt des Architekten,* in: *Deutsche Architektur* (1952), H. 4, S. 156.

43 Pfalzgalerie Kaiserslautern: *Peter Behrens. Berlin Alexanderplatz. Pläne, Zeichnungen und Photographien zum Wettbewerb und der Bebauung 1929–1932.* Katalog der Ausstellung 14. März bis 25. April 1993, o. O. 1993, S. 91.

Berlin-Friedrichshain, ehemalige Stalinallee
(Karl-Marx-Allee) – Block E-Süd,
Entwurf für den Kopfbau
Architekt Richard Paulick, 1952

Der Traditionsgeber Schinkel

Immer noch bleibt eine Frage offen. Noch ist im Zusammenhang mit der Weberwiese nicht das Stichwort Schinkel gefallen.[44]
Für Henselmann ist Schinkel gleichsam die Inkarnation des Berlinischen in der Architektur. »Die Werke Schinkels sind in das Gedächtnis der Berliner als unlöslicher Bestandteil ihres Heimatbildes eingegangen«[45], und somit ist für ihn die Berechtigung gegeben, »Berlin aus den Trümmern auf eine neue, aber auch auf eine vertraute – auf eine kühne, aber auch auf eine sicher begründete Weise wiedererstehen zu lassen« – dazu diene das Werk Schinkels – nicht im Sinne des Plagiats, sondern um Bauten gegen die Verwechselbarkeit von Anonymität erkennen zu können und um sich damit – ganz in Übereinstimmung mit der herrschenden Doktrin – mit der Tradition lokaler oder regionaler Bauweisen auseinanderzusetzen. Die Berufung auf Schinkel erweist sich beim Hochhaus an der Weberwiese denn auch tatsächlich als ein zitathafter Verweis, der Assoziationen im Sinne der Bindung des Hauses an einen ganz bestimmten Raum, der Heimat sein soll, wecken möge, der aber in keiner Weise den eigenen Entwurf zu beherrschen oder sogar zu verfremden hat.
Diese Reminiszenz an das Werk Schinkels in Gestalt einer Fensterumrahmung ist – gemessen an den plakativen Übernahmen der klassizistischen Formen, wie sie dann von den anderen Architekten in der Stalinallee vorgeführt wird – von nachgerade vornehmer Zurückhaltung. Henselmann kopiert nicht, er simplifiziert oder abstrahiert auch nicht, er deutet neu.

Zusammenfassung

Die Entwicklung, die Hermann Henselmann 1951 für sich gefunden hatte, war nicht der einzig gangbare Weg zwischen Anpassung und Eigenständigkeit in der sich konstituierenden DDR gewesen.
Wohl am engsten näherte sich der 1903 geborene Richard Paulick mit Block C-Süd und Block C-Nord der Stalinallee der politisch gewollten Architektur – mit allen Mühen, einen solchen langen Baukörper in sich zu dekorieren, zu gliedern und zu staffeln, denn der »formalistische« Weg einer rein additiven Reihung der Wohneinheiten, wie ihn sein Lehrmeister Walter Gropius beispiels-

44 Charlottenhof bei Sanssouci scheint von Henselmann besonders geliebt worden zu sein; freundliche Mitteilung von Hans Grotewohl.

45 Hermann Henselmann, *Karl Friedrich Schinkel. Eine Studie*, in: *Über Karl Friedrich Schinkel*, hrsg. von der Deutschen Bauakademie, Berlin 1952, S. 6.

Berlin-Friedrichshain, Entwurf für das Hochhaus an der Weberwiese. Architekt Hermann Henselmann, 1951

Berlin-Köpenick, Nalepastraße. Entwurf für das Rundfunkhaus der DDR, 1951

weise mit den Wohnzeilen der Siedlung Siemensstadt während der Weimarer Republik ausgebildet hatte, war ihm zeitbedingt ideologisch versperrt. Paulick war 1933 nach China emigriert[46], und noch 1948 ließ er sich von Walter Gropius abraten, nach Deutschland zurückzukehren; erst die drohende Eroberung durch die Truppen Maos veranlaßte ihn Anfang 1950, China zu verlassen.[47] In Berlin machte er dann allerdings innerhalb eines Jahres über die Deutsche Bauakademie sehr schnell und wohl nicht ohne politische Förderung im Hintergrund Karriere.

Einen konsequenten Weg ging der 1907 geborene Franz Ehrlich. Zeitgleich mit Henselmanns Hochhaus an der Weberwiese entwarf und baute Ehrlich 1951 bis 1953 eine nahezu identische Gebäudegruppe aus Zeilenbau und angeschlossenem Hochhaus: das Rundfunkhaus Berlin in der Nale-

46 Adalbert Behr, *Richard Paulick,* in: *Große Baumeister* (= Bauakademie der DDR. Schriften des Instituts für Städtebau und Architektur), Berlin 1990, S. 298ff.

47 Reginald R. Isaacs, *Walter Gropius. Der Mensch und sein Werk,* Berlin 1984, S. 963ff.

pastraße. Ehrlich, wie Paulick Bauhäusler und seit 1930 Mitglied der KPD, nicht emigriert, Häftling in Buchenwald und zum Schluß noch Soldat im Strafbataillon 999 mit anschließender Kriegsgefangenschaft in Jugoslawien, von der »Stunde Null« an mit Planungen für den Wiederaufbau zunächst in Dresden beschäftigt, mußte während seiner Tätigkeit im Atelier von Hans Poelzig 1931–1932 von der Architektur des Hauses des Rundfunks in der Charlottenburger Masurenallee so beeindruckt gewesen sein, daß er dessen Fassadengliederungssystem im Grundsatz beim Rundfunkhaus der DDR wiederholte und somit trotz seiner politischen Überzeugung »formalistisch« entwarf. Was Wunder, wenn Ehrlich in den Lebenserinnerungen von Kurt Liebknecht[48] keine Erwähnung fand, weil trotz seiner makellosen Biographie offensichtlich nie in den Dunstkreis der Deutschen Bauakademie eingedrungen.

Letztlich macht erst der Vergleich des Hochhauses an der Weberwiese mit dem Rundfunkhaus der DDR die Eleganz des Henselmannschen Entwurfes deutlich – aber: rechtfertigt dieses Ergebnis die »Galileische List«? Oder hat baugeschichtliche Aufklärung schon nicht mehr nach Moralitäten zu fragen, sondern nur noch Architektur als Ergebnis von Geschichte und Kunst zur Kenntnis zu nehmen?

48 Kurt Liebknecht, *Mein bewegtes Leben.* Aufgeschrieben von Steffi Knop, Berlin 1986.

Ludwig Deiters, Andreas Butter, Ulrich Hartung

Begegnung mit der Architektur der Stalinallee

Gedanken zur Vorgeschichte

Etwa anderthalb Jahre nach der Gründung der DDR, eines nach dem Prinzip des »demokratischen Zentralismus« regierten Staates, war als zentrale Einrichtung zur fachlichen Vorbereitung des Bauens die »Deutsche Bauakademie« institutionalisiert worden. Diese Akademie war dem Ministerium für Bauwesen unterstellt und wurde auch vom Zentralkomitee der SED direkt angeleitet, was besonders in der Ehrenmitgliedschaft Walter Ulbrichts sichtbar wurde. Die Akademie sollte Forschungsarbeit zur Entwicklung des Bauwesens leisten, zunächst aber Zeichen für eine Baupolitik setzen, deren Ergebnisse nicht nur sozialen Zwecken dienen, sondern auch die »Vorzüge des Lebens im Sozialismus« weithin sichtbar machen sollten. Die führenden Architekten der Bauakademie entstammten der Generation der jungen Modernen der Zeit um 1930. Sie hatten mit Schwierigkeiten, zum Teil Berufsverboten oder Emigration, die NS-Zeit überlebt, wollten sich für den Wiederaufbau und das Bauen für ein neues gesellschaftliches Leben engagieren.
Drei Meisterwerkstätten wurden in der Deutschen Bauakademie gegründet. Die erste stand unter Leitung von Hermann Henselmann, der mit seiner Abteilung aus dem von Hans Scharoun geleiteten Institut für Bauwesen der Deutschen Akademie der Wissenschaften kam. Henselmann hatte vor 1933 moderne Wohnhäuser, u. a. das elegante Haus McPhersons in Montreux gebaut, hatte neben seiner Tätigkeit als Rektor der Architekturhochschule in Weimar nach 1945 und später, ab 1949, am Institut für Bauwesen Schulen und Kulturhäuser projektiert und mit der Planung für die Stalinallee begonnen. Zu seinen Mitarbeitern gehörten Rolf Göpfert, Walter Schmidt und Emil Leibold. Außer der Meisterwerkstatt leitete Henselmann das »Institut für Theorie und Geschichte der Baukunst« und gab als erstes einen kleinen Band über das Werk von Karl Friedrich Schinkel heraus.
Die zweite Meisterwerkstatt leitete Richard Paulick. Paulick war Mitarbeiter von Walter Gropius gewesen, plante u. a. die Kantgarage in Berlin und eine Siedlung in Dessau. Von 1933 an arbeitete er in Shanghai, führte dort ab 1937 ein eigenes Architekturbüro für »modern homes« und leitete 1945 bis 1949 das Stadtplanungsamt. Neben der Meisterwerkstatt baute Paulick nach seiner Rückkehr das Institut für Wohnungsbau der Bauakademie auf. Zu seinen Mitarbeitern gehörte der Architekt Franz Schmidt, der große persönliche Erfahrungen im Umgang mit historischen Formen hatte.
Meister der dritten Werkstatt wurde Hanns Hopp. Er hatte in der Zeit der Weimarer Republik im Dienste der Stadt, später selbständig in Königsberg gearbeitet und u. a. Messe- und Schulbauten gebaut. Seit 1950 war er Leiter der Abteilung Hochbau im »Institut für Städte- und Hochbau des Aufbauministeriums« und kam mit diesem Institut zur Bauakademie. Hopp leitete hier neben der Meisterwerkstatt das Institut für Gesellschaftsbau. Er hatte eine Reihe von erfahrenen Mitarbeitern, darunter Otto Englberger, Kunz Nierade (später

u. a. Oper in Leipzig), Josef Kaiser und Horst Kötteritzsch.
Neben den drei Meistern darf als Gründungsmitglied der Bauakademie Kurt W. Leucht nicht vergessen werden. Leucht kam wie Hopp vom Institut des Aufbauministeriums und baute in der Bauakademie das Institut für Städtebau auf. Leucht, bedeutend jünger als Hopp, hatte in den dreißiger Jahren bei Sagebiel und nach dem Kriege im Stadtbauamt in Dresden gearbeitet. Er hat sich einen Namen gemacht durch seinen städtebaulichen Entwurf und seine leitende Tätigkeit für den Aufbau von Eisenhüttenstadt, der Stadt, die zeitweilig Stalinstadt hieß.
Diese führenden Architekten sollten nun Zeichen für das Bauen in der DDR setzen. Ihnen wurden dringliche Bauaufgaben übertragen, deren Lösung als Muster gelten konnte.
Die Bauakademie hatte zugleich die Aufgabe, die Tätigkeit in den Ländern der DDR, insbesondere in den als solche deklarierten Wiederaufbaustädten, fachlich anzuleiten. Dem dienten ein Architekturbeirat und vor allem die persönliche Tätigkeit des Vizepräsidenten Edmund Collein. Die praktisch-funktionellen Grundlagen für die Bauaufgaben lieferten die Institute der Bauakademie. Deren Tätigkeit knüpfte an Erfahrungen an, die ausgehend von den Funktions- und Konstruktionsprinzipien der Moderne, auch bedingt durch die Sparzwänge seit 1930, jahrzehntelang gesammelt worden waren. Im Vordergrund des politischen Interesses hingegen stand der architektonische Ausdruck. Entstehen sollten »... architektonische Bilder, die dem Volke Ausdruck ihres gesellschaftlichen Lebens sind«.[1] Diesem Ziel hatten einerseits das sowjetische Vorbild, andererseits die Schätze der »Nationalen Traditionen der Baukunst« zu dienen. Diese immer wieder erhobene Forderung gab intern dem Stil den Namen »Natitradi«.
Zur Orientierung auf diesen Stil fanden unter Leitung von Kurt Liebknecht in der Bauakademie sogenannte Architekturdiskussionen zwischen Mitarbeitern und projektierenden Architekten von außerhalb statt. Unter Druck der äußerst knapp terminierten praktischen Aufgaben bildeten sich rasch Faustregeln heraus:

- Bezug auf und Herstellung von städtebaulichen Symmetrieachsen,
- Symmetrie als Veranschaulichungsprinzip einer übergreifenden Gesamtordnung, Bezug jedes Einzelbaues und jedes Einzelteils auf das Ganze,
- dazu differenzierte Durchgliederung des Einzelbaues und Abstufung der Gestaltungsmittel,
- reiche und feingliedrige Profilierung, einbindende und akzentuierende Wirkung von Relief und Farbe,
- Verdeutlichung des Inhalts (des gesellschaftlichen Sinns) durch Kunst am Bau und Ornamentik,
- im Ganzen freundlicher Gesamtcharakter trotz Monumentalität.

Zu den Thesen über den Umgang mit den historischen Architekturformen gehörte nicht zuletzt die Forderung nach »schöpferischer Aneignung« und Weiterentwicklung. Damit war zur Erleichterung der Architekten die Pflicht zu einer exakten Anwendung der Formenlehre gemindert, wenn nicht sogar aufgehoben. Es war der Spielraum gegeben, den die verschiedenen Architekturbüros je nach Veranlagung, Kenntnissen, Willen und Können der Leiter und Mitarbeiter nutzten. Grenzen setzten der Architekturbeirat, Architekturkritiker wie Kurt Magritz, zuweilen auch die politischen Auftraggeber. Zu Anfang 1951, vor der Architekturdiskussion, entstanden noch relativ moderne Projekte. Henselmann plante Wohnungsbauten in Frankfurt an der Oder, die besonders sparsam ausgeführt werden sollten, und die Musterschule in Saßnitz (die ich selbst bearbeitet habe). Er machte erste Entwürfe für Wohn- und Ladenbauten an der Stalinallee, die so nicht mehr akzeptiert worden sind.
Paulick plante und baute die Sporthalle an der Stalinallee, die in der Seiten- und Hinteransicht noch deutlich an seinen einstigen Lehrer Poelzig erinnert. Aber er gab als erster der Eingangsfront einen repräsentativen Portikus mit Säulen. »Weh, es nahet schon das Säulenriff«, sang im Frühjahr

1 Zitiert nach: Hermann Henselmann, *Aus der Werkstatt des Architekten,* in: *Deutsche Architektur* 4 (1952), S. 156.

1951 Rolf Göpfert in seiner Moritat über die Henselmannsche Galeere zu dessen 45. Geburtstag.
Die späteren Projekte des Jahres 1951 standen bereits unter dem Einfluß der neuen Architekturdoktrin, wie das für das Hochhaus an der Weberwiese. Es folgte die Ausschreibung des Wettbewerbes für die zusammenhängende Bebauung der Stalinallee als Teil der repräsentativen Hauptachse der Metropole des neuen Deutschlands, an dem etwa 45 Architekten teilnahmen. Den ersten Preis erhielt überraschend der junge Architekt Egon Hartmann, der im Krieg und danach an der Hochschule für Baukunst und Bildende Künste in Weimar studiert hatte und im Projektierungsbüro des Landes Thüringen u. a. für die Projektierung der Regierungsbauten in Erfurt verantwortlich war. Hartmann hatte sich am engsten an das geforderte Programm gehalten. Durch ihn wurde die grundsätzliche Bebauungsform der Allee festgelegt – symmetrisch gegliederte, hohe Wohnblocks stehen sich axial gegenüber; im Wechsel mit Plätzen gliedern sie die Allee rhythmisch in Raumabschnitte. Hartmann war es, der den Wunsch des Auftraggebers nach Axialität und Symmetrie erfaßte und ausformulierte. Eine Ausnahme bildet dabei die Lösung der abschließenden Plätze: Ein Achsenknick am Strausberger Platz wird asymmetrisch durch ein freistehendes Hochhaus markiert. Nach persönlicher Aussage Hartmanns war hier ein Einfluß aus seiner Studentenzeit wirksam, und zwar Hermann Gieslers Gauforum in Weimar mit dem additiven Zusammenstellen von Einzelblöcken zur Raumbildung.
Die anderen Preisträger waren: Paulick (zweiter Preis), Hopp, Leucht und Karl Souradny. Zusammen mit Hartmann sollten sie in Kienbaum (bei Fürstenwalde) als Planungskollektiv in Klausur gehen. Dort koordinierten sie die Zusammenfassung der Einzelentwürfe entsprechend ihrer Vorzüge. Es entstand der sogenannte »Kienbaumplan«. Bei der Abstimmung der Abschnitte kam es zur Führungsübernahme durch Paulick – Hartmann wurde abgedrängt. Dabei übernahm man Paulicks Rundlösung für den Strausberger Platz in den »Kienbaumplan«.
Im August 1951 fand die Vorlage und Bestätigung des kollektiven Planes statt, dabei kam es zu einer überraschenden Präsentation eines Schaubildes für den Strausberger Platz durch Henselmann. So wurde dann beschlossen, die Planung der Stalinallee an die Wettbewerbssieger und an Hermann Henselmann in den bekannten Abschnitten zu vergeben: A: Henselmann, B: Hartmann, C: Paulick, D: Leucht, E: Hopp, F: Souradny. Später, 1953, wurde nach zusätzlichen Abrissen das Planungsgebiet um einen Abschnitt G bis zur Proskauer Straße verlängert, den Hopp zugewiesen bekam. Henselmann wurde zur Platzgestaltung am Frankfurter Tor aufgefordert. Die verschiedenen Architekten sollten sich durch die Abstimmung bei der Gestaltung baulicher Einheiten als Kollektiv zusammenfinden. »So verschieden die einzelnen künstlerischen Talente sind, die sich an der Gestaltung der Stalinallee beteiligten, so sehr ordneten sie ihre spezifische künstlerische Individualität in ein gemeinsames Bestreben ein ... Die Stalinallee bildet ein geschlossenes und harmonisches Bauensemble«[2], wurde von der zeitgenössischen Kritik behauptet.
Wie stark die Unterschiede tatsächlich sind, soll eine Abbildungsreihe zeigen.
Ehe man die Architekturformen an der Stalinallee kritisch betrachtet, muß man noch einmal die Besonderheiten der Bauaufgabe bedenken. An der Stalinallee waren Bauten zum Wohnen, zum Einkaufen – für das tägliche Leben der Bevölkerung zu bauen, die Muster für viele ähnliche Anlagen in der Zukunft sein sollten. In der Gestalt und Anordnung der Wohnungen sah man eine Fortsetzung des sozialen Wohnungsbaues der Weimarer Zeit. Gesundheitliche Prinzipien wurden ernst genommen. Den Wohnräumen gehörte wenn möglich die Südseite, Treppenhäuser hatten ihren Platz an der Nordseite, d. h., der Rhythmus der Fassaden mußte mit den Wohnungen in Übereinstimmung konzipiert werden. Gleichzeitig sollte die Allee zum repräsentativen Bild der neuen Gesellschaftsordnung und des neuen kollektiven Reichtums werden.

2 *Deutsche Architektur* 3 (1953), S. 99.

Strausberger Platz von Südosten
Hermann Henselmann

Hermann Henselmann und der Abschnitt A, der Strausberger Platz

Zunächst einige Bemerkungen zur Baumassenverteilung und Gesamtkomposition. Anstelle des einen Hochhauses, das Egon Hartmann zur Markierung des Knicks in der Straßenachse vorgeschlagen hatte, sind nun zwei Hochhäuser angeordnet, die ein großes Tor zum nächsten Straßenabschnitt in Richtung auf das Zentrum bilden. Das Hochhauspaar wirkt »... wie ein gewichtiger Akkord in einem musikalischen Satz ...«, und je näher am Zentrum »... um so mehr Kraft muß sich in ihr [der Allee] konzentrieren«.[3]
In ihrer großen Form sind die Turmbauten am Strausberger Platz aus dem Hochhaus an der Weberwiese entwickelt, dessen eindrucksvolle Silhouette bereits populär geworden war. In der bedeutenderen Situation sind nicht nur die Dimensionen, sondern, als expressive Ausdrucksmittel, auch die vertikalen Gliederungen gesteigert. Dem fünfzehngeschossigen Tor im Westen des Platzes steht, gebildet durch die beiden östlichen Eckbauten, eine zweite Eingangsmarkierung gegenüber. Die Höhe ist mit zehn Geschossen geringer, die über quadratischem Grundriß hochgezogenen Baukörper wirken dennoch durch die Geschlossenheit ihrer Formen recht stark. An der nördlichen und an der südlichen Straßeneinmündung sind die Eckbauten in die Achtgeschossigkeit der Platzrandbebauung eingeordnet. Durch Vorsprung an der Platzwand und geschlossene Flächen an den Ecken sind jedoch auch hier akzentuierende Kuben geschaffen, die sich durch eine überhöhte Attika zusätzlich herausheben.
Die platzumschließende Wirkung der Randbebauung wird durch das bandartige Ausformen des oberen und der beiden unteren Geschosse gesteigert. Das obere Band wird nicht nur durch das Gurtgesims und das Hauptgesims gebildet, sondern auch durch die dichte und gleichmäßige Rei-

3 *Chefarch. von Moskau und Konsultant beim Bau der Stalinallee Alexander Wlassow,* in: Kurt Liebknecht, *Mein bewegtes Leben,* Berlin 1986, S. 147.

hung der Fensteröffnungen. Das untere Band wirkt vordergründig durch die vorgesetzte Kalksteinverkleidung. Über Arkaden auf freistehenden Zwillingssäulen betonen kräftige Lagerfugen und ein Mäanderband die Horizontalität der Erdgeschoßarchitektur. Unterstützt wird diese Wirkung dadurch, daß darüber wiederum eine Fensterreihe, hier die des ersten Obergeschosses, dicht und gleichmäßig gereiht wird. Das Kalksteinband ist auch um die Tor- und Eckbauten herumgezogen. Und so erreicht der Platz trotz der Einmündung von vier breiten Straßen eine räumliche Geschlossenheit.

In der Detailgestaltung der Fassaden fallen die Mittelflächen der Hochhäuser auf, die mit ihren dichtgereihten hochrechteckigen Fenstern und schlanken Pfeilern ungebremst von Gesimsen bis zur Turmoberkante durchziehen. Seitlich flankieren, leicht vorgerückt, in sich hochgestreckte Kuben, die etwas tiefer durch nun zurückgesetzte Scheiben unterstützt werden. So steigern und stützen sich hier schmalrechteckige Bauglieder ähnlich Bündelpfeilern zu einer starken Höhenwirkung. In den Platzwänden wird die Abfolge der Wohneinheiten zu einer deutlichen Rhythmisierung genutzt. Paarweise liegen an den nach Süden schauenden Fassaden große, dreigeteilte französische Fenster von Wohnzimmern mit relativ tiefen Leibungen und dunkler verkleideten Flächen. Es folgen vortretende, mit helleren keramischen Fliesen verkleidete Flächen. Diese fassen jeweils vier Fensterachsen zusammen, von denen die äußeren, als hochrechteckige französische Fenster ausgebildet, die Vertikalität betonen.

Auch in den kleinen Formen, den Fensterrahmungen zum Beispiel, ist wohl eine Fortsetzung der Weberwiesengestaltung in Anlehnung an Schinkels Feilnerhaus zu spüren. Die Details der Erdgeschoßzone zeigen jedoch den sogenannten schöpferischen, man könnte fast sagen spielerischen Umgang mit historischen Grundformen, wie er Henselmann und seinen Mitarbeitern lag. Erwähnt wurde bereits Emil Leibold, dessen Rüdersdorfer Kulturhaus in ähnlicher Weise detailliert worden ist. Hier am Strausberger Platz zeigt sich ein bewußt untektonischer Einsatz des Kalksteinsockels im optischen Loslösen von der tragenden Wand – deutlich am Hinterschneiden mit polierten Porphyrplatten. Auch der Eckanschluß der Werksteinverkleidung an den Ladeneingängen läßt unverblümt moderne Gestaltungsabsichten erkennen.

Strausberger Platz, Arkade

So zeigt sich in allem die Eigenwilligkeit Henselmanns, die zu kräftigen Baumassengruppierungen, zu miteinander kontrastierenden Baugliedern und Flächen und zu einer feingliedrigen Detaillierung führte. Die Modernität überwiegt gegenüber den mit leichter Hand vorgetragenen historischen Elementen.

Block B-Nord
Egon Hartmann

Egon Hartmann und der Abschnitt B

In der Lösung der städtebaulichen Aufgabe hatte Hartmann vorn gelegen, aber er bekam jetzt einen Abschnitt zur Bauplanung zugewiesen, der sehr lang war und für den kein Spielraum zur Tiefengestaltung vorgesehen war. So mußte er zwei langgestreckte Baukörper ohne Unterbrechung nördlich und südlich der Stalinallee anordnen und jeden von ihnen in der anbefohlenen Symmetrie gestalten.
Die östlichen Eckbauten, die in die Querstraße nur wenig hineinragen sollten, verdecken zwar die geringe Bautiefe der Wohnscheibe, sind aber unausgesprochen in der Wirkung, da sie keine größere Geschoßanzahl haben als die westlich anschließende Alleebebauung. Im Unterschied dazu heben sich die für seine Komposition wirksamen Henselmannschen Eckbaukörper mit ihren zehn Geschossen deutlich von der achtgeschossigen Straßenrandbebauung ab. Gegenüber den langen Seitenteilen tritt der etwas kürzere Mittelteil schwach zurück. Seine Höhe ist mit neun Geschossen nur um ein Weniges herausgehoben und bringt keine gesteigerte Wirkung mehr hervor. Die Vertikalität ist also schwach betont. Dafür bietet die Komposition kräftigere horizontale Gliederungen. Das jeweils oberste Geschoß ist durch dunklere Plattenverkleidung und ein doppeltes Gurtband abgesetzt und soll als Architrav einer sehr vorgekragten, starken Gesimsplatte wirken. Eine Travertinverkleidung zieht das Erdgeschoß und das erste Obergeschoß zu einem hohen Sockel zusammen, wobei die Schaufensterfronten am Südblock nahezu bündig über den gesamten Bauabschnitt durchgezogen sind und so vor dem zurückspringenden Mittelbau eine lange, schmale, mit einer Balustrade abgeschlossene Terrasse tragen. Die Treppenhausfenster werden durch breite,

Block C-Süd
Richard Paulick

hervorgehobene Wandstreifen begleitet, die schmale Risalite bilden.
Das Rhythmisieren durch vertikale Felder bleibt am Nordblock von schwacher Wirkung. Die einachsigen Erkerstreifen und die gekuppelten Balkonachsen liegen weit auseinander, und ihre Regelmäßigkeit ist schwer erfaßbar. Die Profile der gliedernden Gurte und Rahmen sind rechteckig oder rechtwinklig getreppt. Elementare Bauglieder werden hart gegeneinandergesetzt. Man vermißt die sonst an der Stalinallee gezeigte Absicht, den Bau reich und feingliedrig zu schmücken.
Aus der zurückhaltenden Staffelung der Baukörper und der Kargheit der Details könnte man eine persönliche Handschrift, aber auch eine gewisse Verweigerung herausfühlen, was verständlich wird, wenn man die zur gleichen Zeit von ihm entworfenen Regierungsbauten in Erfurt betrachtet.

Richard Paulick und der Abschnitt C

Richard Paulick oblag die Koordination der Entwurfsarbeit der verschiedenen Architekten an der gesamten Allee. Sowohl funktionell als auch städtebaulich-architektonisch, bis hin zu Details wie der abgestimmten Keramikverkleidung, sollte sich der Straßenraum als eine große Einheit darbieten. Dementsprechend handhabte Paulick die Gestaltung seines Abschnittes mit großer Souveränität.
Seine beiden Baublöcke ließ er mit relativ langen Seitenflügeln in die Querstraßen hineingreifen, mit Ausnahme der Nordwestecke, hinter der ein Altbau zu erhalten war. Als Ausgleich setzte er dem Nordbau an beiden Ecken oberhalb des Hauptgesimses kräftige Aufbauten auf. Mit beiden Maßnahmen gab er seinem Bauensemble größere städtebauliche Wirkung nach außen. Paulick packte

Block C-Nord, Mittelteil

die Aufgabe, den Erlebniswert seines Straßenabschnittes zur Mitte hin zu steigern, an, indem er einen großen Querraum anordnete. Er konzipierte die ehrenhofartige Raumsituation zu beiden Seiten der Allee, um zwischen den untergeordneten seitlichen Baukörpern die mittleren Blöcke zu monumentaler Wirkung aufzugipfeln. Über den vorgegebenen Höhensprung von sieben zu neun Geschossen hinaus steigerte er das Aufragen in einer mittleren Partie noch einmal, indem er dem obersten Geschoß stark plastische, expressiv wirkende Wandvorlagen zwischen den gereihten Fenstern gab und diese als Pergolapfeiler um mehr als eine weitere Geschoßhöhe hinaufführte, in freien Spitzen endend. In diesen luftigen Aufbau bezog er als feste Elemente die ummauerten Treppenaustritte ein und rahmte das Motiv mit kräftigen, wiederum erhöhten Eckpfeilern, an deren Basis die sonst verwendeten stark vorspringenden Gesimsplatten enden. Mit dieser Pfeilerarchitektur wurde das Streben der beginnenden Moderne nach expressiver Vertikalität und einer Auflösung in den Himmel hinein noch einmal bauliche Wirklichkeit.
In die hoch oben ausgeprägte Vertikalität sind die Gliederungen der Fassaden der mittleren Baukörper konsequent einbezogen. Streng und gleichmäßig streben die schmalen Wandpfeiler zwischen den hochrechteckigen Fenstern hinauf, um in den Attikastreben ihre Fortsetzung zu finden. Nur im Zentrum sind drei Doppelachsen zu breiteren Fenstern zusammengefaßt. Hierdurch werden leicht hervorgehobene Eckpfeiler und Mittelpfeiler größerer Breite möglich, die ihrerseits durch Kannelüren zur Vertikalwirkung beitragen. Zwischen ihnen findet sich auf den Brüstungsfeldern Platz für ein bildkünstlerisches Programm in Flachreliefs, in dessen Mittelpunkt das 5-Jahrplan-Symbol steht.
Diese inhaltlich hervorgehobenen Fassadenfelder bauen sich über den dorisierend gestalteten Monumentalportalen auf. Solch gegeneinander Versetzen von hochrechteckigen Flächen begegnet uns bereits an Paulicks Kantgaragen. Die horizontale Zusammenfassung der Baugruppe wird auch bei Paulick durch die Architravwirkung eines dunkler verkleideten Obergeschosses und das starke, nur im mittleren Teil unterbrochene Hauptgesims erreicht. Das Erdgeschoß ist überall so weit vorgezogen, daß die mit Pilastern gegliederte Werksteinverkleidung eine ausgeformte Balustrade tragen kann, auf deren Zwischenpfeilern hier anstelle von Vasen große Laternen Platz finden. Vor den mittleren Baukörpern sind die balustradenbekrönten Vorbauten zweigeschossig mit durchgehenden Pilastern monumentaler ausgebildet. Auch das verstärkt trotz geringer Raumtiefe den perspektivischen Eindruck eines Ehrenhofes.
In den architektonischen Details hielten sich Paulick und seine Mitarbeiter mit großem Ernst an historische Vorbilder, beeinflußt sicher vom praktischen Umgang mit barockklassizistischer Architektur – zur gleichen Zeit arbeiteten sie am Wiederaufbau der zerstörten Staatsoper. Insgesamt betrachtet, hat Paulick an der Stalinallee ein besonders kraftvolles Werk hinterlassen.

Kurt W. Leucht und der Abschnitt D

Der Bauabschnitt D ist relativ kurz und zwischen zwei Platzräume eingespannt, die gesellschaftliche Bauten des geplanten Stadtbezirkszentrums aufnehmen sollten. Kurt Leucht sah als Städtebauer, daß er zwischen den geplanten Akzenten einen wenig gegliederten und damit in sich ruhen-

Block D-Nord
Kurt W. Leucht

den Gebäudekomplex ohne eigene Symmetrieachse einfügen mußte.
Die Straßenfronten sind in erster Linie straffe Fassungen für die Allee. Die Untergliederung in drei Baukörper sorgt am Nordbau für die notwendige Spannung und ist zugleich so großzügig angelegt, daß das Blockhafte nicht gemindert wird. Aus der Notwendigkeit, die beiden Plätze räumlich zu fassen, ergaben sich relativ langgestreckte Seitenfassaden. Diese ähneln den Alleefassaden; die Eckbaukörper sind mit geringen Vorsprüngen nur angedeutet und nicht überhöht, so daß der blockhafte Charakter der Gesamtanlage gewahrt bleibt.
Ein die längere Nordseite gliedernder, leicht zurückgesetzter Bauteil ist asymmetrisch eingeordnet und nur ein halbes Geschoß niedriger ausgeführt. Das breite, mit Rosetten geschmückte Gurtband, das an den seitlichen Bauteilen das ganze oberste Geschoß als Architrav hervorhebt, wird über den Zwischenbau weitergezogen und hier selbst zum wesentlichen Teil des Architravs unter dem niedriger angesetzten Hauptgesims; es verbindet so alle Bauteile zu einer Einheit. An der kürzeren Südbebauung verzichtete Leucht selbst auf eine so bescheidene Abtreppung.
Die Fenster sind in die Fassaden so gleichmäßig und dicht eingefügt, daß eine verbindende Rasterwirkung entsteht, in der die Vertikalbetonung nur wenig hervortritt. Zurückhaltend betont wird sie durch das Zusammenziehen der ohnehin schmalen Fensterumrandungen des vierten und fünften Geschosses; die Zwischenfelder füllen folkloristische Rosetten. Balkone und Erker werden äußerst sparsam und damit wenig strukturierend, aber akzentsetzend in die großen Flächen eingesetzt. Wie bei den anderen Blocks sind die beiden ersten Geschosse als werksteinverkleideter Sockel zusammengefaßt. Lediglich an der Nordwestecke hat Leucht das Erdgeschoß für das Restaurant War-

Block E-Süd
Hanns Hopp

schau herausgezogen. Zu den wenigen plastisch stärker hervortretenden Elementen gehören pfeilergetragene Balkons über den Eingängen, die von bescheidener Größe und relativ feingliedrig profiliert sind.
Aus allem wird sichtbar: Kurt Leucht arbeitete, von der städtebaulichen Form bis zum Detail, recht sicher mit den Mitteln des Klassizismus der dreißiger Jahre. Den nun angestrebten Ausdruck kultureller Verfeinerung wußte er durch eine differenzierte Detailprofilierung plastisch zu machen.

Hanns Hopp und die Abschnitte E und G

Den dritten langen Abschnitt der Stalinallee hatte Hanns Hopp zu bebauen. Hartmann hatte bei seinem Abschnitt Schwierigkeiten mit dem Zentrieren der Massenkomposition gehabt, Paulick diese Schwierigkeiten durch seinen Mut zur starken Form gemeistert, und nun sollte Hopp den längsten der Abschnitte ebenfalls symmetrisch gliedern. Diese Aufgabe machte er sich, seiner rationalistischen Arbeitsweise entsprechend, nicht leicht. Schon 1929 hatte er über sein Herangehen an Entwurfsprobleme geschrieben: »Phantasie bleibt Willkür und aus Willkür kann kein folgerichtiges Kunstwerk erwachsen. Stets bedeutet mir eine architektonische Aufgabe zunächst, das eigentliche Wesen dessen, was gebaut werden soll, zu erkennen und dann die Erfüllung der Aufgabe, die allerdings bis ins Tiefste hinein bewußt gemacht werden muß, ohne Beimengung von Phantasie zu erreichen«.[4]
Von allen Architekten der Allee gliederte Hopp seine Abschnitte am stärksten; E-Nord in neun, E-Süd in sieben Teile. Dabei konnte er bei letzterem nur eine geringe Tiefenstaffelung der einzelnen Bauglieder erreichen, da der Raum hinter der Südseite durch die kurz zuvor errichteten Zeilenbauten der »Heimstätte Berlin« eingeschränkt war. Hopp verstand es durchaus, Baukörper zu staffeln, wie sein Königsberger »Haus der Technik« zeigt, und andererseits Fassaden selbst mit geringen Rücksprüngen zu gliedern, so am Handelshof, ebenfalls in Königsberg.
Kernstück des Nordgebäudes ist der langgestreckte, am weitesten zurückgesetzte neungeschossige Mittelbaukörper, der zentral in immer noch großer Breite um ein zehntes Geschoß erhöht ist. Beiderseits schließen, leicht vorgerückt, kurze, auf acht Geschosse abgestufte Bauteile an, die durch stärker vorspringende gleichhohe Kopfbauten flankiert werden. So bildet sich wirksam eine fünfgliedrige Mittelgruppe heraus. Es folgt dann nach beiden Seiten ein nur noch siebengeschossiger, langer Baukörper, der eine begleitende, verlängernde Funktion hat, bis mit achtgeschossigen Eckbaukörpern das Ensemble beiderseits einen markanten Abschluß findet. Die Kanten der gliedernden Baukörper sind die einzigen starken Vertikalen in der Gestaltung der Nordbebauung. Auf der kürzeren Südseite ist auf die wirkungsvollen inneren Kopfbauten verzichtet worden. Dafür bilden hier die zusammengefaßten Treppenhausfenster vertikale Akzente. An E-Nord ist die Vertikalwirkung von blockhaft übereinandergesetzten Balkons und Erkern im Mittelteil offenbar bewußt gekappt, da diese mit durchbrochenen Brüstungen bereits im siebenten Geschoß enden.

4 Zitiert nach: E. Kurt Fischer, *Hanns Hopp und seine Arbeiten,* in: Ders., *Hanns Hopp. Ein Architekt in Ostpreussen,* Berlin–Leipzig–Wien 1929, S. VII.

Block G-Nord
Hanns Hopp

Kräftig sind jedoch die Horizontalglieder gestaltet, um die langgestreckten Baugruppen zu binden. Mit Architraven und Attiken wurde den stark vorkragenden Gesimsen plastische Kraft gegeben. Unter den Fenstern des achten Geschosses umzieht ein Brüstungsband mit deutlichem Relief die fünf mittleren Bauglieder. Der mittlere Teil des neunten Geschosses am Nordbau ist hinter dünnen Säulen galerieartig zurückgezogen, um dem darüberliegenden Hauptgesims stärkere Schattentiefe zu geben.
Am Südbau ist die Horizontalität noch einmal verstärkt dadurch, daß das abermals leicht zurückgesetzte Zentrum des Mittelbaues noch das zweite Obergeschoß in die Sockelarchitektur einbezieht. Oben wird hier das Motiv des doppelten Gurtbandes an zwei Geschossen untereinander angewandt.

Block G-Nord, Erker

Block F-Nord
Karl Souradny

In der Detailgestaltung sind klassische Grundformen sehr beflissen angewandt worden, anfangs mit gewissen Freiheiten. Die angestrebte Integration der Details in die Gesamtform gelang hier, z. B. an den durch profilierte Platten und geschweifte Konsolen an die Baumasse angebundenen Balkons und anderen Erkern, besser als sonst an der Allee.
Hanns Hopp bekam wenig später Gelegenheit, seine Kompositionsprinzipien unter den günstigeren Verhältnissen des Abschnitts G östlich vom Frankfurter Tor, noch einmal umzusetzen. Er hatte nun mehr Mittel und Zeit zum Planen. Zudem konnte er seinen sehr langen Abschnitt in kürzere Baukörper gliedern, getrennt von Kolonnaden, denen er eine reiche architektonische Fassung gab. Die Tendenz zur Gliederung mit kräftig vorgezogenen Kopfbauten kann am sechs- bis neungeschossigen mittleren Bauensemble auf der Nordseite gut wahrgenommen werden. Auch hier wirken die Gebäudekanten als Vertikalen. Bis zum Prunkvollen steigerte Hopp das Angebot an architektonischen Details. Außerdem erzeugt er vor allem in seinem nördlichen Straßenabschnitt mit der Verschränkung großräumiger und intimer Raumwirkungen ein fast italienisches Flair. Diese Architektur ist die reichste und prächtigste in den fünfziger Jahren in Ostdeutschland. Sie bot auch in Form der weiteren Leitbauten Hopps (Kreiskrankenhaus Saalfeld, TBC-Heilstätte Bad Berka, DHfK Leipzig) ein wichtiges Vorbild für die real existierende traditionalistische Architektur der DDR.

Karl Souradny und der Abschnitt F

Der Abschnitt F hat in der Raumfolge der Stalinallee eine untergeordnete Rolle zugeteilt bekommen. Er erstreckt sich auf der Nordseite zwischen dem Kino »Kosmos« (das später gebaut und weni-

Frankfurter Tor von Osten
Hermann Henselmann

Frankfurter Tor, nordöstliche Platzbebauung

ger prächtig ausgefallen ist als ursprünglich vorgesehen) und dem als besonderer Akzent geplanten Frankfurter Tor, auf der Südseite zwischen einem der vorgefundenen Laubenganghäuser (das später einmal einem repräsentativen Bau weichen sollte) und dem Tor.

Für den Abschnitt war eine mittlere Betonung nicht gefordert, sondern der Anschluß an die Torgebäude im Osten und an eine Eckbetonung im Westen. Dazwischen spannte Souradny je einen achtgeschossigen Baukörper in einheitlicher Flucht, im Norden etwas länger als im Süden. An der nach Norden blickenden Fassade des südlichen Bauteils boten sich zur rhythmischen Gliederung die Treppenhausfenster an. Sie wurden durch kantige Travertinverkleidung zu Risaliten. Vertikalakzente bilden weiterhin gekuppelte Fensterpaare mit Brüstungsfeldern, gerahmt und ornamentiert. Der vorgezogene Eckbaukörper wird durch ein neuntes Geschoß und ein Dachhaus hervorgehoben, zusätzlich ist er durch integrierte Loggien optisch gestreckt.

In die Travertinverkleidung des Erdgeschosses hat der Architekt das darüberliegende einbezogen. Die Verkleidung ist allgemein wenig gegliedert und eckig profiliert. Während sich Souradny für seine Fensterrahmungen ausdrücklich auf Schinkels Feilnerhaus bezog, bildete er die Gesimsteile, mit denen er eine starke Horizontalverklammerung erreichen wollte, in archaischer Schwere aus. Der Konflikt in der Detailgestaltung zwischen feinplastischer Rahmung und Ornamentierung sowie blockhaften Portalen und Treppenhausrisaliten wurde nicht bewältigt. Schmuckfreudig-traditionalistische und martialisch-elementare Auffassungen des Klassizismus stehen nebeneinander.

Das etwas später errichtete Pendant im Norden zeigt bei gleichem Grundaufbau eine modifizierte Aufteilung – Souradny reagierte damit offenbar auf die harsche Kritik seines Südteils. Die Fassade wurde stärker plastisch durchgegliedert, dabei der westliche Kopfbau durch einen besonders fein profilierten Erker plastisch akzentuiert und die Längswand nunmehr mit drei durchgehenden Risaliten strukturell gegliedert. Das Erdgeschoß folgt in seinem Relief diesem Rhythmus. Bemerkenswert modern ist die Auffassung der Risalite als Balkenraster zwischen großen Glasflächen, die die eigentlich geforderte Massivität auflösen.

Das Problem der Architektur Souradnys bleibt die oft zu schwache Dimensionierung der Detailgliederungen und Ornamente gegenüber dem Gesamtbau.

Hermann Henselmann und das Frankfurter Tor

Zum Abschluß seien einige Anmerkungen zum Frankfurter Tor gestattet. Dieser Bauabschnitt wurde erst rund zwei Jahre nach dem Strausberger Platz von Henselmann projektiert. Einerseits bereitete sich damals, 1954, die Rückkehr zur modernen Architektur vor, andererseits war Henselmann inzwischen Chefarchitekt der Stadt und der Berliner Bautradition in besonderem Maße verpflichtet.

Bei der Bauaufgabe handelte es sich hauptsächlich darum, einen Auftakt für den Stadtraum des 18. Jahrhunderts zu markieren, dort, wo seit der Zeit des Soldatenkönigs eine Durchfahrt durch die Akzisemauer bestand. Diese Mauer und die nachfolgenden Straßen waren am Frankfurter Tor mit einem scharfen Knick geführt, der eher einen quergelagerten Platz vor dem Tore als einen Platz in Verbreiterung der Allee vorbestimmte. Das schräg gegeneinander versetzte Einmünden der breiten Ringstraße im Norden und Süden schloß eine umschließende Platzbebauung aus. Konsequenterweise konzentrierte sich Henselmann auf zwei die Allee flankierende, das Tor markierende Turmbauten. Sie mußten, eingedenk der programmatischen Aufgabe, an der Allee Wohnungen zu schaffen, ihrer Funktion nach Wohnhochhäuser sein. Das übliche Öffnen des Erdgeschosses wurde hier jedoch souverän unterlassen, um eine geschlossene Sockelarchitektur zu schaffen. In die darüberliegenden Geschosse sind die Wohnungen um ein weites Treppenhaus mit ihren großen Wohndielen so eingeordnet, daß die Raumaufteilung an den Fronten des kubischen Hochhauses kräftig geschlossene Ecken und auf die Mitte konzentrierte Fensteröffnungen erlaubte. So entstanden über quadratischem Grundriß monumentale,

hochgereckte Baukörper, die über einem doppelt hohen Sockelgeschoß neun Wohngeschosse mit überdurchschnittlicher Raumhöhe aufnehmen.
Damit endet die ohnehin nicht kleinlich begrenzte Raumwidmung. Ein fensterloses Geschoß bietet die Fläche, um die kräftige Eckrahmung horizontal zu schließen. Darüber erheben sich zur Bereicherung des Stadtbildes die Turmaufbauten, eine Hommage an Gontard, eine Antwort im Osten der Stadt auf die Türme am Gendarmenmarkt, in freien, modern proportionierten Elementen. Die Türme mit ihrer vertikal orientierten Gliederung werden von Seitenflügeln flankiert, an denen alles auf Horizontalwirkung abgestellt ist. Das gilt für die Weiterführung des Kalksteinsockels der Türme mit kräftigem Abschlußgesims, die lange Säulenreihe der Durchgänge, die dichte Reihung der Fenster mit eingefügten Breitformaten, die zurückgesetzte Galerie des obersten Geschosses, deren Stützen dünne Rohre sind, für den breiten Architrav mit Wellenbandornament und die kantige Gesimsplatte. Selbst die Fassadenfliesen sind in einem lagerhaften Verband geordnet. All diese Horizontalen verstärken als komplementäre Elemente das Aufragen der Türme.
Im Nordwesten hat der Seitenflügel nur einen kurzen winkligen Fortsatz, um an die Bauflucht der Warschauer Straße anzuschließen. Im Süden sollte ein nicht mehr gebauter längerer Flügel die Platzwandarchitektur fortsetzen. Nur im Nordostwinkel konnte überhaupt noch eine raumschließende Architektur ausgeformt werden, und darum wurde dort auch das bewährte Schema der die Türme flankierenden Fassaden weitergeführt, obwohl an der Nordseite Verkaufsetagen – ursprünglich eines Einrichtungshauses – hinter die Fenster gelegt wurden. Eine kaufhaustypischere Fassade erhielt lediglich der Eckbaukörper. Die Rasterfassade trägt einen flachen Dreiecksgiebel, der den nördlichen Achspunkt der Warschauer Straße markiert und die Postmoderne vorwegzunehmen scheint. Die das Platzensemble östlich abschließenden Eckbauten sind spartanische Kuben und stehen damit in größtem Gegensatz zur damals schon extierenden Bebauung von Hopp.
Henselmann neigte am wenigsten zur willfährigen Anpassung an die Vorgaben. Zwar entlehnte er die einzelnen Formelemente der klassizistischen bzw. barocken Architektur, ordnete diese aber bewußt nicht konsequent nach dem Verhältnis von Tragen und Lasten an. Ein Beispiel bietet der Dreiecksgiebel über einer Rasterfassade am Ende der Warschauer Straße. Während das gesamte Platzensemble barockklassizistischen Gestaltungsprinzipien folgt, ergeben sich im Einzelnen spannungsvolle Formbeziehungen der Moderne – Band gegen Fläche, Scheibe gegen Fläche, Herumziehen eines Streifens, Kontrast von Baukörpern und Gliederungselementen.

Schluß

Es hat sich gezeigt, daß es wissenswert, aber nicht entscheidend wichtig ist, wo Architekten herkommen – von der Moderne oder vom Klassizismus; wesentlicher ist es, zu prüfen, wie sie auf spezielle Anforderungen reagieren.
Henselmann wirkte an der Stalinallee insbesondere als Anreger, während Paulick die Dimensionen der Aufgabe verdeutlichte, Hopp als Umsetzer und Systematiker auftrat. Die Architekten befanden sich zwischen Scylla und Charybdis: weder wußten sie noch der Auftraggeber von Anfang an genau genug, was sie wollten. Anschaulich wird der »Entwicklungsprozeß« während des Bauens.
Anforderung und Werk, Ideologie und gebaute Umsetzung sind die Pole des Verständnisses, die dargestellt werden müssen, um der Stalinallee gerecht zu werden. Dazu sind gleichermaßen die Analyse des politischen Willens und die Formanalyse des Resultats notwendig. Das hier Vorgetragene konnte nur ein Anfang sein.

Simone Hain

Kolonialarchitektur? Die Stalinallee im Kontext internationaler Ästhetikdebatten seit 1930

»Wir haben längst das Ritual vergessen, unter dem das Haus unseres Lebens aufgeführt wurde. Wenn es aber gestürmt werden soll und die feindlichen Bomben schon einschlagen, welch ausgemergelte verschrobene Altertümer legen sie da in den Fundamenten nicht bloß. Was ward nicht alles unter Zauberformeln eingesenkt und aufgeopfert, welch schauerliches Raritätenkabinett da unten, wo dem Alltäglichsten die tiefsten Schächte vorbehalten sind ... Wer sich der eigenen verschütteten Vergangenheit zu nähern trachtet, muß sich verhalten wie ein Mann der gräbt. Vor allem darf er sich nicht scheuen, immer wieder auf einen und den selben Sachverhalt zurückzukommen – ihn auszustreuen wie man Erde ausstreut, ihn umzuwühlen, wie man Erde umwühlt. Denn ›Sachverhalte‹ sind nicht mehr als Schichten, die erst der sorgsamsten Durchforschung das ausliefern, um dessentwillen sich die Grabung lohnt.«

(Walter Benjamin, »Allegorien kultureller Erfahrung«)

»Im Prinzip richtig«
Ist die Stalinallee rehabilitiert?

Es mag vielleicht erstaunen, daß ich meinem Vortrag die Frage vorangestellt habe, ob es zulässig sei, die Architektur der Stalinallee unter den Begriff der »Kolonialarchitektur« zu stellen. Gerade von mir wird man vermutlich zu allererst eine eindeutig bejahende Position erwarten. Immerhin habe ich in einigen Untersuchungen zum städtebaulich-politischen Paradigmenwechsel von 1950 ausführlich die unmittelbare Einflußnahme durch die Sowjetunion sowie die Wege und Mittel der Implementierung stalinistischer Steuerungsinstrumente in der DDR untersucht.[1] Ausgehend von der quellenkritischen Analyse zahlreicher Dokumente aus dem Umfeld der Studienreise einer Regierungsdelegation nach Moskau im Frühjahr 1950 und dem darauffolgenden Erlaß des »Aufbaugesetzes« vom August desselben Jahres habe ich die These von einer eindeutig russisch dominierten Wende in der Stadtentwicklungs-Politik der eben gegründeten DDR entwickelt. Entgegen der »oral history«-Legende von der weitgehenden Selbstbestimmtheit der Korrektur[2] sprachen die in

1 Vgl. Simone Hain, *Reise nach Moskau. Wie Deutsche »sozialistisch« bauen lernten,* in: *Bauwelt* 83 (1992), Nr. 45, S. 2546–58. Dies., *»Reise nach Moskau«. Erste Betrachtungen zur politischen Struktur des städtebaulichen Leitbildwandels des Jahres 1950 in der DDR,* in: *Wissenschaftliche Zeitschrift für Architektur und Bauwesen* 1/2 (1993), N. 1/2, Ausg. A, S. 5–14. Dies., *Die andere »Charta«. Der moderne Städtebau auf dem Prüfstand der Politik,* in: *Kursbuch* 112 (1993), S. 47–62. Vgl. *Reise nach Moskau. Kritische Quellenedition ...,* hrsg. vom Institut für Regionalentwicklung und Strukturplanung, Erkner 1996.

2 In einigen Interviews mit der Autorin hat sich insbesondere Kurt W. Leucht als maßgeblicher Mitautor der »Grundsätze« bezeichnet. »Prosowjetischer Weih-

Blick vom Alexanderplatz auf die Neubauten am Strausberger Platz, 1957.
Über den Trümmern erheben sich hell die Neubauten der Stalinallee als verheißungsvolle Ankündigung eines Neubeginns

verschiedenen Archiven aufgefundenen Dokumente klar von einer ebenso kalkulierten wie effizienten »Durchstellung« russischer Konzepte an die planenden Institutionen und entwerfenden Akteure im Lande. Es ergab sich ein klares Bild eines gewissermaßen lupenreinen »Top-Down-Verfahrens«, in dem nur scheinbar debattiert wurde und keinerlei Einflußnahme seitens deutscher Experten auf die in Moskau erteilten schulischen Instruktionen nachgewiesen werden konnte. Diese Erkenntnisse im Hintergrund und gleichzeitige amerikanische Überlegungen über koloniale Stadtplanungspolitiken[3] zur Seite, mag es also rhetorisch erscheinen, wenn ich die naheliegende Kategorisierung »Kolonialarchitektur« dennoch mit einem Fragezeichen versehe. Zu der Problematisierung veranlaßt mich neben methodologischer Akribie nicht zuletzt die nicht nachlassende Faszination, mit der immer wieder neue Generationen und Personen dem oszillierenden Phänomen dieser Straße gegenübertreten. Da ist schnell und anerkennend von »Utopie« die Rede, von historischer Souveränität der deutschen Linken wie von einer beneidenswert einmaligen Auftragssituation für Architekten – »Wohnpaläste für

rauch«, so seine Diktion, sei aus taktischen Gründen um die in dem Text fixierten »Weltweisheiten des Städtebaus« verbreitet worden; vgl. auch Klaus v. Beyme, *Sowjetische Einflüsse auf den frühen Städtebau der DDR,* in: *Wissenschaftliche Zeitschrift* ... (wie Anm. 1), S. 15–19.

3 Vgl. insbesondere Greg Castillo, *Cities of the stalinist empire,* in: *Forms of dominance. On the Architecture and Urbanism of the Colonial Enterprise,* Aldershot-Brookfield (USA)-Honkong-Sydney o. J. [um 1993].

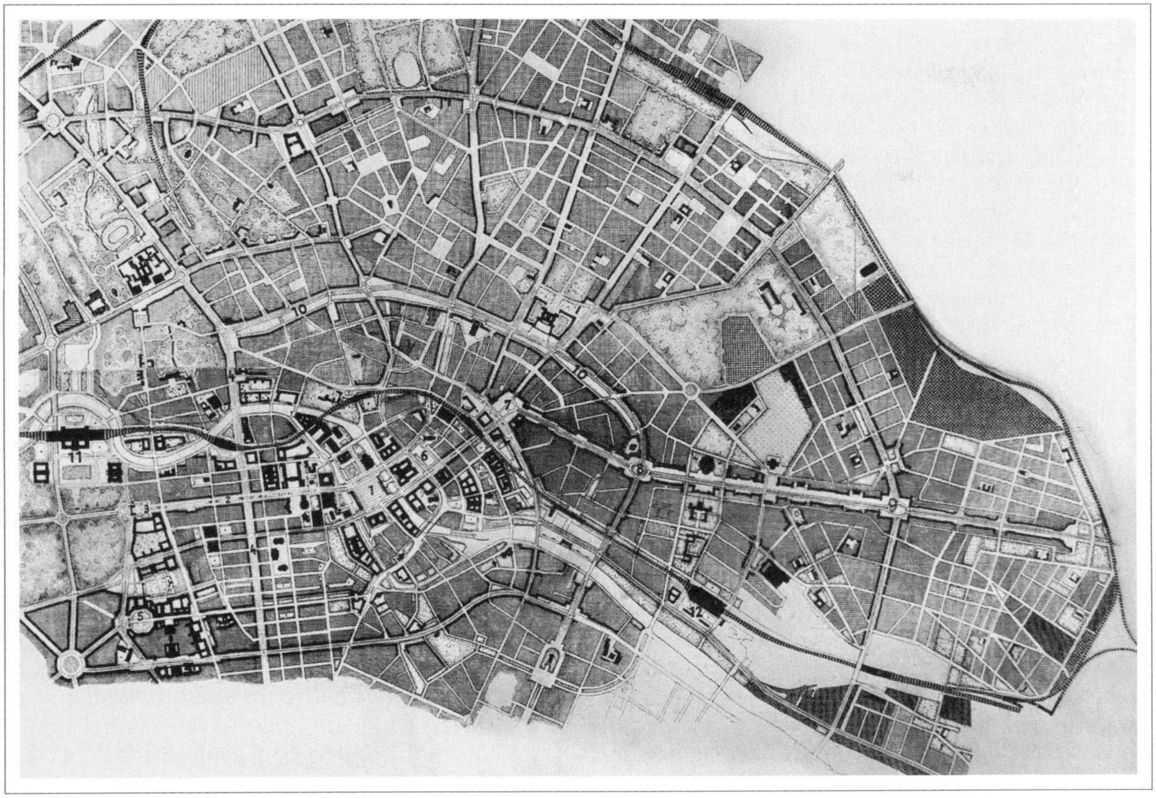

Integrierter Gesamtplan von Mitte, Franek u. a. 1952. Die Stalinallee bildet den ersten Baustein für den vorgesehenen großräumigen Umbau der Stadt nach einheitlichem Gesamtkonzept

Arbeiter« zu bauen.[4] Merkwürdigerweise sind es gerade Intellektuelle, die, unabhängig von ihrer Herkunft, die Architektur der Stalinallee zu deuten wissen und die inszenatorischen Aspekte im Sinne eines urbanen Lebensstils zu schätzen wissen. Es gibt also bei aller Aufgeklärtheit und politischen Distanz zur gesellschaftlichen Realität und manifesten Überredungsrhetorik jener Jahre offensichtlich bis heute eine Disposition für diese Ästhetik der großen Geste. Hans Stimmann äußerte bereits 1981 Zustimmung und nannte die Architekturphase der »Nationalen Traditionen« »... städtebaulich nach unseren jetzigen Kenntnissen kein[en] Rückschritt und auch kein[en] ... Umweg, sondern den ersten unsicheren Schritt in eine prinzipiell richtige städtebauliche Richtung«.[5] Insbesondere das viel zitierte weise Abschiedswort Aldo Rossis von »der letzten großen Avenue

4 Letztere Referenz wurde dem Projekt erst unlängst in begeisterten Worten durch Philipp Johnson erwiesen, der bekannte, »selbstverständlich« für Stalin gebaut haben zu wollen. »Welch ein Bauherr, welche Aufgabe!« Ansprache zur Verleihung der Ehrenbürgerwürde der Stadt Dessau anläßlich des 3. Internationalen Architekturforums 1994.

5 Dittmar Machule/Hans Stimmann, *Auf der Suche nach der Synthese von heute und morgen. Zum Städtebau der Nachkriegszeit in der DDR*, in: *Bauwelt* 72 (1981), S. 2165–2172.

Europas« trifft den Kern: Die »Kolonialarchitektur« aus Moskau fügt sich in das aktuelle Wunschbild einer unrettbar durch Amerikanisierung oder Bangkokisierung bedrohten »europäischen Stadt«. Dies sollte Anlaß sein, die damalige Entscheidung als seriöse Option für eine kulturelle Strategie zu untersuchen und nach der historischen Angemessenheit wie systematischen Herkunft der stilistischen Festlegung zu fragen. Darüber hinaus ergibt sich beiläufig auch noch ein sehr interessantes historiographisches Problem, das sich mit der theoretischen Bewertung des seinerzeitigen ästhetischen Leitbildwandels verknüpft. Ich möchte einen italienischen Kollegen zitieren, der darauf beharrt, der legendäre Sinneswandel Richard Paulicks beim Entwurf der Weberwiese innerhalb kürzester Zeit bezeichne »die spannendsten 24 Stunden der modernen Architekturgeschichte«.[6] Hinter dieser pointierten Behauptung verbirgt sich nämlich die Frage, ob man in der folgenden Entscheidung für eine vertraut anmutende Konfiguration nicht gar den Beginn der architektonischen Postmoderne zu datieren habe. Ich will mich im folgenden also der Frage nach der historischen Rationalität des mit der Planung der »Stalinallee« verbundenen ästhetischen Paradigmenwechsels zuwenden, der eine dramatische Veränderung der kulturellen Strategie im zweiten deutschen Nachkriegsstaat bedeutete. Warum konnte das Kommando aus Moskau so umfassend durchschlagen? Zwang objektiv etwas dazu, das Konzept auszuwechseln? Gab es in der postfaschistischen deutschen Nachkriegsgesellschaft möglicherweise eine besondere habituelle Disposition für die stalinistische Identitätssetzung einer »neuen deutschen Architektur der nationalen Traditionen«? Nicht geneigt, diese Handlung schlicht einer fixen Idee oder einer machtpolitischen Wahnvorstellung zuzuschreiben, möchte ich im folgenden das eigentliche Problem des kommunikativen Kontextes aufspüren und analysieren. Auf der Suche nach einer Erklärung will ich diesmal nicht die politische Implementationstechnik, sondern den Diskurs selbst untersuchen, der um die wichtige Frage nach der für die Architektur des Wiederaufbaus angemessenen Stilformation geführt wurde. Es soll also um die sogenannte »Formalismusdebatte« oder den »Realismusstreit«[7] gehen, die den Kurswechsel begleiteten.

Die »Formalismusdebatte«

Mit »Formalismusdebatte« wird gewöhnlich eine Folge von weitverzweigten Diskussionen und politischen Maßnahmen zur Unterdrückung der künstlerischen Moderne bezeichnet. Im Interesse einer ideologischen Operationalisierung und volkstümlichen Kodifizierung geraten dabei insbesondere Avantgardekonzeptionen, die Autonomie und systematische Eigenheit der Kunst behaupten, unter starken Anpassungsdruck. Seit den dreißiger Jahren bereits durch Georg Lukács und Michael Lifschitz in der Sowjetunion eingeleitet, gilt die »Formalismusdebatte« mit einem Artikel von Alexander Dymschitz auch für Deutschland als eröffnet. Dymschitz, damals Chef der Informationsverwaltung der Sowjetischen Militäradministration (SMAD), hatte am 19. und 24. November 1948 in der »Täglichen Rundschau« unter der Überschrift »Über die formalistische Richtung in der deutschen Malerei« das Wort »Formalismus« erstmals als Kampfbegriff eingeführt. In der Folge sollte sich daraus bis zum Höhepunkt im Jahre 1951 eine in mehreren Schüben von wechselnden Akteuren und mit ansteigender Aggressivität geführte Grundsatzdebatte entwickeln. Genaugenommen beginnt die Auseinandersetzung – noch vollkommen wertfrei – bereits mit Heft 6/7 1947 der Zeitschrift »bildende kunst« und erreicht mit den Beschlüssen der 5. Tagung des ZK der SED vom 15. bis 17. März 1951 ihre konsequente programmatische Festlegung. »Das wich-

6 Marco De Michelis im Gespräch mit der Autorin. Vgl. auch Marco De Michelis/Marco Pogatcnik, *Intervista a Hermann Henselmann,* in: *Fondazione Masieri, Berlino, Henselmann e la Stalinallee,* Anno II, mostra n. 9, Venedig 19. 11. 1988–14. 2. 1989.

7 Der synonyme Terminus »Realismusstreit« ist vor allem mit Bezug auf die Auseinandersetzung mit Bertolt Brechts »Materialästhetik« von Werner Mittenzwei eingeführt worden.

tigste Merkmal des Formalismus besteht in dem Bestreben, unter dem Vorwand oder auch in der irrigen Absicht, etwas ›vollkommen Neues‹ zu entwickeln, den völligen Bruch mit dem klassischen Kulturerbe zu vollziehen. Das führt zur Entwurzelung der nationalen Kultur, zur Zerstörung des Nationalbewußtseins, fördert den Kosmopolitismus und bedeutet damit eine direkte Unterstützung der Kriegspolitik des amerikanischen Imperialismus ... Für den Formalismus ist weiter kennzeichnend die Abkehr vom Menschlichen, von der Volkstümlichkeit, das Verlassen des Prinzips, daß die Kunst Dienst am Volke sein muß.« Diese Distanz zwischen Moderne und Volk mußte nicht konstruiert werden, sie war in der Nachkriegszeit auch als Folge faschistischer Indoktrination evident. Der »gesunde Menschenverstand« war nachhaltig an völkische Parolen gebunden worden. Mit der strategischen Betonung der Allgemeinverständlichkeit traf die Programmerklärung von oben auf eine gewisse Disposition in der Bevölkerung. Andererseits konnten sich dem Aufruf zur Verteidigung des Realismus im Prinzip alle diejenigen Intellektuellen anschließen, für die der allgegenwärtige Nachkriegsexistentialismus eine Herausforderung zur Entwicklung kultureller Gegenkonzeptionen darstellte.
War die Debatte zunächst als Diskussion unter remigrierten Kunstkritikern entstanden, die sich auf Volksfrontdebatten des Exils und insbesondere auf den seit 1945 in rascher Folge beim Aufbau-Verlag verlegten Georg Lukács beriefen, so brachte die deutsche Publikation der Shdanowschen Texte 1951 eine entscheidende kulturpolitisch normative Verengung mit sich.[8] Wie auch immer die subjektive Ausgangslage war, von 1951 an bedeutete als »Formalist« bezeichnet zu werden für Künstler und Architekten einen politisch äußerst schwerwiegenden Vorwurf von erheblichen Konsequenzen. Wer bis dahin keinen Beweis der fundamentalen konzeptionellen Umorientierung erbracht hatte, war definitiv draußen. Ein Zitat zum Fall des Architekten und Hochschulleiters Mart Stam soll das hier stellvertretend für den Stil der ganzen Debatte belegen: »Die Konsequenz, die er beim Beschreiten des an sich falschen, einmal eingeschlagenen Weges an den Tag legte, läßt den Schluß zu, daß er gelenkt durch sein fachliches Besserwissen, das allerdings aus seiner bürgerlichen Herkunft stammt, die heute neu beschrittenen Wege als fachlich unzulänglich betrachtet und es eigentlich als Mission ansieht, nach seiner Perspektive kulturerhaltend zu wirken, ein Kurzschluß, der wiederum seine ideologischen Unklarheiten offensichtlich macht. Ansätze für eine Feststellung, daß Prof. Stam bei ernsthafter Diskussion sich für den neuen Weg der Kunstentwicklung entschließen kann, bestehen nicht, weil seine Stellungnahme so in seinem Wesen verankert ist, daß ein Abgehen von diesem Standpunkt nicht möglich ist, ohne daß er sich dabei selbst aufgibt ... Die spezielle fachliche Seite, vom Schulischen her gesehen, war bei ihm so spezifisch reformistisch bauhausartig, daß sie selbstverständlich von uns heute nicht mehr als tragbar angesehen werden kann. Er hat sich mit dieser spezifisch geistigen und modernistischen Haltung einmal in Widerspruch zu unserem demokratischen Neuaufbau gebracht und zudem ist er natürlich mit jenem Teil der Dozentenschaft in Konflikt geraten, der unter anderen künstlerischen Perspektiven sich an die Lösung unserer heutigen Aufgaben herangearbeitet hat.«[9]
Auf der erwähnten 5. ZK-Tagung wurde im Referat von Ernst Hoffmann schließlich der Stab über den holländischen Avantgardearchitekten endgültig gebrochen. Während Bertolt Brecht, Kurt Schwaen, Ernst Busch, Hanns Eisler und Hans Pietra eher beiläufig kritisiert wurden, richtete sich die Wucht des Angriffes namentlich gegen die von Stam geleitete Kunsthochschule in Berlin-Weißensee. »Die Mehrzahl der Studenten, an der Spitze der Genosse Stam, war maßlos empört, persönlich gekränkt und fühlte sich durch die Orlow-Artikel, wie sie sagen, ›unsachlich zerschlagen‹. Das ginge soweit, daß die Künstler, würde

8 Andrei A. Shdanow, *Über Kunst und Wissenschaft,* Berlin 1951.

9 Aus der Kaderakte von Mart Stam in Dresden (Autor Dähn); vgl. auch Simone Hain, *»Spezifisch reformistisch bauhausartig«. Mart Stam in der DDR* (Teil 1), in: *form + zweck* (1991), H. 2/3, S. 58–61.

man weiter so mit ihnen verfahren, vernichtet würden und nicht mehr arbeiten könnten. Sie konstruieren einen Gegensatz zwischen Parteimitglied und dem Künstler, und sind von diesem Standpunkt bis heute noch nicht restlos abgegangen ... Im Gegenteil, der Genosse Stam ist der Ansicht, daß man nicht ›so unversöhnlich diskutieren dürfe‹. Durch seine Haltung ermutigt er einige Genossen Dozenten, vor allem Strempel, Kilger, Mohr und andere ... Der Schulleiter, unser Genosse Stam, ist ein Formalist; darum kann er auch nicht der Wortführer der Gestaltung einer realistischen Kunstentwicklung in dieser Schule sein.«[10]
Der ein halbes Jahr darauf vorgenommenen Amtsenthebung folgte nicht allein Stams Rückzug nach Holland, wo ihm aber wegen seines zweifachen sozialistischen Engagements jegliche Existenzmöglichkeit als Architekt verwehrt wurde, sondern es bedeutete langfristig in der Tat eine psychische Zerstörung. Der Architekt zog sich für die folgenden zwei Jahrzehnte aus der Welt zurück und lebte bis zu seinem Tod zurückgezogen an wechselnden Orten.

Symbolische Kämpfe um den Wert distinguierender Güter

Dieses eine Zitat soll hier genügen, weil es eine Reihe von charakteristischen Verhaltensmustern, Diktionen und Positionen exemplarisch repräsentiert. So unerfreulich wie dieser Auszug ist an ihrer Oberfläche die ganze Debatte. Noch in Situationen, in denen alle Debattierenden versichern, gemeinsam nach dem Realismus und damit nach einem objektiv-aufgeklärten Menschenbild zu suchen, dominiert eine vorgefaßte schulmeisterliche Diktion. Allerdings veranlaßt die Borniertheit der manifesten Äußerungen leider allzu schnell dazu, das Feld unversöhnlicher Auseinandersetzungen mit einem vorschnellen Urteil zu verlassen. Diese Formalismusdebatte war strukturell mehr als ein oberflächliches Gerangel um die richtige Parteidoktrin in Kunstfragen. Das ist von den Zeitgenossen selbst in aller Klarheit empfunden worden – wie ein Aufsatz von Hermann Henselmann ausdrücklich bezeugt: »Die Diskussion um den Formalismus, die sich in den letzten Jahren auf die verschiedensten Gebiete der künstlerischen Äußerungen erstreckt, ist keine der üblichen ästhetischen Auseinandersetzungen ... Jede Gesellschaft entwickelt aus den ihr eigenen Bedingungen Verkehrsformen, allgemeine Übereinkünfte auf allen Gebieten des Lebens, die dem jeweiligen Bewußtsein entsprechen. In diesen Formen drückt sich die gesamte geistige Tätigkeit aus in Übereinstimmung mit den wirkenden Produktivkräften. In dem Maße, wie die herrschenden Verkehrsformen in Widerspruch geraten zu der fortschreitenden Entwicklung der Produktivkräfte, wie sie in einen Zwiespalt zu den Realitäten geraten, wie sie mehr und mehr von neuen Denkvorstellungen abgelöst werden, in dem Maße finden die Auseinandersetzungen statt zwischen dem stürzenden Alten und den bewegenden neuen Kräften.«[11] In diesem ausnehmend luziden, ohne Zweifel an Lukács orientierten Text hat Henselmann 1950 – bereits auf der Seite der Realisten – präzise das beschrieben, was wir heute im Foucaultschen Sinne als Diskursformation bezeichnen, nämlich »symbolische Kämpfe um den Wert von distinguierenden Gütern und Zeichen, Kämpfe um Prestige, Würde und Deutungsmacht«. Wenn Henselmann über »gesellschaftliche Verkehrsformen und allgemeine Übereinkünfte auf allen Gebieten des Lebens« spricht, heißt das im übertragenen Sinne die Neufestlegung des »semantischen Systems der Gesellschaft« (Nikolas Luhmann). Es ging also bei dieser Auseinandersetzung letztlich um Dominanzverhältnisse und normative Regelungen bei der sozialistisch orientierten Gestaltung eines Teiles von Europa. Semantische Distinktion war eine

10 Ernst Hoffmann, Zweiter Sekretär der SED-Landesleitung in der Diskussion auf der 5. Tagung des ZK der SED, in: Hans Lauter, *Der Kampf gegen den Formalismus in Kunst und Literatur,* Berlin (1951), S. 88f.

11 Hermann Henselmann, *Formalismus und Realismus,* in: *Planen und Bauen* 4 (1950), S. 244–248 und 282–287.

fundamentale Abgrenzungsnotwendigkeit, um sich wahrnehmbar als kulturelle Alternative zu repräsentieren. So bedeutete die »Formalismusdebatte« nichts Geringeres als einen zugespitzten Diskurs um die neue Gestaltung des Lebens, ein tödlich ernster Streit darüber, wie man künftig Sehen, Hören, Sprechen, Lesen oder eben Wohnen soll, der auch Mart Stam veranlaßt hatte, »nach seiner Perspektive kulturerhaltend zu wirken«. Ihre jederzeit prekäre Lage in diesem durch enorme politische Zersplitterungen aufgeladenen Machtkampf um Gestaltungs- und Deutungskompetenz und angemessene kulturelle Angebote war den Beteiligten hinreichend klar. Daher auch der »missionarische« Ernst und die »Besserwisserei« auf allen Seiten. »Es ist der ewige Kampf zwischen den sogenannten Intellektuellen, den kalten Schöngeistern, Winkelarchitekten und den schöpferischen Kräften, den künstlerischen Menschen ... Auf uns richtet die Welt ihre göttlichen Augen. In Wirklichkeit haben wir allein den realen Beweis zu erbringen, daß Sozialismus keine Utopie bleibe«[12], heißt es in einem Text zum Beispiel der widerständig im Lande geblieben ASSO-Fraktion, der ehemaligen proletarisch-revolutionären Künstler. Es gab außerdem diverse Folklore-Experten und mehrere Gruppen widerstreitender Mexiko-Spezialisten, die sich wiederum mit China-Remigranten heftige Gefechte wenn nicht um das Blaue vom Himmel, so doch um »das wahre Blau«[13] lieferten. Erst in der diskursanalytischen Dimension betrachtet, wird das Schicksal des in diesem großen Spiel der Geschichte um die neuen Regeln des ästhetischen Formierens Unterlegenen wirklich verständlich. Im Fall des Individualisten Mart Stam mit »seiner spezifisch geistigen und modernistischen Haltung« bedeutete die Niederlage mehr als einen biographischen »Karriereknick«. Schließlich war es auch ihm um das Ganze gegangen, eben um die »Semantik des Sozialismus« als eine möglichst luzide, differenzierte und offene Konstruktion von allgemeinen Sinnzusammenhängen. Er hatte im Kampf um das Gesicht des Sozialismus verloren.

Zur Geschichte des modernen künstlerischen Blicks

Keinem von den damals Debattierenden war zu einzelnen Zeitpunkten vollkommen klar, was eigentlich unter Formalismus – oder auch seinem Widerpart, dem Realismus – zu verstehen war. Die Werturteile wurden in vielen Verfahren, Ausstellungen, Architekturwettbewerben oder Theateraufführungen ausgetestet. Erst der rekonstruktive Blick des Historikers gestattet aus der Distanz hinreichend sinnvolle Differenzierungen. Die polare Gruppierung, die ich im folgenden vornehme, möchte bitte in diesem Sinne als posteriores Strukturmodell verstanden werden, dem in der Realität natürlich fließende historische Bewegungen und reiche Modalisierungen entsprachen. Dennoch entsprach die Formalismusdebatte einer wesentlichen Distinktion, nämlich der fundamentalen Differenz zwischen dem gewohnten und dem neuen, dem anderen künstlerischen Blick. Rekonstruktiv gesehen scheiterte mit Mart Stam als einem der renommiertesten Vertreter der Zwischenkriegsavantgarde eine Kunstauffassung, die sich systematisch von ihrer ideologischen und gar politischen Funktionalisierung freigemacht hatte. Sie appellierte unter Ausklammerung des Sujets nunmehr unmittelbar an die sinnliche Aktivität des Menschen. Dies war emanzipatorisch gemeint, denn parallel zur sozialökonomischen Befreiung des Menschen sollte die Verdinglichung seines Weltverhaltens aufgebrochen und durch die Freisetzung seiner poetischen Fähigkeiten die Entfremdung aufgehoben werden. Zu diesem Ziele schienen mehrere Wege zu führen. Einer davon suchte nach dem

12 Eugen Hoffmann in einem Brief an Hans Grundig am 10. 12. 48, in: *Eugen Hoffmann. Lebensbild – Dokumente – Zeugnisse* (= Wissenschaftliche Beiträge 27), hrsg. von der Hochschule für Bildende Künste, Dresden 1985.

13 Die gleichnamige Novelle von Anna Seghers behandelt die unaufhörliche Suche eines mexikanischen Töpfers nach dem originären Farbton, der seiner Keramik Unverwechselbarkeit und seiner Arbeit Identität verliehen hatte, solange er damit beliefert worden war.

An der Weberwiese.
Mütter auf dem Weg zur im Wohnblock integrierten Kinderkrippe. Das Konzept von Le Corbusiers technoider »Wohnmaschine« ist – kaum noch wiederzuerkennen – im Falle der Weberwiesenbebauung zur stadttraumbildenden und romantisch sprechenden Typologie umgebaut worden

klaren methodischen Beweis dafür, daß Vernunft in dieser Welt möglich und im Alltäglichen evident ist. Ludwig Wittgenstein hatte bereits 1918 an einen befreundeten Architekten geschrieben: »Es ist klar, daß der Mensch, der sozusagen eine Maschine erfinden will, um anständig zu werden, daß dieser Mensch keinen Glauben hat ... Nur kein transzendentales Geschwätz, wenn alles klar ist wie ein Watschen.«[14] Die dramatische Absage an »Glauben« bedeutete für einen Teil der kulturellen Avantgarde letztlich den Verzicht auf jede Art von großer Erzählung, radikale Entmythologisierung und die Befreiung der künstlerischen Sprache von ihrer konventionellen Bindung an tradierte Inhalte. »Der Mensch hat die Methode erfunden. Die Methode. Die Methode hat ihr Haus verlassen und lebt jetzt auf eigene Faust« (Viktor Šklovskij).[15] Hierin liegt der springende Punkt jener Gruppe von ästhetischen Konzeptionen, die später gemeinsam unter das Formalismusverdikt fallen sollten: Der Formalismus verteidigte das Existenzrecht der auf eigene Faust lebenden künstlerischen, kognitiven und analytischen Methoden. Basierend auf sprachtheoretischen und soziologischen Theoremen wurde insbesondere die identitätssystematische Verkoppelung oder die mimetische Relation zwischen Kunst und Wirklichkeit aus der Ästhetiktradition des 19. Jahrhunderts grundsätzlich aufgebrochen. Die Erkenntnis der uneindeutigen Determiniertheit der Sprache führte dazu, nicht die Anschauung der Realität, sondern die Konstruktion der Sprache selbst zum Ort der künstlerischen Operation zu machen. Nicht als erbauliches oder kritisches Abbild der Wirklichkeit sollte die Avantgardekunst ihre neue Bedeutung erlangen, sondern ihre soziale Aufgabe beruhte in einem erweiterten Sinn im Wachhalten der sinnlichen Erkenntnisfähigkeit des Menschen. In einer Zeit zunehmender Automatisation der Handlungsabläufe und Sprachstereotypen sollte die Kunst die Wahrnehmungskontexte immer wieder stören, die Objekte schockartig verfremden oder an das jenseits der Kausalität beginnende Reich der Freiheit erinnern helfen. »Es geht nicht darum, daß uns elend oder froh zumut ist. Es geht darum, die Messer zu schärfen, in der Kunst.« (Viktor Šklovskij). Die Macht der Poesie, befreit von der Verkoppelung an banale physische Objekte oder Sätze des Alltagslebens, schien ein notwendiges Überlebensmittel in einer verfremdeten, grundsätz-

14 Ludwig Wittgenstein an Paul Engelmann. Zitiert nach Ludwig Wittgenstein, *Briefwechsel,* Frankfurt am Main 1980, Brief 87.

15 Alle Šklovskij-Zitate entstammen den Büchern »Dritte Fabrik« und »Kindheit und Jugend«, Frankfurt 1988, und werden hier zitiert nach Elke Pistorius (Hrsg.), *Der Architektenstreit nach der Revolution*, Basel–Boston–Berlin 1992.

lich poesiefeindlichen, technisch-mechanisierten Wirklichkeit. Die Sorge um die abgespaltene erotische Potenz des Individuums galt prinzipiell und ohne Unterschied auch für die Gesellschaft nach der erfolgreichen sozialistischen Revolution. »Die Revolution schaltete den Gang ein und fuhr los. Es bogen sich die Federn, es bogen sich die Kotflügel, die Wagen jagten durch die Stadt, und dort wo es zwei waren schienen es acht zu sein. Ich liebe die Automobile. Die Dinge machen mit dem Menschen das, was er aus ihnen macht. Die Dinge wachsen rings um uns: heute gibt es zehn oder hundertmal mehr davon als vor zweihundert Jahren. Die Menschheit beherrscht sie, der einzelne nicht. Es bedarf der persönlichen Macht über das Geheimnis der Maschinen, einer neuen Romantik, damit sie die Menschen in den Kurven nicht aus dem Leben werfen.« (Viktor Šklovskij). Es ging darum, die Kunst als eine Technik der Konstruktion eines fundamentalen Dissenses zum »Status quo« der menschlichen Zivilisation zu begreifen und in der gestischen Operation des Sehens, Hörens und Fühlens die Würde und ganzheitliche kulturelle Kompetenz des Subjektes verheißungsvoll zu restituieren. Dahinter verbarg sich eine offene Philosophie des Tuns, die eigentlich bildfeindlich war und situativ Freiheit offerierte. Aus dieser Sicht glaubten nur die Urgroßmütter noch, »daß die Erde der Mittelpunkt der Welt sei und der Mensch das Maß aller Dinge ... Lernt das zu sehen was vor euren Augen ist. Der Mensch ist das Maß des Schneiders. Aber Architektur meßt an Architektur« (El Lissitzky).[16] In der Art, wie hier gänzlich neue Regeln der künstlerischen Sicht auf die Welt aufgestellt wurden, lag und liegt eine unerhörte Provokation. Es war tatsächlich eine Absage an die Grundkonstruktion des Humanismus wie übrigens auch an die selbstverständliche Überzeugung, daß Architektur etwas Gesellschaftliches zumindest repräsentiere, eine soziale oder politische Identität konstituiere oder Institutionen verkörpere. Statt dessen legte der Wortführer der »formalistischen Schule« in der Literatur, Viktor Šklovskij, bereits 1923 als wesentliches Kriterium der Kunst deren Unbestimmtheit und fundamentale Distinktion fest. »Die Kunst ist immer autonom vom Leben gewesen, ihre Farbe spiegelte niemals jene der Fahne wieder, die über der Stadt gehißt wurde.« Das klingt ebenso schön wie anarchistisch. Es ist so und hat sich in tausend Irrtümern immer neu als richtig erwiesen: Das System, das wir bauen, und das, in dem wir leben, sind nicht identisch. Architektur ist nicht darstellende Kunst und nur an ihrer Stellung im eigenen Kontext, nicht aber am guten Willen des Architekten zu messen. Aber formiert nach Marx der Mensch nicht auch nach den Gesetzen der Schönheit? Darf sich der Künstler den Gewohnheiten, sozialen Symbolisierungen und urbanen Allegorien so gänzlich verweigern? Diese Frage markiert genau den Anlaß für den vehementen, und – täuschen wir uns nicht – aktuell weiter andauernden Diskurs um die Definition des architektonischen Handwerks, der heute hier

Schulkinder am Strausberger Platz, um 1957

16 El Lissitzky, *Čelovek, měra všech portnych* [Der Mensch ist das Maß aller Schneider], in: *Izvestia ASNOVA*, Moskva 1926, S. 8.

in Berlin allein um die richtigen Bilder geführt wird. Mit dem Aufkommen des neuen Blicks, der unmittelbar sinnlichen Wiederkehr der Kunst in den Alltag von jedermann, war keinesfalls eine Absage an das Prinzip des Ästhetischen verbunden, sondern nur an das uralte Prinzip der Mimesis, in der eine Wahrheit der Wirklichkeit zur künstlerischen Darstellung gelangt. Kein Geringerer als Adolf Behne hat 1948 mit denkbar luziden Worten diese fundamentale Neuerung in der Kunst dem weitgehend verständnislosen deutschen Publikum zu erklären versucht: »Wenn die radikale Kunst auch ungegenständlich ist und sich von der ›Natur‹ als einem unerschöpflichen Modellmagazin abwendet, so ist sie dennoch anschaulich. Sie wendet sich an die Anschauung, an die Sinne ... Farben und Formen sind freie Mächte – und nicht Anstreicher ... In weiter Zukunftsferne kann eine Kunst stehen, die unsere ganze sichtbare Welt ... zu einem Stil prägt, dessen phantasievolle Kühnheit dem geistigen Ursprung aller Kunst nahe ist, den Revolutionen der Naturwissenschaftler entspricht und uns befreit von der ungeheuerlichen Last nachgerade sinnlos gewordener Konventionen ... Haben wir den Mut zum Leben, zum Abenteuer, zur Phantasie, und den Mut zur Schönheit, die nicht ein Schönes darstellt, sondern selbst ein Schönes ist ...«[17]

Appelle an den gesunden Menschenverstand und sprachliche Entdifferenzierung

Behnes scharfsinnige Worte waren an die Leser einer Kunstzeitschrift gerichtet und dennoch weitgehend ins Leere gesprochen. Wie sich in Leserbriefen über den ganzen Jahrgang hinweg zeigen sollte, waren die Anhänger der Moderne im Nachkriegsdeutschland offensichtlich in einer erschütternden Minderzahl. Die meisten der veröffentlichten Lesermeinungen offenbarten (bei hier ungeprüfter Repräsentanz und etwaigen redaktionellen Präferenz) eine grundlegende Ablehnung der »Dekadenz«, wie sie sich äußerten, und bezogen sich auf kanonische Werke aus der Zeit des Nationalsozialismus. Noch ehe also sowjetischerseits die Formalismusdebatte eröffnet war, hatte sich in Deutschland unter dem Publikum eine Wand des Unverständnisses und unter den Künstlern selbst wohl auch Sozialneid auf die aus der Emigration zurückkehrenden und an die Hochschulen berufenen Surrealisten und Neuexpressionisten entwickelt. Diese Ressentiments bildeten den Nährboden für die in der Formalismusdebatte nebenbei auch aufbrechenden Aggressionen und Affekte. Das neue Weltbild des 20. Jahrhunderts mit seiner grundlegenden Skepsis gegenüber der Existenz bestimmter Entitäten stellt in der Tat und noch immer eine Herausforderung dessen dar, was man gemeinhin den »gesunden Menschenverstand« nennt. Mehr noch, es kollidiert mit einer Ideologie und Geschichtsphilosophie auf das unverträglichste, die den Menschen als Maß aller Entwicklung versteht und einer einzelnen gesellschaftlichen Kraft objektiv kulturelle Handlungskompetenz zuspricht. Hier liegt die Wurzel für den Glaubenskrieg, der insbesondere im marxistischen Lager zwischen Formalisten und Realisten entstehen mußte. Es wird sich alsbald auch zeigen, daß in dem Konflikt mit der sich verselbständigenden Methode, mit einer Kunst, die fern von »Mimesis« schlicht »ein Schönes ist«, in dem Konflikt mit der analytischen Philosophie und formalistischen Ästhetik, der Realismus sehr stark dazu tendierte, eine mächtige Allianz mit dem gesunden Menschenverstand einzugehen. Seine Kraft in der Auseinandersetzung bezog er teilweise aus einem auftrumpfenden Populismus und Konservatismus. Er wurde aber trotz aller Vorbehalte gegen primitive Argumente auch von einem weiten Kreis Intellektueller unterstützt, die im Humanismus die einzig angemessene Antwort und garantiert sinnvolle kulturelle Strategie gegenüber irrationalen und absurden Weltsichten sahen.[18]

17 Adolf Behne, *Was will die moderne Kunst?*, in: *bildende kunst* 2 (1948), H. 1, S. 3–6.

18 Immerhin wird diese Konstellation nachträglich verstärkt und verständlicher, wenn man die Reaktionen der Gegenwart auf die Theorie der französischen Dekonstruktivisten zur Kenntnis nimmt. Auch in dieser Aktualisierung der analytischen Theorie wurde und wird bekanntlich ein »Genozid an der menschlichen Subjektivität« gesehen. Immer wieder, das ist über-

Nirgends wird der Zusammenhang von Dogma und bürgerlich-idealistischer Tradition, von Ideologie und unreflektiertem Volksempfinden so deutlich wie in einem der zentralen Texte der »Formalismusdebatte«, nämlich in Stalins Schrift »Über die Sprachwissenschaften«. Anlaß für Stalins – durch ihn selbst als unfachmännisch ausgewiesene Intervention – waren einige provokante Thesen der russischen Linguisten aus der Marr-Schule. Sie hatten der Sprache einen systematischen Ort im »Überbau« der Gesellschaft zugewiesen und die Schlußfolgerung vertreten, daß im Zuge der Revolution eine vollkommen neue, adäquate und universale Sprache neu konstituiert werden müsse, die die veränderten kulturellen Verhältnisse angemessen repräsentiert. Diese Auffassung ähnelte im Prinzip der von dem Philosophen und Soziologen Alexander Bogdanow bereits um 1917 entwickelten »Proletkult«-Konzeption und seiner universalen Organisationswissenschaft, der »Tektologie«. Alle diese Denksysteme gingen im Prinzip darin konform, das Ziel der Revolution in der Entwicklung einer universell neuen ästhetischen und lebenspraktischen proletarischen Kultur zu sehen und die bürgerlich-nationale Borniertheit der bisherigen Sinnsysteme zu überwinden. Hier nun lancierte Stalin vehement seinen Einspruch. Zwischen April und Mai 1950 griff er mehrmals in eine in der »Prawda« geführte Diskussion, zu der mehr als 200 Beiträge eingesandt worden waren, ein, um im Namen des gesunden Menschenverstandes die Kompetenz der ererbten Nationalsprache zu verteidigen. Dabei gelang es ihm geschickt, nationalistische und patriotische Ressentiments gegen die Gruppe von kosmopolitischen Vaterlandsverächtern zu steuern und gleichzeitig das revolutionäre Prinzip zugunsten einer langfristigen zivilisatorischen Evolution in Abrede zu stellen.[19] Überzeugte Stalin in erster Instanz auch mit der Souveränität des volkstümlichen Patriarchen, war er allerdings den verifikatorischen Rückfragen der Linguisten in der zweiten Runde argumentativ nicht mehr gewachsen. Auf die Frage nach den Denkprozessen und Wahrnehmungsweisen eines Taubstummen befragt, bellte er zurück, sich nicht mit Anomalien beschäftigen zu wollen. In die Enge getrieben, definierte Stalin nunmehr die Nationalsprache als das einzige Kriterium der kulturellen Kompetenz. Taubstumme und formalistische Semantiker waren fortan »schädlich« für seine Erbetheorie.

Dieser kanonische Begründungstext Stalins ist sofort auch ins Deutsche übersetzt worden und innerhalb eines Jahres, 1951 bis 1952, in der DDR in drei Auflagen erschienen. Mehrere theoretische Konferenzen belegen die enormen Schwierigkeiten, die Sprachwissenschaftlern, Parteijournalisten, Logikern mit der Stalinschen Argumentation auf ihren Spezialgebieten erwuchsen. Da sollte plötzlich zum Beispiel die durch und durch manipulierte Sprache der bürgerlichen Presse mit der Sprache der »Neuen Rheinischen Zeitung« oder der »Roten Fahne« von Luxemburg und Liebknecht vereinbar sein und die von Victor Klemperer sorgsam analysierte Sprache des »Dritten Reiches« (LTI) nicht mehr als evident andere Sprache des deutschen Antihumanismus gelten? Überhaupt bedeutete Stalins Text einen Rückgriff auf die nationalen Gründungsmythen des 19. Jahrhunderts unter Ausschaltung aller seither differenzierenden Entwicklungen und Sprachmodi des 20. Jahrhunderts. Mit einer Handbewegung wurden Paul Lafargues und Nikolai J. Marrs Untersuchungen über jähe revolutionäre Schübe im System der Sprachen vom Tisch gefegt. »Der

haupt nicht neu, tut sich also mit dem ernüchternden Blick auf die chaotische Situation der äußeren Welt die lebenspraktische Frage nach den Strategien individueller wie kollektiver Selbstdefinition, nach »Technologien des Selbst« (vgl. den gleichnamigen Aufsatzband von Michel Foucault, Rux Martin u. a., Frankfurt am Main 1993) auf. Dabei erweist sich der im 19. Jahrhundert entwickelte Humanismus als eine unter verschiedenen anderen Möglichkeiten. Der Lukácz-Schule, die sich in der Formalismusdebatte 1951 profilierte, galt sie als die einzige und ausschließliche rationale Kulturkonzeption des Sozialismus.

19 Nebenbei: Stalin verabschiedete in diesem Text tatsächlich die Idee der spontanen Revolution mit dem stolzen Verweis auf die von ihm geführte planmäßige zivilisatorische Umgestaltung des Landes und den systematischen Kampf gegen die Rückständigkeit des Landes als »Revolution von oben«.

Marxismus anerkennt keine plötzliche Explosion in der Entwicklung der Sprache ... Die Kultur kann sowohl eine bürgerliche als auch eine sozialistische Kultur sein, die Sprache aber als Mittel des Verkehrs ist stets Sprache des gesamten Volkes und kann sowohl der bürgerlichen als auch der sozialistischen Kultur dienen ... Wie also könnte man die bestehende Sprache vernichten und im Laufe einiger Jahre an ihrer Stelle eine neue Sprache aufbauen, ohne in das gesellschaftliche Leben Anarchie hineinzutragen, ohne die Gefahr des Zerfalls der Gesellschaft heraufzubeschwören? Wer außer einem Don Quichotte könnte sich eine solche Aufgabe stellen?«[20] So ist die stehende Behauptung, alles kulturell relevante auch und ausschließlich in den aus dem 19. Jahrhundert tradierten Formen der Nationalsprache sagen zu können, denn auch grundlegend für die folgende Architektur der »Nationalen Traditionen« in der DDR gewesen. Die Moskauer Intervention Stalins in eine sprachwissenschaftliche Debatte bildete also den Anlaß für Walter Ulbrichts jähe Kritik an den Berliner Planungen auf dem III. Parteitag der SED im Juli 1950. »Die Stalinschen Großbauten des Kommunismus und die geniale theoretische Arbeit Stalins ›Der Marxismus und die Fragen der Sprachwissenschaft‹ haben eine neue Epoche in der Entwicklung der Wissenschaften eingeleitet ... Der grundsätzliche Fehler dieser [Berliner, d. Verf.] Architekten besteht darin, daß sie nicht an die Gliederung und Architektur Berlins anknüpfen, sondern in ihren kosmopolitischen Phantasien glaubten, daß man in Berlin Häuser bauen sollte, die ebensogut in die südafrikanische Landschaft passen.« Wenn Ulbricht sogleich forderte, »die neuen Gebäude an den Plätzen und an der Hauptstraße architektonisch schön im Sinne des Volksempfindens zu gestalten«[21], so hob das exakt auf das seit längerem ungelöste Dilemma der modernen Architektur ab, sich nicht mit dem »Geschmack der Mittelmäßigen«[22] zu arrangieren, sondern ihrerseits erziehend und kulturbildend wirken zu wollen. Die folgende Wende zur konventionellen »nationalsprachlichen« Stilarchitektur folgte der aufgeklärten massenpsychologischen Erwägung, vertraute Bilder in einen neuen Deutungszusammenhang zu montieren. Dies unmittelbar bereits als postmoderne Strategie zu betrachten, wäre allerdings zu weit gegriffen. Die »Widerspieglungstheorie« des sozialistischen Realismus setzt die Architektur nach wie vor in streng determinierte Gesamtzusammenhänge, ja überfordert sie im modernen Sinne gerade dadurch, daß sie als Darstellung, als mimetisches Konstrukt einer gesellschaftlichen Totalität fungieren soll. Dieser gesellschaftsgestaltende Impetus macht selbst die formal geschlossene Figur der historisierenden Architektur der »Nationalen Traditionen« noch zu einem vergleichsweise modernen Projekt. Es ist eine »Moderne von oben« in Gestalt einer statischen Utopiefigur, ein »Staatsmärchen« (Ernst Bloch). Wie sich diese kulturelle Strategie auch im Rückgriff auf die europäische Tradition des Gesamtkunstwerkes entwickelte, soll abschließend weiter dargelegt werden.

»Wir erhoben uns, Gestalt zu sein«

Die »Formalismusdebatte« hatte einen transdisziplinären Kontext wie eine langfristige historische Genese. Zunächst zum Kontext: Häufig wird übersehen, daß die Auseinandersetzung um ästhetische Fragen lediglich Glied einer ganzen Kette gleichgelagerter Diskurse in der Biologie, der Physik, in der Linguistik und in der Mathematik waren. So fand zum Beispiel vom 17. bis 18. November 1951 in Jena eine »Philosophische Konferenz über Fragen der Logik« statt, die dasselbe Denkmodell attackierte wie alle übrigen Teildebatten. Ob im Falle der Hybridtheorie von Lyssenko, in den Auseinandersetzungen um die Kopenhagener Schule der Quantenphysik oder im Fall des Realismus in der Kunst – es ging zentral um einen

20 Jossif W. Stalin, *Der Marxismus und die Fragen der Sprachwissenschaft*, Berlin 1951.

21 Walter Ulbricht, *Die Großbauten im Fünfjahrplan.* Rede auf dem III. Parteitag der SED, in: *Neues Deutschland* vom 23. 7. 1950.

22 Fernand Léger, *Discours aux architects,* in: *Annales Techniques,* Griechenland 44 (1933), S. 1159ff.

Kreuzzug gegen ein Modell der Welt als komplexes System der Interferenzen, nichtkausalen Verläufe und dezentralen Perspektiven. Die »Welt im Bild einer zerplatzenden Granate« (Brecht über Picassos »Guernica«) mit einem »Gott, der würfelt« (Einstein zu Heisenberg) war nicht allein für Stalinisten eine Schreckensvision. Die avanciertesten Erkenntnisse der modernen Wissenschaften, insbesondere die Sprachtheorie, richteten sich gegen das dem Marxismus wie dem klassischen Idealismus gemeinsame Zentrum des Humanismus, der den Mensch in den Mittelpunkt der Welt gestellt hatte. »Wenn ich mit dem Nichts verkehre/weiß ich wieder, was ich soll«[23], schrieb Bertolt Brecht in einem wichtigen Gedicht jener Jahre. Es ging um die Frage nach dem Subjekt, nach dem menschlichen Maß der Welt. Man suchte nach die Würde des Subjektes symbolisierenden Pathosformeln. Das Dach über dem Haus allein würde nicht ausreichen, sich selbst wieder mit Achtung gegenüberzutreten. Otto Grotewohl, der bei seinen politischen Reden häufig Gedichte deklamierte, schien sich 1948 vergriffen zu haben, als er an Schiller erinnerte: »Würde des Menschen:/Nichts mehr davon, ich bitt' Euch./Zu essen, gebt ihnen zu wohnen./Habt ihr die Blöße bedeckt, gibt sich die Würde von selbst.«[24] Die Ästhetik der vierziger Jahre war zu asketisch gewesen, zu notdürftig und ehrlich, um damit in Westdeutschland und unter dem Bürgertum Respekt zu gewinnen. Aber gerade darauf kam es in den fünfziger Jahren an.

Wir sollten uns nicht davon täuschen lassen, daß der Satz »Der Mensch steht im Mittelpunkt« in der DDR jederzeit zur hohlen Phrase zu verkommen drohte. Insbesondere in den Anfangsjahren, als sie noch nicht inflationiert war, galt diese Aussage selbst in extrem belastenden Situationen als »unser vornehmster Satz«.[25] Die sozial weit verbreitete Vorstellungswelt eines erkenntnistheoretisch zwar konservativen, aber leicht zu reaktivierenden humanistischen gesellschaftlichen Potentials prägte in der Folge die kulturelle Ausdrucksgestalt, die Semantik der frühen DDR. Was Werner Heisenberg, nach einer letzten Instanz im Gefüge der Welt befragt, als »die zentrale Ordnung« bezeichnet hatte, sorgte für einen weiten

Wie sollen unsere Möbel aussehen?
Titelblatt der Bild-BZ vom 8. Juni 1952. In der Diskussion v. li. n. r.: Stamper, Engemann, Michel, Stam

23 Bertolt Brecht, »Geh ich zeitig in die Leere ...«, 1953 den »Buckower Elegien« zugeordnet.

24 Otto Grotewohl, *Volk und Kultur.* Referat zur Eröffnung der Kulturwoche der Stadt Erfurt am 24. 9. 1948, in: *Deutsche Kulturpolitik. Reden von Otto Grotewohl.* Mit einer Einleitung von Nationalpreisträger Johannes R. Becher, Dresden 1952, S. 49.

25 Prof. Dr. Schwarz, Neurologe und klinischer Psychologe, Universität Greifswald in der erregten Debatte des Kulturbundes nach dem 17. Juni, in: Magdalena Heider/Kerstin Thöns (Hrsg.), *SED und Intellektuelle in der DDR der fünfziger Jahre. Kulturbundprotokolle,* Köln 1990, S. 32.

Konsens selbst zwischen politisch weit von einander entfernten Akteuren, seien es Christen oder Kommunisten. Darin lag für lange Zeit die Attraktivität des Marxismus auch im bürgerlichen Lager begründet. Das Konzept des Sozialismus verband sich eng mit der großen Erzählung vom Menschen als Maß aller Dinge. Es ist ein Gedicht von Johannes R. Becher, das diesen Mythos zur eindrücklichen kulturellen Symbolform kondensiert: »Herrschte Nicht-Sein auch als Urgewalt/widerstand der Mensch ihm – als Gestalt .../In der Sonne lagen wir am Meer/Und die Zeit schien wüst und leer/Und das Nichts brach drohend auf uns ein –/Wir erhoben uns – Gestalt zu sein.«[26]

Es scheint dieser unbedingte Gestaltungswille zu sein, der bis heute die Anmutungsqualität der ehemaligen Stalinallee bestimmt, ihre »Restsüße« wie Martin Kieren das unlängst genannt hat. Auch die monumentalen Gesten der Kulturhäuser überall im Land, als Tempel- oder Palast-Adaptionen, die Brückenschläge zum anhaltinischen Klassizismus in Dessau, der energisch gesetzte Stadteingang von Senftenberg oder die Lange Straße in Rostock können im Hinblick auf diese damals durchaus zum Handeln motivierende Erzählung gelesen werden. Die architektonischen Figurationen hatten nicht zuletzt auch eine unterschwellig apotropäische, unheilabweisende Funktion, sind eher eine tapfere denn eine prahlerische Geste gegen erfahrene und drohende Abgründe der Unmenschlichkeit gewesen: »Wir erhoben uns: Gestalt zu sein«. Gegen was aber richtete sich der Bannspruch? Wo lag der Anlaß für eine Auseinandersetzung, die manchmal wie im Fall von Johannes R. Becher auch als innerer Monolog gegen die schwarzen Kräfte des Nichts geführt wurde? »Und so müssen wir denn auch Angst haben ... jeder dritte Gedanke Memento!«.[27] Wovor Angst? Welche Art von Besorgnis war es, die solch starker Magie bindender Kräfte bedurfte? Man muß wohl die Lyrik, die Stücke jener Jahre lesen, um zu verstehen, wie schwarz gefärbt der Himmel über Deutschland war, welche Schatten auf den Gesichtern lagen. »Ach, allzuviele ähnlich blasse Narben/– verkniffene Münder, glaubenlose Augen –/entstellten meiner Zeitgenossen Züge:/Zu tief verletzt durch jäh entblößte Lüge/begann ihr Herz sich vollzusaugen/bis sie daran erstickten und verdarben.«[28] In den Jahren nach Guernica, dem Münchner Abkommen, Auschwitz, Hiroshima und vielfach »jäh entblößter Lüge« war Angst vor dem Wiederholungsfall ein unverstellt zugängiges Lebensgefühl. Die Angst vor abermaligem menschlichen Versagen und die Hoffnung, es möge einmal doch gelingen, gut und frei zu leben, sind gewissermaßen zum phänomenalen Stoff der unmittelbaren Nachkriegskultur der DDR geworden. Vor diesem existentiellen Hintergrund bedeutete jede Aufbaumaßnahme ein Versprechen auf Zukunft und wieder zu gewinnende Selbstachtung. Das eigenartige Pathos jener Jahre erschließt sich nicht aus den trockenen Leitartikeln der Parteipresse, sondern ist eher in der Poesie und Architektur als besonderen Sphären für Technologien des Selbst überliefert. »Nichts wird geschenkt. Auch was geschenkt erscheint./Ist eine Frucht von insgeheimen Mühen./... Nenn mir ein Glück, das wär nicht innen wund,/Und wie von Leid durchtränkt und Bitternissen./Nichts wird geschenkt. Es ist uns eine Last zu tragen und zu heben aufgegeben ...«[29] Ist in den Worten Bechers ein Singen wie im einfachen Volkslied, so spricht Brecht dieselbe Botschaft eindringlich in der Diktion äußerster Alltäglichkeit: »Und ich dachte

26 Johannes R. Becher, »In der Sonne lagen wir am Meer ...«, erstmals 1946 in »Heimkehr«.

27 Vgl. die Tagebuchaufzeichnungen von Johannes R. Becher, in: Ders., *Der Aufstand im Menschen*, Berlin 1983, insbesondere Kapitel 11: »Man muß den Menschen einen Halt geben ...«, und Kapitel 13: »So müssen wir denn auch Angst haben ...«

28 Wieland Herzfelde, *Der Vierkant*. »Das Gedicht habe ich 1955, gewissermaßen aus der Zukunft ins Ende unseres Jahrhunderts geschrieben«: »... Statt zuzustoßen taten in die Scheide/die Klingen sie und reichten sich die Hände/zum Zeichen, daß es nicht geschehen sollte,/was beide planten und doch keiner wollte .../Oh, nähm auch größre Angst ein solches Ende.« Nur wenn es zu einem universalen Friedensschluß käme am Ende des 20. Jahrhunderts, hätte sich Herzfeldes Hoffnung auf die Sowjetunion erfüllt.

29 Johannes R. Becher, »Nichts geschenkt ...«, erstmals 1949 in »Auswahl in vier Bänden«.

immer, die allereinfachsten Worte /Müssen genügen. Wenn ich sage, was ist/Muß jedem das Herz zerfleischt sein./Daß du untergehst, wenn du dich nicht wehrst/Das wirst du doch einsehen.«[30]
Alles Handeln galt, wie wir sehen, als ein reflektiertes Tun bei Strafe des Unterganges. Zuletzt hat sich in der DDR in dieser Tradition Heiner Müller geäußert – er nunmehr, indem er gezeigt hat, daß Untergang ist. Niemals aber ging es um den Untergang des Sozialismus allein. Sozialismus galt lediglich als ein heroischer Rettungsversuch für das Ganze. »Darum fordert der Mensch, der Mensch werden will: Tragt die Berge an Leichen ab, die wir und nur wir getürmt haben, nehme jeder eine Handvoll, und wir werden das Ende der Not schaffen, macht es euch aber auch nicht so leicht, daß ihr euch auf ein Schicksal herausredet, und bitte, auch keine anderen Ausreden, gewiß wir werden es nicht leicht haben, aber anstelle der Trümmermassen und des Leichenmorastes winkt wieder ein Schrittbreit festen Bodens unter unseren Füßen, worauf ein Mensch wieder stehen kann.«[31]
Ich wollte auf diese Texte, mit denen ich aufgewachsen bin und von denen ich seit Kindertagen Passagen auswendig kenne, deshalb nicht verzichten, weil sie in den Debatten um die »Aufarbeitung der DDR« gewöhnlich keine Rolle spielen. Sie gehören aber ebenso zur »Semantik der Gesellschaft« wie das Spielzeug, die Bücher und Schallplatten, die man nun sorgsam für seine Enkel aufbewahrt, und eben die Häuser in den Städten, auf deren Weitergabe man als einzelner aber keinen Einfluß mehr hat. Es scheint mir dringend notwendig, darauf aufmerksam zu machen, daß sich ästhetische Operationen wie kulturelle Qualitäten nicht allein auf politische Direktiven zurückführen lassen, sondern im Gegenteil auch im Staatssozialismus letztlich jeder einzelne Mensch eine eigene Lebensentscheidung zu treffen hatte. Die in unzähligen Selbstzeugnissen[32] nachweisbaren Reflektionen der eigenen Existenz – wie in den oben zitierten frühen Versen der Bezug auf die immer anwesende Todes- und Versagensangst – bilden in der Summe den gedanklichen und poetischen Stoff, aus dem die Identität der DDR gewebt worden ist. Es sind widersprüchliche kulturelle Strategien, merkwürdige Rituale und vieldeutige Symbole, die sich auch in der Architektur der »Karl-Marx-Allee« überlagern, es ist eine lange, vielfach fragmentierte Geschichte, die hier in einer keineswegs trivialen Gestalt auf uns überliefert ist.[33] Dieser weite zeitgenössische und konkret lokale Kontext schließlich hat das zunächst durchaus kolonial geprägte Projekt zu seiner einmaligen architektonischen Ausformung geführt. Ein solcher energischer Akt der Identitätsbestimmung mußte im zerstörten Berlin und mit den Menschen eben jener besonderen existentiellen Lebenslage zu einer unwiederholbaren Gestalt gerinnen.

Das weiße Quadrat und die Heimatlosigkeit der Avantgarde

Wie aber hätte die Alternative ohne Moskauer Intervention ausgesehen? Warum sollte man der »Weißen Stadt« Scharouns im nachhinein eine geringere Authentizität, gar Antiurbanität attestieren? Wäre der Kollektivplan von 1946 zur Ausführung gelangt, hätte dies zweifellos ebenfalls einer massiven Disposition im Reformsozialismus jener Jahre entsprochen. Entstanden wäre eine Stadt, die, um abermals mit Behne zu sprechen,

30 Bertolt Brecht, »Und ich dachte immer ...«, 1956 im Nachlaß.

31 J. R. Becher, *Der Aufstand* ... (wie Anm. 27), Kapitel 35.

32 Christoph Dieckmann hat diese Art von »Tatberichten« der Selbstverwirklichung, nämlich Freundesbriefe, Tagebücher, Lyrik, spielerisch seine »Anti-Gauck-Akten« genannt; vgl. Christoph Dieckmann, *Time is on my side. Ein deutsches Heimatbuch,* Berlin 1995, S. 58ff.

33 Über die verschiedenen, sich überlagernden Strategien beim Bau der Stalinallee habe ich mich in einem anderen Aufsatz geäußert; vgl. Simone Hain, *Zwischen sowjetischer Europapolitik und linkem Nationalismus. Ein Versuch sich der Stalinallee zu nähern,* in: Bernd Wilczek (Hrsg.), *Berlin – Hauptstadt der DDR 1949–1989.* Utopie und Realität, Zürich–Baden-Baden 1995.

Verschiedene Beiträge zum Ideenwettbewerb Stalinallee, 1952
(Zuschreibung noch nicht gesichert)

Wettbewerbe sind ein Austragungsmedium für Diskurse über den Wert distinguierender Güter.
In architektonischen Bildern werden Optionen für angemessene Würfelformeln und Repräsentationen angeboten

Kurt W. Leucht, Ansichtzeichnung aus dem Wettbewerbsprojekt für die Stalinallee, 4. Preis. Die deutlich »moskowitische« Option fällt bei der Berliner Bevölkerung durch

eher ein Neues gewesen wäre, als das sie das Neue explizit zur Darstellung gebracht hätte: Sozusagen das weiße Quadrat des Städtebaus, Strukturalismus pur. Hätte es nicht eigentlich der Nachkriegssituation entsprochen, gerade Berlin sinnvollerweise vollkommen neu aus den Trümmern einer verderblichen Vergangenheit wiederzuerrichten, wie es in Rotterdam, Le Havre und anderen Städten infolge großer rationaler Planungen geschehen ist? Die Frage der Angemessenheit der jeweils alternativen Stadtkonzeption läßt sich nur im Hinblick auf die längerfristige historische Genese der ästhetischen Nachkriegsdebatten behandeln.

Das Gestaltungsdilemma, das 1951 in der Formalismusdebatte kulminierte, hat sich in Deutschland, wie gesagt, bereits seit der Novemberrevolution 1918 aufgebaut. Schon die Expressionisten der Novembergruppe und die Architekten der »gläsernen Kette« – zu denen ja Hans Scharoun gehört hatte – sahen sich damals einem schwerwiegenden Vorwurf ausgesetzt: Jene jungen Künstler der Verweigerung seien Schiebern vergleichbar, die ihr Kapital nach Traumland verbrächten, hieß es in der zeitgenössischen Publizistik. Bereits 1918 also kam genau im Bezug auf die Ästhetik des radikalen Dissenses in Deutschland der »topos« der »Entartung«

Alternativprojekt für den Wohnungsbau an der Stalinallee. Als ungenügend subtil moduliert verworfen

Vorprojekt Wohnungsbau am Strausberger Platz. Der Umbau der Wohnscheibe ist im Gang

auf.[34] Aber nicht nur in Deutschland, sondern überall in Europa entstand ein systematischer Konflikt, wo sich die künstlerische Avantgarde erklärtermaßen als legitime Begleiter politischer Bewegungen und Konstrukteure der Revolution empfahl. Spezialisiert auf die große anarchische Verneinung, auf die Zerstörung aller bürgerlichen Institutionen, auf die Zerstörung der alten Aura, der Repräsentanz und des Pathos der Monumentalität lief die Avantgarde wiederholt und in wechselnden politischen Allianzen ins Leere. Wem am Aufbrechen von Konventionen zuvorderst gelegen war, dem mußte die frühzeitige operationale Einbindung in politische Zusammenhänge als Zumutung erscheinen. »Das Trägheitsgesetz beherrscht die Welt und auch die Welt der Form. Es ist robust und zäh, daß das Glück, welches immer nur aus der Bewegung kommt, schon hart genug erkämpft wird ... Welche Kostbarkeit die flüssige Bewegung, die eben das Glück selbst ist ... Schließlich liegt alles Beglückende im Impulsiven, nicht im Fertigen und Abgeschlossenen, in dem was Hoffnung eröffnet ... Die Erziehung des Gefühls, des Schauens, Hörens, die Befreiung und Öffnung der Sinne, das ist eine der größten Aufgaben ...«[35] Wenn es noch eines Beweises für die fundamentale Opposition gegen die überkommenen sozialen Regelsysteme und kulturellen Normen der bürgerlichen Gesellschaft bedarf, so sei dies mit dem Zitat Bruno Tauts unterstrichen. Es ging in der Tat seit 1918 darum, neue Regeln für den Gebrauch der fünf Sinne nicht nur aufzustellen, sondern auch allmählich durchzusetzen, die den Menschen aus seiner Verdinglichung befreien helfen könnten. Dieser mühevolle Prozeß der Wiederherstellung individueller Freiheit durch Dekonstruktion der Normen konkurrierte als kulturell neuartiges Projekt mit den älteren Strategien, die dem einzelnen per geschichtsphilosophischer Einbindung in die Menschheit zu sinnvoller Existenz verhalfen. Im Wesen standen sich hier also zwei differente »Technologien des Selbst« im Widerstreit gegenüber. Wollte die eine das Himmelreich auf Erden über die individuelle Befreiung des einzelnen errichten, lief die andere Strategie darauf hinaus, im widersprüchlich konfliktreichen Geschehen der Wirklichkeit einen transzendenten Sinn aufzuspüren, ihn anschaulich darzustellen und diesen Anschein als Schutzmantel um die Gesellschaft zu breiten oder ihr als Leuchtturm zuzuordnen. Verband sich mit der ersten Strategie das Ziel der vollkommenen individuellen Emanzipation durch Abkehr von einem intersubjektiv teilbaren Gehalt, so eignete sich die zweite Konzeption der mimetischen Einfühlung wesentlich besser zur Herstellung von kollektiv kommunizierbaren Symbolen. Insofern bot die »auf eigene Faust lebende Methode« der reinen Anschauung der Welt in ihrer augenblicklichen Präsenz vergleichsweise wenig Entfaltungsraum für die massenpolitischen Bewegungen des 20. Jahrhunderts an. Jede Massenentfaltung brauche Eindeutigkeit, die der Realismus als mimetische Konstruktion transzendenter Wahrheiten viel besser zur Verfügung stellte, als das konkurrierende Projekt der radikalen Faktizizät. In Deutschland hatten sich nach der Novemberrevolution die aufrührerischen Expressionisten unter dem Druck des Noske-Apparates schließlich der geforderten Kühle des »weißen Sozialismus« der Weimarer Republik gefügt, einer sachlichen Ästhetik der »wieder gesetzten Welt und des Friedens mit dem bürgerlichen Sein«. Ein »Realismus ohnegleichen« sei die Folge gewesen, eine sozialdemokratische Modernität, die in jedem Schiebefenster bereits ein Stück Zukunftsstaat erblickt habe.[36] Der Novembergruppen-Expressionismus und USPD-Messianismus hatten sich für das System der Weimarer Republik somit als viel zu wenig staatstragend erwiesen. Das nächste Mal scheiterte die poetistische Avantgarde der Tschechoslowakei bei ihrem Versuch, das Konzept der »neuen Gestaltung« der Kommunistischen Partei

34 Vergl. dazu Simone Hain, »*Ex oriente lux*«. *Deutschland und der Osten,* in: Vittorio Magnago Lampugnani/Romano Schneider, *Expressionismus und Neue Sachlichkeit,* Stuttgart 1994.

35 Bruno Taut, Unveröffentlichtes Manuskript zur Erneuerung des Deutschen Werkbundes, 1919. Zitiert nach Kurt Junghanns, *Der deutsche Werkbund. Sein erstes Jahrzehnt,* Berlin 1982, S. 182f.

36 Ernst Bloch, *Erbschaft dieser Zeit,* Frankfurt am Main 1985, S. 216f.

zu Füßen zu legen. Eine entsprechende Erklärung der jungen experimentellen Künstler zugunsten der neuen bolschewistischen Parteiführung führte im Jahre 1929 zu einem kulturpolitischen Eklat, weil daraufhin die ältere Schriftstellergeneration, die sich aus sozialdemokratischen Traditionen zu einem massenwirksamen künstlerischen Realismus bekannte, demonstrativ die Partei verließ. Schon damals folgten in der tschechischen Linken stürmische Auseinandersetzungen, die als »Generationsdebatte« bekannt geworden und in den sechziger Jahren auf tschechisch publiziert worden sind. Konnte sich hier zunächst unter der intelligenten Führung von Julius Fučík eine sehr offene und promoderne Kulturpolitik etablieren, wurde die in den dreißiger Jahren vollzogene surrealistische Aktualisierung des Avantgardekonzepts dann seitens der Partei allerdings nicht mehr mitgetragen. Die dort vorgetragene Akausalität und die Thematisierung der Paradoxie der modernen Welt rüttelte zu sehr an den Grundfesten des »Wissenschaftlichen Kommunismus«. Wie auch immer, die Frage nach den Leistungen und der Politiktauglichkeit der modernen Kunst war schließlich auch im erzwungenen Exil ein stetiges und virulentes Thema der dreißiger Jahre. Insbesondere die Schriften von Ernst Bloch, Walter Benjamin, Antonio Gramsci, Bedřich Václavek, Bertolt Brecht, die Volksfrontzeitschriften in Frankreich, die künstlerischen Äußerungen der spanischen Republik und die junge Kunst in Mexico bezeugen die tiefgreifende Debatte über den kulturellen Sinn der modernen Bewegung. Hier können unmöglich der Verlauf und die verschiedenen Ergebnisse der Kunstdebatten und Selbstkorrekturen einzelner Künstler in der Zeit der Emigration oder des Widerstandes dargelegt werden. Wohl kommt es in der Tendenz der Volksfrontpolitik in allen Genres zur Verstärkung »sprechender« und volkstümlicher Klassizismen, doch wird gerade auch in den dreißiger Jahren insbesondere die Sprengkraft einer subjektiven Poetik immer wieder neu als taugliches Element von Widerstandsästhetiken entdeckt.

Außerdem beweisen gerade die dreißiger Jahre auch die andere Wahrheit, nämlich die weitgehende Untauglichkeit der avantgardistischen Moderne für affirmative Zwecke und reaktionäre Politiken. Obwohl subjektiv große Gruppen der Avantgarde sich den Regimen zu Diensten empfahlen – so die russische Avantgarde gegenüber Stalin, fast alle deutschen Architekten des »Neuen Bauen« im ersten Jahr nach Hitlers »Revolution«, die jungen Architekten Mailands gegenüber Mussolini sowie Le Corbusier gegenüber der Vichy-Regierung –, keines der ästhetischen Angebote konnte langfristig akzeptiert werden. Gerade das nach anfänglichem Erfolg deutlich werdende Scheitern der Rationalisten in Italien war für diese Konsequenz ausgesprochen bezeichnend. Je repressiver sich ein System offenbart, umso mehr muß ihm an Unmißverständlichkeit der Sprache und Breitenwirkung gelegen sein. Eine Architektur als unkonventionelles Zeichensystem, die Behauptung einer nichtbanalen, den Zweck transzendierenden Schönheit als autonomes Schönsein wie bei Terragni, bietet vergleichsweise geringe Chancen für eine massenkulturelle Entfaltung, von der progressiv oder regressiv revolutionäre politische Bewegungen abhängig sind. Die Freiheit der architektonischen Erfindung war in den Entwürfen der Italiener so absolut gesetzt, daß die evidente Individualität den gewünschten Einbindungseffekt in eine politische Bewegung zumindest partiell sabotierte. Der ästhetisch vorgetragene Ausbruch aus der Konvention bereits gespeicherter Bilder lädt nicht eben zum Konformismus ein. Andererseits sprachen die modernen Formen wiederum auch von einem allgemeinen systematischen Konzept der Gleichheit aller Individuen, einer auf anthropologische Konstanten reduzierten industriellen Weltkultur, die in dieser universellen Konsequenz bislang lediglich vom Kommunismus gefordert worden war. Es ist daher kein Zufall, wenn der konservative Le Corbusier mit seiner Ästhetik in Frankreich am Vorwurf scheitern sollte, die Wohnmaschine wie die »Strahlende Stadt« seien in Wahrheit trojanische Pferde des Bolschewismus.[37] So machen gerade

37 Vgl. zu diesem ausgesprochen dissonanten Problemfeld Hartmut Frank (Hrsg.), *Faschistische Architekturen. Planen und Bauen in Europa 1930 bis 1945*, Hamburg 1985.

Schulwettbewerb für die Friedenstraße in Berlin-Friedrichshain. Der symmetrische Aufbau hat sich durchgesetzt

Mart Stam, Modellfoto des Kulturpalastprojektes für Böhlen

Ausführungsentwurf für den Kulturpalast Böhlen von Fugmann.
Das bei Stam kritisierte Stelzenprinzip ist durch Sockelbildung überwunden, die aufgelöste Glasfassade wurde »befestigt« und der spannungsvolle Volumenkontrast der quergelagerten Eingangsscheibe zum vertikal aufragenden Bühnenhaus eliminiert

das französische und das italienische Beispiel deutlich, daß der avantgardistischen Moderne bei ihren diversen politischen Verortungsversuchen gerade ihre paradoxe Doppelgesichtigkeit – Autonomie der individuellen ästhetischen Operation bei universalistischem Gestaltungsanspruch – zum eigentlichen Verhängnis geworden war. Was ihr damit fehlte, war die Grundbedingung politisch-symbolischer Finalisierbarkeit für Massenbewegungen, nämlich Eindeutigkeit im ethnischen, nationalen, sozialen und regionalen Bezug. (Sie entfaltet durch radikale Pluralisierung erst unter Bedingungen des Liberalismus ihr mögliches systemstabilisierendes, auch repressives Potential, indem sie unter Umständen dazu beiträgt, ein Archipel von perfekten Einsamkeiten zu konstituieren.)

Ich kann die wichtigen Einsichten in die populäre Determiniertheit der Kultur wie die Erfahrungen mit neuen künstlerischen Methoden des Exils, die zwischen Amerika und Mexico gewissermaßen ein ästhetisches Testgelände für neue gesellschaftliche Semantiken war, hier nur andeutungsweise aufrufen. Gerade unter den Emigranten waren die unterschiedlichsten Korrekturen an den persönlichen künstlerischen Kon- zeptionen notwendig und möglich geworden, die insgesamt Übergänge zum Realismus auszuloten suchten (Magischer Realismus, Surrealismus, Epischer Realismus, Folklore, Neoklassizismus etc.).

Remigranten und Nachkriegsgesellschaft

Alle diese in den dreißiger Jahren entwickelten Möglichkeiten waren in der frühen DDR bekannt und durch ein wahrhaft breites kulturelles Angebot der Remigranten und im Land gebliebene Künstler und Wissenschafter vertreten. Man bedenke, nie war in einem Land, außer Amerika und Israel, soviel unterschiedlich sozialisiertes kulturelles Potential versammelt wie in der eben gegründeten DDR mit den Rückkehrern aus Palästina, China, Mexico, USA, Chile oder der Sowjetunion. Sie waren alle da und – siehe Mart Stam – an den Debatten um die kulturelle Strategie des Landes seriös beteiligt. Mehr noch, selbst die aus politischen Gründen verhinderten Remigranten wie Hannes Meyer und John Heartfield waren angeschlossen und inmitten ihrer Freundes- und Kollegenkreise jederzeit perfekt informiert. Sorgfältig und behutsam bereiteten sie sich in Italien, in Frankreich, in der Schweiz, in Großbritannien ebenso wie Bertold Brecht im Lande selbst auf einen eigenen Auftritt in einem als offen betrachteten langfristigen Prozeß der Etablierung neuer Ästhetiken vor.[38] Wenn sich im »Formalismusdiskurs« allerdings zielstrebig eine dominante Strategie unter allen möglichen herausschälte, so liegt das nur zum Teil an dem Kommando aus Moskau. Dieses diente lediglich der Beschleunigung und Legitimation in letzter Instanz. Im übertragenen Sinne kann man vielleicht sagen, daß jedes Volk genau die Kunst erhält, die es verdient. Was hier zunächst mit dem »sozialistischen Realismus« durchgesetzt werden konnte, war nur eben so viel wie es Akzeptanz fand. Im ganzen kam es zu einem erfolgreichen Rückgriff auf allzu gut Bewährtes, nämlich die Tradition der deutschen Inhaltsästhetik und eines engen, nahezu naturalistischen Realismus.

»Unsere« Stalinallee – Die Wiederkehr des Gesamtkunstwerkes

Um diese Behauptung näher zu erörtern, muß ich einen – zugegeben sträflich knappen Rekurs – auf eine eminent wichtige Debatte der achtziger Jahre nehmen. Ich beziehe mich im folgenden auf das Austellungsprojekt und den dazugehörigen Katalog »Der Hang zum Gesamtkunstwerk. Europäische Utopien seit 1800« aus dem Jahre 1983. Ohne die ausführlichen systematischen wie zeitkritischen Untersuchungen dieser ästhetischen Tradition durch Karla Fohrbeck, Bazon Brock und Odo Marquardt hier in aller notwendigen Präzision referieren zu können, möchte ich doch

38 Zahlreiche Briefe zum Beispiel im Nachlaß von Hannes Meyer zeugen von den weit verbreiteten Kommunikationsnetzen und dem hohen Grad der Informiertheit über die internen Debatten der DDR.

Wohin mit dem Tanzpalast? Blick in die Modellwerkstatt des Ministeriums für Aufbau 1954

»Unsere Stalinallee«.
Titelblatt einer zeitgenössischen Broschüre

immerhin als Denkangebot die Brücke von der »Stalinallee« hin zu ihren pointierten Dekonstruktionen eines bedeutenden europäischen Mythos der Moderne schlagen. Nach meiner Auffassung bedeutete die zentrale ästhetische Entscheidung der fünfziger Jahre in der DDR – nämlich das Wiederaufleben jener in dem erwähnten Projekt untersuchten »europäischen Obsession« – den Versuch, die Semantik einer Gesellschaft als ideale Einheit von Körper, Seele und Geist zu gestalten. Die Ästhetik der »Nationalen Traditionen« konstruierte und lancierte »Pathosformeln und Energiesymbole zur Einheit von Denken, Wollen und Können« (Odo Marquardt). Gerade auch die »Stalinallee« gibt semantisch »ein Bild vom Ganzen, die ... Verkörperung des Ganzen und die allgemeine Unterwerfung unter das Ganze« (Bazon Brock), die sich mit dem utopischen Hang zum Gesamtkunstwerk notwendig verbindet. Im Gegensatz zum Totalitarismus ist diese Wohnstraße weniger auf das rituelle Einüben der Unterordnung gerichtet (»Wollt ihr das Ganze?«). Sie ist keine »Ästhetik des Bürgerkriegs«, sondern eine eher elegische, bildnerische Argumentation zugunsten einer menschheitsübergreifenden Ethik und im Interesse der Normalisierung des weiten, des universellen Blicks auf das Ganze. Zur »Stalinallee« fügen sich in der Art des Sprechens die Deutschlandgedichte Bechers wie das herbe Idiom Brechts aus der »Kinderhymne«: »... daß ein gutes Deutschland blühe/wie so manches andre Land ... /Daß die Völker nicht erbleichen/wie vor einer Räuberin/sondern ihre Hände reichen/uns wie andern Völkern hin ...« In Kategorien von Bazon Brock betrachtet, wäre diese Architektur nicht totalitär, sondern eher als »Totalkunst« zu bezeichnen. Wie wir in der »Formalismusdebatte« anhand der Apotheose der Nationalsprache verfolgen konnten, repräsentiert sie als gebautes Gesamtkunstwerk erfolgreich die systematische Entdifferenzierung und Enthistorisierung aller gesellschaftlichen Parallelaktivitäten. In diesem Zusammenhang sei daran erinnert, daß dieses Stück Straße tatsächlich als Vision eines integrierten gesellschaftlichen Gesamtplanes verstanden worden ist: »Vertausendfachen Sie das Bild, vertausendfachen Sie die großzügige Aus-

Richard Paulick (1950 zurück aus China) und Karola Bloch (1949 zurück aus den USA),1955 bei einem Fest des Bundes der Architekten

»Hinterm Bauzaun«, Sommerfest der Berliner Architekten 1954

stattung der Straße, den technischen Komfort der Häuser, die schönen Ladengeschäfte, Sozialeinrichtungen und Gaststätten, und Sie gewinnen eine ungefähre Vorstellung von dem beglückenden Leben in den sozialistischen Wohnvierteln der Zukunft.«[39]

Den an dieser Stelle eigentlich angebrachten Hinweis mit dem erhobenen Zeigefinger auf die evidenten historischen Wiederholungszwänge, etwa die darstellende Kunst des neuen Regierungsviertels und die Ordnungsillusion bei Hans Kollhoffs Alexanderplatz, möchte ich mir für dieses Mal gern sparen. Ich komme vielmehr zur »conclusio« meiner Darlegungen, nämlich der am Anfang aufgeworfenen Frage nach dem kolonialen Status der »Karl-Marx-Allee«. In Verlauf meiner Ausführungen dürfte deutlich geworden sein, wie abhängig und alternativlos die hier exemplifizierte Gestaltung von der Theoriebildung in der Sowjetunion war. Das Kommando »Alle Kraft zurück« ins 19. Jahrhundert kam wohlweislich aus Moskau und wurde verbindlich für das gesamte Gedankengebäude in Wissenschaft, Kunst und Gesellschaft, von der Linguistik über die Biologie bis zur Architektur, durchgesetzt. Es wäre aber schlechterdings nur halb so erfolgreich gewesen, hätte es in Deutschland nicht einen gewissen Resonanzboden gegeben. Die mit dem Diskurswechsel verbundene Abkehr vom analytisch-strukturellen Denken hin zu einem quasi-religiösen Mythos vom »neuen, ganzen Menschen«, der das Schicksal gegen die drohenden Mächte der Finsternis bezwingt, entsprach tief verinnerlichter deutscher Romantik. Zurück zum späten Goethe und Schelling, das hieß unter anderem die Wiederbelebung der in der »Kunstperiode« entwickelten Technik, eine ideale, wahre Welt vor der Wirklichkeit zu gestalten. Die bewußte Entscheidung für die mimetische Funktion auch der Architektur, nämlich ein Drittes neben der Wirklichkeit und der Wahrheit in Würdeformeln der nationalen Geschichte anschaulich zu elaborieren, entspricht diesem in allen Sphären der Gesellschaft spürbaren »Hang zum Gesamtkunstwerk«. Um ein absolut symmetrisches, »gesundes« Gedankengebäude durchzusetzen, das der simplen Weltvorstellung Stalins & Co. entsprach, war andererseits eine enorme Verdrängungsarbeit zu leisten. Allzuviel Wissen um differente Realitäten mußte begradigt werden, weil es als intellektuell spitzfindig galt. Dies alles wäre nicht möglich gewesen, wenn die Deutschen in Glaube, tragischer Liebe und Hoffnung auf das Gute und Schöne nicht wesentlich geübter gewesen wären als im Gebrauch der kritischen Vernunft. Die manifeste Kehrtwende in der Ästhetik von 1951 traf also auf eine tiefer liegende habituelle Konstitution im Gefüge der deutschen Kultur, auf jenes Spektrum, das sich seit der Romantik immer wieder idealistischen Konstruktionen einer zumeist machtgeschützten Innerlichkeit und gleichzeitigen heroischen Auferstehungslegende angeschlossen hatte. »Und ewig übersteigt der Mensch den Menschen«[40], hieß es in dieser Tradition ebenso häufig, wie von der »Pflicht zur Vernunft« die Rede war. Aber das ist ein eigenes Thema für eine originär philosophische Erörterung. Hier sollte lediglich eine erklärende Spur zu den Hintergründen für ein städtebauliches Projekt gefunden werden. Pointiert gesagt, bedeutete die »Stalinallee« wohl die Heimkehr des im deutschen Idealismus des 19. Jahrhunderts generierten Gesamtkunstwerk-Konzeptes gewissermaßen in russischer Uniform. Doch unter dem langen Schatten Stalins, der über die Oberfläche der Fassaden streift, sind es durchweg heimische Rituale, Träume und Energien gewesen, die in die Fundamente dieser Häuser da draußen eingelassen sind. Es trifft zu, dies ist – right or wrong – »unsere« Stalinallee.

39 Herbert Riecke, *Mietskasernen im Kapitalismus – Wohnpaläste im Sozialismus*, Berlin 1954.

40 J. R. Becher, *Der Aufstand* ... (wie Anm. 27), Kapitel 35.

Strukturen und Diskussionen

Wolfgang Ribbe

Die Stalinallee als historisch-politischer Ort (1950 bis 1955)

Die Stalinallee ist während des Kalten Krieges konzipiert und gebaut worden. Es überrascht daher nicht, wenn über sie in Ost und West ganz unterschiedlich geurteilt wurde. Doch dreieinhalb Jahrzehnte später mauserte sich die in Karl-Marx-Allee umbenannte Magistrale des Berliner Ostens zum unumstrittenen Musterobjekt. Noch in der Endphase der DDR zum Baudenkmal erhoben (und nach der Wende in dieser Eigenschaft bestätigt), sieht sie heute ihrer umfassenden Renovierung und Sanierung entgegen, um als eines der bedeutendsten Wohnungsneubauensembles im Nachkriegseuropa erhalten und präsentiert zu werden. Wie ist das zu erklären, zu verstehen? Kann man sich heute, nachdem frühere ideologische Divergenzen in den Hintergrund treten, auf das rein Fachliche beschränken, auf die positiven Resultate des doch ideologisch bedingten Bauens einigen und damit die Geschichte auslöschen? Wohl kaum, denn wer sich diesem Thema nähert, assoziiert nicht nur einen politisch determinierten Baustil, sondern auch einen einzigartigen, revolutionären Vorgang, nämlich dieEreignisse um den 17. Juni 1953 in der DDR, die verkürzt als »Aufstand der Arbeiter in der Stalinallee« dargestellt wurden. Die Stalinallee bleibt mit diesem historisch-politischen Ereignis auch künftig eng verbunden.

Beides, das neue, sozialistische Bauen und der Aufstand vom 17. Juni 1953, war eine Folge der strikten Sowjetisierung der SBZ/DDR in allen Lebens-, Arbeits- und Wirkungsbereichen. Mit dieser Sowjetisierung ist zugleich die Abkehr von dem zuvor beschworenen »besonderen deutschen Weg zum Sozialismus« vollzogen worden, denn zunächst sollte jedes Land in der sowjetischen Einflußsphäre unter Beachtung seiner nationalen Bedingungen und seiner speziellen historischen Situation den ihm eigenen Sozialismus aufbauen. Grundlage dieser Überlegungen war allerdings weniger die durchaus richtige Erkenntnis, daß sich die sowjetischen Verhältnisse nicht einfach auf andere Nationen übertragen ließen, sondern ein taktisches Konzept, mit dem der Widerstand von national eingestellten Kräften gegen den Sozialismus sowjetischer Prägung gebrochen werden sollte.

Die nun einsetzende Gratwanderung der Politik in der DDR zeigte sich zuerst und besonders deutlich am neuen Bauen, insbesondere an der Umgestaltung des Berliner Stadtzentrums unter sowjetischem Einfluß. Auch der Grundsatz, »nationale« Merkmale beim sozialistischen Bauen zu berücksichtigen, änderte nichts am Prinzip der Sowjetisierung. Die Gontard-Zitate Henselmanns bei der Bekrönung der beiden Kuppelbauten am Frankfurter Tor oder die Schlüterfiguren vor der Deutschen Sporthalle waren lediglich Konzessionen in der Formalismusdebatte, die sich gegen das funktionale Bauen und damit auch gegen das deutsche Bauhaus wandte.[1] Grundlegend für dieses neue Bauen blieb der sowjetische Formalismus-Vorbehalt, der die Anknüpfung an die westliche Mo-

1 Vgl. dazu den Beitrag von Simone Hain in diesem Band, S. 75–81.

derne unterband und so die sowjetische Kunstauffassung auf Ostdeutschland übertrug. Das Ergebnis war die Sowjetisierung der Kunst in allen ihren Bereichen, also auch und vor allem in der Architektur. Wie stark sich hier bereits die Sowjetisierung der DDR durchsetzte, wird nicht zuletzt deutlich an der Fassadengestaltung der ersten sozialistischen Magistrale in Deutschland und vor allem auch an der Namengebung. Auf Veranlassung des Politbüros der SED erfolgte am 21. Dezember (Stalins Geburtstag) 1949 die Umbenennung der Großen Frankfurter Straße und eines Teils der Frankfurter Allee in »Stalinallee«[2].

Die sozialistische Magistrale als politisches Leitbild des neuen Bauens

Mit der Gestaltung der Stalinallee sollten die 1950 in den »16 Grundsätzen des Städtebaues« formulierten sozialistischen Prinzipien für die Berliner Bevölkerung unmittelbar erlebbar werden. Die politische Propaganda, mit der das Projekt der Bevölkerung und der staunenden Welt schmackhaft gemacht wurde, erschien in diesem Fall von der Realität nicht so weit entfernt: Großzügig geschnittene Wohnungen, teilweise mit Dach- und Grün-Terrassen, über Einkaufszonen im Erdgeschoß, verbunden mit Weiträumigkeit im Straßenraum, mit Baumalleen und Rasenflächen, mit Hochhausbebauungen am Strausberger Platz und Frankfurter Tor, fanden großen Anklang – ungeachtet der seit jeher die Gemüter erhitzenden Kritik an der im Fach- und Volksmund kurz »Zuckerbäckerstil« genannten Klassizismus-Interpretation sowjetischer Prägung. Voraussetzung für diese Großzügigkeit in der konsequenten Durchsetzung waren aber nicht nur die mit dem Aufbaugesetz ermöglichte Inanspruchnahme der Baugrundstücke und ihre teilweise Überführung in »Volkseigentum«, wie man die Enteignung und den Abriß der Reste der ursprünglichen Bebauung verniedlichend umschrieben hat. Es war vermutlich auch die heute unvorstellbare und schwer nachvollziehbare Motivation der Bevölkerung zur Mitwirkung an diesem Aufbauwerk und an der mit »normalen« Mitteln schier unlösbaren Trümmerbeseitigung, die auch in der Folgezeit eine trotz aller Schäden und Mängel bis heute anhaltende Akzeptanz des Bauensembles bei den Ost-Berlinern zu begründen scheint. Dies sollte aber nicht darüber hinwegtäuschen, daß es sich bei dem Projekt »Stalinallee« von Anfang an und in jeder Hinsicht um ein hochrangiges Politikum gehandelt hat. Mit der Stalinallee sollten die sowjetischen Prinzipien des modernen Bauens als richtungweisend für den Aufbau eines sozialistischen Deutschland propagiert werden.

Eine Regierungsdelegation der DDR bereiste im April und Mai 1950 die Sowjetunion. Als Ergebnis dieser Studienfahrt legte der Delegationsleiter, Aufbauminister Lothar Bolz, 16 Grundsätze des Städtebaues vor, die der Ministerrat der DDR am 27. Juli 1950 als verbindlich für den Wieder- bzw. Neuaufbau in der DDR beschloß.[3] Sie lagen auch dem »Aufbaugesetz« zugrunde, das die Provisorische Volkskammer am 6. September 1950 beschloß. Der Paragraph 12 dieses Gesetzes faßte das »Institut für Städtebau und Hochbau« beim Ministerium für Aufbau und das »Institut für Bau-

2 Die Umbenennung erfolgte recht kurzfristig und beruht auf einem Beschluß des Politbüros des ZK der SED vom 16. 12. 1949; vgl. Stiftung Archiv der Parteien und Massenorganisationen der DDR [künftig zitiert: SAPMO] im Bundesarchiv Berlin, IV 2/2/61, Bl. 4.

3 *Gesetzblatt der DDR* (1950), Nr. 104, S. 965-967. Auf unserer Tagung hat Kurt W. Leucht, einer der Architekten der Stalinallee, hochrangiger Mitarbeiter im Aufbau-Ministerium und Mitglied der Regierungsdelegation, die im Frühjahr 1950 die Sowjetunion bereiste, die Autorenschaft der »16 Grundsätze des Städtebaues« weitgehend für sich reklamiert. Die Aktenlage zeigt ein anderes Bild. Vgl. dazu den Beitrag von Simone Hain in diesem Band, S. 75ff. (mit Anm. 2). Das Institut für Regionalentwicklung und Strukturplanung hat kürzlich eine Dokumentation zu den Vorgängen herausgegeben: *Reise nach Moskau. Quellenedition zur neueren Planungsgeschichte* (= REGIO doc. Dokumentenreihe des IRS, Nr. 1), Berlin 1995, die einen umfassenden Überblick bietet. Mein Beitrag ist vor Erscheinen dieser Quellenedition erarbeitet worden. Alle Nachweise beziehen sich daher auf die archivischen Fundstellen.

Aus einer Propagandaschrift, 1954

wesen« bei der Deutschen Akademie der Wissenschaften zur »Deutschen Bauakademie« zusammen und unterstellte sie dem Minister für Aufbau. Sie – und nicht das Ministerium – wurde federführend zuständig für den Aufbau der Stalinallee.

Der Paragraph 3 des Aufbaugesetzes schuf für Berlin, das auch für die DDR-Regierung jener Zeit die deutsche Hauptstadt sein sollte, eine Ausnahmeregelung:

»(1) Der Aufbau Berlins als Hauptstadt Deutschlands ist Aufgabe der DDR. Er erfordert die Anteilnahme der Bevölkerung ganz Deutschlands, insbesondere aller Bauschaffenden.

(2) Das Ministerium für Aufbau wird beauftragt, gemeinsam mit dem Magistrat von Groß-Berlin den Aufbau Berlins zu planen und zu lenken.«

Die 16 Grundsätze des Bauens, die Lothar Bolz und seine Delegation aus Moskau mitgebracht hatten, waren zweifellos ein erster Schritt in Richtung Sowjetisierung auf dem Bausektor, auch wenn der Nationaldemokrat Bolz dies ganz anders sah, wie seinem Reisebericht zu entnehmen ist: »Diese Grundsätze laufen nicht etwa auf einen einfachen Abklatsch der sowjetischen Grundsätze hinaus. Im Gegenteil, wir wurden gerade in Moskau von allen verantwortlichen Stellen immer wieder auf die Notwendigkeit hingewiesen, für unsere demokratische Wirklichkeit die nationalen Formen zu finden, und das einzige Mal, als unsere sowjetischen Gastgeber die Berliner Stadtplanung ganz scharf und ohne jede höfliche Verbrämung kritisierten, handelte es sich um den Vorwurf, daß die großen Traditionen des deutschen Städtebaues

Titelseite einer Propagandaschrift, 1954

und der deutschen Architektur offenbar in Moskau mehr geschätzt würden als in Deutschland, da die Berliner Stadtplanung jeden nationalen Charakter vermissen lasse.«[4] Zugleich wurde aber dem »Formalismus«, dem »Konstruktivismus« und dem »Kosmopolitismus« der entschiedene Kampf angesagt.[5]

Es sei noch auf ein anderes »Politikum« hingewiesen, das auch noch nach der Wiedervereinigung Berlins bei der aktuellen Hauptstadtplanung eine entscheidende Rolle spielen sollte. Der 13. aus Moskau importierte Grundsatz des Neuen Bauens lautete: »Die vielgeschossige Bauweise ist wirtschaftlicher als die ein- oder zweigeschossige. Sie entspricht auch dem Charakter der Großstadt.« Dazu bemerkte Lothar Bolz in seinem Reisebericht: »Als wir in Moskau die im Bau befindlichen Hochhäuser besichtigten, sagte eines der Delegationsmitglieder zu dem stellvertretenden Minister für Städtebau der UdSSR: ›Ja, solche Bauten drücken zweifellos die Idee der Hauptstadt

4 Lothar Bolz, *Bericht über die Reise einer Delegation des Ministeriums für Aufbau zum Studium des Städtebaues in der Sowjetunion,* 23. Juni 1950, S. 5, in: Bundesarchiv Berlin [künftig zitiert: BAB], H 1, Nr. 44 482.

5 L. Bolz, *Bericht* ... (wie Anm. 4), S. 7. Vgl. dazu auch die Beiträge von Helmut Engel und Simone Hain in diesem Band.

Aus einer Propagandaschrift, 1952

Ausweiskarte eines freiwilligen Aufbauhelfers
für das Nationale Aufbauprogramm in der Stalinallee,
September 1952

aus. Aber wir sind heute nicht in der Lage, so etwas zu bauen. Sollen wir deshalb auf das Bauen verzichten?‹ Die Antwort des sowjetischen Ministers lautete: ›Ihre Bevölkerung braucht Wohnungen, also müssen Sie bauen; Sie müssen bauen, auch wenn Sie nur einstöckige Häuser bauen können; die bauen Sie aber draußen! Und wenn Sie dreistöckige Häuser werden bauen können, dann bauen Sie dreistöckige, aber nicht an der Stalinallee!‹.«[6] Hier also wurden erstmals die Weichen gestellt in Richtung monumentalen Bauens im großen Stil.

Die neuen Grundsätze des Bauens sollten in einem Prestigeprojekt demonstriert werden. Die SED entschloß sich »Für den Aufbau Berlins!« So war jedenfalls ein »Vorschlag des Zentralkomitees der Sozialistischen Einheitspartei Deutschlands« überschrieben, der Ende November 1951 im »Neuen Deutschland« erschien.[7] Das ZK ließ über das Politbüro verlautbaren: »Wir schlagen vor, die durch Kriegseinwirkungen zerstörte Hauptstadt Deutschlands innerhalb weniger Jahre neu aufzubauen, und zwar schöner und großzügiger als sie bestand.«[8] Der Aufruf war an alle Deutschen gerichtet, aber fein säuberlich getrennt an die »Bürger Berlins ... der Deutschen Demokratischen Republik ... [und] Westdeutschlands«.[9] Er entbehrte auch nicht eines zeitbedingten nationalen Pathos, wenn es dort hieß: »Andere Völker haben, unter ähnlichen Umständen, die Kraft zu einer solchen Initiative gefunden. Die Geschichte zeigt, daß auch das deutsche Volk imstande ist, große Leistungen im Namen der Nation zu vollbringen.«[10] Mit einem fast grenzenlosen Optimismus sollte das angestrebte politische Ziel erreicht werden: »Schon im Jahre 1952 werden in Berlin ganze Stadtteile von Wohn- und Hochhäusern aus dem Boden wachsen, die den Menschen zeigen, wie die Hauptstadt des einheitlichen, demokratischen Deutschlands nach Beendigung ihres Wiederaufbaues aussehen wird ... Schon im Jahre 1952 werden viele Tausende von Familien, die das noch gestern nicht erhoffen konnten, in geräumige moderne Wohnungen einziehen.«[11]

Die SED initiierte ein »Nationales Aufbauprogramm Berlin«, dessen erster Abschnitt 1952 zu realisieren war, und zwar mit den folgenden Zielen:[12]

»a) Mit Schwerpunkt Stalinallee wird ein Stadtteil von Wohnhäusern und Hochhäusern gebaut, der für die Architektur und Stadtplanung der neu entstehenden deutschen Hauptstadt vorbildlich ist.

b) Mit Schwerpunkt Stalinallee, aber auch an anderen Stellen des demokratischen Sektors [gemeint ist: Ost-Berlin] wird eine umfassende Enttrümmerungsaktion in Gang gesetzt, welche für den Aufbau des neuen Stadtteils die Rohstoffe (Schrott, Träger und Steine) liefert.

c) Alle vom demokratischen [= Ost-Berliner] Magistrat von Berlin und der Regierung der Deutschen Demokratischen Republik für das Jahr 1952

6 L. Bolz, *Bericht* ... (wie Anm. 4), S. 30.
7 *Neues Deutschland,* Ausgabe B, Nr. 274, vom 25. 11. 1951, S. 1.
8 *Ebda.*
9 *Ebda.*
10 *Ebda.*
11 *Ebda.*
12 Die folgenden Zitate sind der Beschlußvorlage entnommen, die sich im Nachlaß Walter Ulbrichts befindet: SAPMO, Ny 4182/1031, Bl. 1–17, bes. Bl. 8–16. Der Aufruf ist auch im »Neuen Deutschland« abgedruckt worden.

beschlossenen Bauvorhaben in Berlin werden unvermindert durchgeführt und dem ›Nationalen Aufbauprogramm‹ eingegliedert.«
Angesichts der noch immer desolaten Wirtschaftslage konnte das Vorhaben aber nicht aus dem laufenden Etat finanziert werden. Dazu bedurfte es außerordentlicher Anstrengungen, einer »nationalen Initiative«. Das Politbüro beschloß eine Lotterie zu veranstalten:[13]
»Die Bürger des demokratischen Sektors von Berlin und der Deutschen Demokratischen Republik zeichnen, sofern sie es wünschen, 3% ihres Monatseinkommens (bei Selbständigen 3% des Einkommens laut Steuernachweis) für die Dauer eines Jahres (1. 1. bis 31. 12. 1952). Sie erhalten die gesamte eingezahlte Summe plus 3% Zinsen in drei Jahresraten am 1. 7. 1956, 1. 7. 1957 und 1. 7. 1958 zurück. Außerdem berechtigt die monatliche Einzahlung von 3% des Monatseinkommens – ohne Rücksicht auf die Höhe des eingezahlten Betrages – zum Empfang eines Loses. Das Los ist namentlich und nicht übertragbar. Am 31. 12. 1952 kommen als Gewinne zur Auslosung: 1000 2- bis 3-Zimmerwohnungen in Berlin sowie Geldprämien nach einem aufzustellenden Schlüssel. Anstelle einer ausgelosten Wohnung kann eine Geldprämie in Empfang genommen werden. Die Gewinner der 1000 Wohnungen erhalten, in der Annahme, daß sie Geld für die Einrichtung der Wohnung brauchen, den gesamten eingezahlten Betrag am 2. 1. 1953 zurück.«
Auch die benötigten Rohstoffe und Baumaterialien waren außerplanmäßig bereitzustellen, teils aus einer in Ost-Berlin durchgeführten Enttrümmerungsaktion, teils durch Neugewinnung, an der sich alle Werktätigen der DDR zu beteiligen hatten.
Die Bevölkerung Ost-Berlins war aufgerufen, sich an der Enttrümmerungsaktion zu beteiligen, die – ebenso wie die geforderten freiwilligen Arbeitsleistungen am Bau – in Halbschichten zu je drei Stunden erfolgen sollten:[14] »Dadurch wird auch den Berufstätigen Gelegenheit zur Teilnahme gegeben. Wer 100 Halbschichten aufweist, erhält ein Los. Das Los ist namentlich und nicht übertragbar. Zur Auslosung an die Bau- und Trümmeraktivisten gelangen am 31. 12. 1952 weitere

»An der Seite seiner Mitarbeiter beteiligt sich Oberbürgermeister Friedrich Ebert an der Enttrümmerung«, 1952

Relief an einer Hauswand in der Stalinallee zur Erinnerung an die Enttrümmerungsarbeiten, Aufnahme Februar 1954

13 SAPMO, Ny 4182/1031, Bl. 11.
14 SAPMO, Ny 4182/1031, Bl. 12f.

tausend 2- bis 3-Zimmerwohnungen in Berlin sowie Geldprämien nach einem aufzustellenden Schlüssel. Anstelle einer ausgelosten Wohnung kann auch eine Geldprämie in Anspruch genommen werden. Niemand kann zwei Wohnungen gewinnen.«[15]

Das Vorhaben wurde auch propagandistisch unterstützt: »Die großen neuen Bauvorhaben und die Enttrümmerungsprojekte werden mit Radio-Lautsprecheranlagen und Scheinwerfern ausgerüstet. Die Rundfunksender werden ersucht, Spezial-Musik-Programme für die Bau- und Enttrümmerungsarbeiter zu senden. Die Theater, Kinos usw. werden ersucht, Sondervorführungen für die Bau- und Enttrümmerungsarbeiter zu veranstalten. Die Autoren, Komponisten usw. werden ersucht, das Leben auf den Baustellen zu studieren und zum Gegenstand ihrer Schöpfungen zu machen.«[16] Mit Erfolg, wie sich zeigte, denn schon bald entwickelte sich ein solches Auftragslied zum beliebten Schlager, der die Frage stellte:

»Was ist bloß an der Weberwiese los?
Da wächst das Haus so riesengroß ...«[17]

Dem Aufbauprogramm war Vorbildcharakter zugedacht. Es sollte in einer ständigen Bauausstellung dokumentiert werden und es zeigte:

»a) Die geschichtliche Entwicklung des Bauwesens und der Architektur

b) Den jeweiligen Stand in der Entwicklung des Bauwesens und der Architektur in Deutschland (gezeigt am Beispiel des Neuaufbaues der Stadt Berlin im Jahre 1952).

Diese Ausstellung – mit ihrer Darstellung des neuen Menschen, der neuen Arbeitsmethoden, der neuen Baustoffe, der neuartigen Verwendung der Baustoffe, der neuen Maschinen usw. – wird zum Hebel für die Entfaltung einer systematischen und rationellen östlichen Bautätigkeit in den Städten und Gemeinden der Deutschen Demokratischen Republik ...«.

Alle Westdeutschen und West-Berliner, insbesondere auch die Architekten, wurden aufgefordert,

Aus einer Propagandaschrift: »Ich verpflichte mich, mit drei Prozent meines Gehaltes an der Aufbaulotterie teilzunehmen«

Künstler des Deutschen Theaters auf einer Baustelle in der Stalinallee

15 SAPMO, Ny 4182/1031, Bl. 14.
16 SAPMO, Ny 4182/1031, Bl. 13.
17 Freundlicher Hinweis von Ingo Materna.

an dem Aufbauprogramm mitzuwirken, das von einem »Nationalen Komitee« geleitet werden sollte, dem ausgewählte Persönlichkeiten aus ganz Deutschland angehörten.[18]
Am 29. November 1951 veröffentlichten Kurt Liebknecht und Edmund Collein als Präsident bzw. Vizepräsident für die Deutsche Bauakademie einen Aufruf zum Neuaufbau Berlins im »Neuen Deutschland«, der unter der Schlagzeile »Formalismus in der Baukunst endgültig überwinden«[19] die Richtung wies: »Der erste Bauabschnitt der Stalinallee muß deutlich zum Ausdruck bringen, daß wir den Formalismus in der Architektur endgültig überwunden haben und daß wir nur bei Aneignung der wertvollen Bautraditionen Berlins, die mit den Namen Schlüter, Knobelsdorff, Langhans, Schinkel, Hitzig, Messel verknüpft sind, eine Architektur schaffen können, die der Eigenart der Hauptstadt Deutschlands entspricht, von der Berliner Bevölkerung verstanden und geliebt wird und die ein Ausdruck unserer Gesellschaftsordnung ist.«[20]

Die Stalinallee als »erste große baukünstlerische Aufgabe für den Neubau Berlins«

Von politischer Relevanz waren auch die reale Planung und der Aufbau der Stalinallee, die ein führender Architekt und Mitarbeiter im Ministerium Bolz im Oktober 1951 vor der »Kammer der Technik« in Dresden beschrieb.[21] Danach hatte der Wettbewerb für die städtebauliche und architektonische Gestaltung der Stalinallee die »erste große baukünstlerische Aufgabe, für den Neubau Berlins an entscheidender Stelle architektonische und städtebauliche Lösungen zu finden, die der Bedeutung der Hauptstadt Deutschlands entsprachen.« Zweifellos war die Stalinallee im Sinne der 16 Grundsätze des Städtebaues und auch des Aufbaugesetzes von besonderer politischer Bedeutung. Sie war dies aber auch noch in anderer Hinsicht, denn die alte Frankfurter Allee und die Große Frankfurter Straße bis zum Alexanderplatz durchmaß eines der großen Berliner Arbeiterwohnviertel, unweit des Hauptquartiers der KPD.

Filmaufnahmen in der Stalinallee, 1953

»Im kapitalistischen Berlin«, so heißt es in dem bereits genannten Vortrag, »wurden die Arbeiterviertel mit den stark überbauten Mietskasernen der Gründerzeit im Osten der Stadt zum städtebaulichen Schandfleck der Hauptstadt Deutschlands. Die große politische Bedeutung des Wettbewerbs liegt in erster Linie darin, eine grundlegende Veränderung dieses Stadtteiles in gesellschaftlicher, wirtschaftlicher und kultureller Hinsicht durch die Neuplanung und den Neuaufbau herbeizuführen ... Die Stalinallee ist durch ihre besondere Lage in den Arbeitervierteln, die den bewußten Teil der Arbeiterklasse stellen, eine der wichtigsten Aufmarschstraßen des östlichen Stadtgebietes für Kundgebungen und Demonstrationen nach dem Zentrum geworden. Ebenso ist der Stalinallee eine bedeutende Position für den traditionellen Aufmarsch zu den Gräbern der großen Sozialisten auf dem Zentralfriedhof in

18 SAPMO, Ny 4182/1031, Bl. 14f.
19 *Neues Deutschland,* Ausgabe B, Nr. 277, vom 29. 11. 1951, S. 3.
20 *Ebda.*
21 Kurt W. Leucht, *Planung und Aufbau der Stalinallee ist ein Wendepunkt beim Aufbau in Berlin.* Vortrag, gehalten am 19.10.1951 in der Kammer der Technik, Dresden; BAB H 1, Nr. 44 483, Bl. 361–370.

Die Frankfurter Allee durchmaß eines der großen Berliner Arbeiterviertel: ein »städtebaulicher Schandfleck der Hauptstadt Deutschlands«?, Aufnahme um 1900

Friedrichsfelde erwachsen. Entsprechend dieser hohen Aufgabe soll die Stalinallee eine repräsentative Gestaltung erfahren, die durch die Breite der Straße, die Höhe der Bebauung und durch die architektonische Komposition und Gestaltung der Baukörper zum Ausdruck kommen soll.«[22]

Zu diesen politischen Vorgaben kamen weitere, die alle Teilnehmer am Wettbewerb zu berücksichtigen hatten: »Die Aufgabe beim Wettbewerb lag darin, eine großzügige städtebauliche Gliederung der Stalinallee und der angrenzenden Wohnkomplexe zu liefern. In der Architektur der Wohnbauten sollten die besten Berliner Bautraditionen kritisch ausgewertet werden. Die neuen realistischen Ausdrucksformen in der Architektur können nur auf der Grundlage des kritischen Aneignens des Kulturerbes, in erster Linie der Kulturtraditionen des eigenen Volkes gefunden werden.« Wie das im einzelnen auszusehen hatte, wird leider nicht gesagt, es bleibt bei einer Definition »ex negativo«: »Die Bewerber an diesem

22 K. Leucht, *Planung* ... (wie Anm. 21), Bl. 363.

Wettbewerb sollten sich in einen bewußten Gegensatz zu den kosmopolitischen Anschauungen, die im Interesse der amerikanischen Weltherrschaftsideen liegen und auch in der Architektur jegliche nationale Eigenart ablehnen, stellen. Wenn die Dokumente des III. Parteitages der SED mit besonderem Nachdruck unterstreichen, daß der Kosmopolitismus die Wurzel des Formalismus ist, so dürfte das kein Zufall sein. Der Kosmopolitismus ist die antinationale Ideologie des chauvinistischen amerikanischen Imperialismus. Die fortschrittlichen Architekten in der DDR stehen heute im unversöhnlichen Kampf gegen den Formalismus, der eben eine Verfallserscheinung des Imperialismus ist. Der heutige Formalismus stellt das denkbar höchste Stadium der Selbstzerstörung der Kunst dar, über das hinaus keine weitere Entwicklung vorstellbar ist. Er ist unfruchtbar und enthält nicht die geringsten Keime einer produktiven Fortentwicklung. Unsere Architekten müssen sich in ihren Werken von dem Realismus unseres Aufbaues, der den wahren Interessen des Volkes dient, leiten lassen.«[23]

Kehren wir zurück zu den konkreten Planungen an der Stalinallee. Einen besonderen Schwerpunkt der städtebaulichen Gestaltung bildete die Einbindung der zu den Weltfestspielen der Jugend errichteten Deutschen Sporthalle. Eine schwierige Aufgabe bestand ferner darin, die im Jahre 1950 erstellten nur fünfgeschossigen Wohnbauten an der Stalinallee in die städtebauliche Gesamtkonzeption zu verflechten. Eine mechanische Aneinanderreihung von Wohnungstypen hätte jeglicher städtebaulicher Konzeption und vor allem des geforderten realistischen architektonischen Ausdrucks entbehrt. Doch keiner der Teilnehmer und damit auch keiner der fünf Preisträger konnte auf Anhieb alle Wünsche der Partei- und Staatsführung erfüllen. Auf Veranlassung des Berliner Oberbürgermeisters Friedrich Ebert haben die fünf Preisträger schließlich einen Kollektiventwurf (den »Kienbaum-Plan«) erarbeitet, der die Stalinallee zwischen Bersarinstraße und Strausberger Platz sowie die angrenzenden Wohngebiete nach den 16 Grundsätzen des Städtebaues gestaltete. Es wurde auch deutlich, daß die Mehrzahl der Architekten und Städteplaner nicht Willens oder in der Lage war, den politischen Anforderungen, die an das Neue Bauen gestellt wurden, nachzukommen. So wurde dann auch aus dem Aufbauministerium geklagt: »Der Anfang für die große baukünstlerische Aufgabe, den Neuaufbau Berlins, ist gemacht worden, wenn auch weit über 50 Prozent der eingereichten Arbeiten formalistische und kosmopolitische Tendenzen aufwiesen. Die klare Parteilichkeit und die Entscheidung zur Seite des wirklichen Fortschritts

Hermann Henselmann (rechts mit Schubkarre)
und Kurt Liebknecht (links)
bei Enttrümmerungsarbeiten, 1953

23 K. Leucht, *Planung* ... (wie Anm. 21), Bl. 364f.

Zum Aufbau der Hauptstadt wird das nur spärlich vorhandene technische Gerät aus der Landwirtschaft abgezogen, 1953

ist von der Mehrzahl der Arbeiter noch nicht getan worden.«[24]
Der Aufbau der Stalinallee war aber nur der Anlaß, einen politischen Wandel bei der Bauplanung überhaupt herbeizuführen. Dies wird in Äußerungen der Verantwortlichen deutlich, die in dieser Hinsicht an Klarheit nichts zu wünschen übriglassen: »Die deutschen Baumeister stehen vor einer Aufgabe, wie sie in dieser Größe noch niemals für eine Architektengeneration bestanden hat. Es handelt sich im buchstäblichen Sinne des Wortes um die architektonische Rekonstruktion Deutschlands. Es handelt sich vor allem um den Aufbau von Deutschlands Hauptstadt, dem politischen, wirtschaftlichen und kulturellen Mittelpunkt des deutschen Volkes.« Eine solche abstrakte Äußerung hätte auch in nationalsozialistischer Zeit fallen können, allerdings wären dann andere Inhalte gemeint gewesen. Dies wird deutlich, wenn es in dem zitierten Text weiter heißt: »Der Verfall der Künste im Zeitalter des Imperialismus und der verschärften allgemeinen Krise des Kapitalismus hat den Charakter der Architektur als einer Kunst unterhöhlt, indem er sie zu einer Frage der reinen Technik erniedrigte. Der Architekt und der Städtebauer müssen in ihrer Arbeit den Ausdruck des politischen Lebens und des nationalen Bewußtseins des Volkes verkörpern.«[25]
Wie total die Abkehr vom bisherigen Bauen, also doch – entgegen aller Beteuerungen – von der Tradition sein sollte, machte Kurt Liebknecht deutlich, als er sich u.a. dagegen wandte, von einem Wiederaufbau zu sprechen: »Das Wort Wiederaufbau würde doch nichts anderes bedeuten, als die Wiedererstehung alles Vernichteten mitsamt den ihm innewohnenden Keimen künftiger Zerstörung, mitsamt dem politischen, sozialen, wirtschaftlichen und kulturellen Fundament und Inhalt, die in Vernichtung und Selbstvernichtung gipfelten. Es ist kein Zufall, daß das Ministerium nicht etwa Ministerium für Wiederaufbau heißt, sondern Ministerium für Aufbau. Das bedeutet, daß wir unserem Wiederaufbau überhaupt nur dann Dauer und also einen Sinn geben können, wenn wir ihn als Aufbau eines Neuen betrachten und betreiben.«[26] Dieses Neue aber ist – wie es das äußere Erscheinungsbild der Stalinallee verdeutlicht, dem sowjetischen Vorbild entlehnt worden, wobei sich die Verantwortlichen nicht immer sicher waren, was sie darunter zu verstehen hatten. Wie es zu Entscheidungen kam, schildert Hermann Henselmann in der ihm eigenen ironisch-sarkastischen Weise: »So konnte sich Genosse [Kurt] Liebknecht bei dem Entwurf Bersarinplatz keine feste Meinung bilden. Er war zunächst der Überzeugung, daß der Entwurf des Genossen Prof. Hopp eine Glanzleistung ist. Nach

24 BAB, H 1, Nr. 44 483, Bl. 370.
25 *Ebda.*
26 Vortrag von Kurt Liebknecht, o. D. [1949/50], in: BAB, H 1, Nr. 44 477, Bl. 2.

dem Beschluß des Politbüros änderte er seine Meinung und nahm sich vor, mit dem Genossen Hopp über seine formalistischen Tendenzen zu sprechen. Daß das auf die Genossen Architekten wenig Eindruck machte, kann man sich vorstellen ... Die Genossen der Akademie, wie Liebknecht, Pressler usw. befinden sich jeweils im Schlepptau der Kritiker ... Wenn z. B. Genosse Ulbricht auf die Notwendigkeit hinweist, eine vertikale Tendenz in der Architektur zu verwirklichen und dabei die Bemerkung macht, die eigentlich nur eine Nebenbemerkung ist, das Fenster müsse dieser Tendenz folgen und vorschlägt, in einem speziellen Falle, statt zwei Quersprossen, die diese vertikale Tendenz aufheben, nur eine zu machen, wird vom Präsidenten verkündet, daß sämtliche Fenster in der DDR nur eine Quersprosse, nämlich den Kämpfer im Fenster, zu haben hätten. Das ist ein Schulbeispiel, wie solche Dinge behandelt werden.«[27]

Die Stalinallee als Propaganda-Objekt

Das Nationale Aufbauprogramm umfaßte mehr Projekte als die Bauten an der Stalinallee, sowohl in Berlin als auch in der DDR. Doch dem Prestigevorhaben galt die ungeteilte Aufmerksamkeit und Zuwendung der Partei.

Der Oberbauleiter Otto Pfeng gab zu Protokoll: »Die Stalinallee und damit auch der Block 40 wurde natürlich etwas bevorzugt behandelt, insbesondere kamen die Altbausteine, Stahlträger usw. aus der Enttrümmerung hierher. Weiterhin bekamen wir neue Steine aus Großräschen über die Normalbahn, und es wurde am Strausberger Platz ein Betonwerk hochgezogen, das Betonhohlblocksteine, die Füllkörper und die Deckenbalken aus Stahlbeton für die Decken herstellte.«[28]

Doch auch der bevorzugten Belieferung des Renommierobjektes waren Grenzen gesetzt, wie den Äußerungen eines Brigadiers zu entnehmen ist: »Da die wirtschaftlichen Verhältnisse sehr schlecht waren – auch versorgungsmäßig –, sahen wir uns nicht in der Lage, auf die gewünschten Forderungen einzugehen. Zumal ich sagen muß, daß vieles aus West-Berlin besorgt werden mußte,

Selbst aus dem schwer kriegszerstörten Magdeburg werden Bauarbeiter abgezogen, um am Berliner Prestigeobjekt der SED mitzuwirken, 1953

zum Beispiel Werkzeuge und Materialien, die wir zum damaligen Kurs von acht zu eins – für acht Ostmark erhielten wir eine Westmark – kaufen mußten. Das uns zur Verfügung gestellte Werkzeug war für die Akkordarbeit kaum brauchbar.«[29]

In der »Öffentlichkeitsarbeit« der Verantwortlichen war davon natürlich nicht die Rede. Den abwerten-

27 SAPMO, Ny 4182/1031, Bl. 71.

28 Gerhard Beier, *Wir wollen freie Menschen sein. Der 17. Juni 1953: Bauleute gingen voran,* Frankfurt am Main–Wien 1993, S. 52.

29 G. Beier, *Wir wollen freie Menschen sein* ... (wie Anm. 28), S. 55.

Besichtigung einer Baustelle auf der Stalinallee, 10. 8. 1952

den Berichten in der westlichen Presse und im Rundfunk begegnete man im Osten der Stadt mit speziellen Aktionen. Mit großem propagandistischen Aufwand sind bereits im Januar 1952 Besichtigungsfahrten zu den bis dahin errichteten Neubauten durchgeführt worden, an denen sowohl die Trägergruppen des Nationalen Aufbauprogrammes als auch West-Berliner Fachleute teilnahmen.[30] So führte das Betriebsaufbau-Komitee der »Verwaltung der Wohnungsbaugenossenschaften« in Berlin-Friedrichshain von Januar bis März 1952 Besichtigungsfahrten für West-Berliner Baufachleute, aber auch für fachfremde Gruppen einschließlich Studenten und Hausfrauen zu dem im Planjahr 1951 fertiggestellten und zu den für 1952 vorgesehenen Bauten in Ost-Berlin durch. Über den Verlauf und das Ergebnis dieser Bemühungen ist Walter Ulbricht jeweils persönlich Bericht erstattet worden.[31] Leitende Funktionäre aus Politik und Gesellschaft, aber auch

30 SAPMO, Ny 4182/1031, Bl. 19-24. Bericht darüber auch in *Tägliche Rundschau*, Nr. 18 (2044), vom 22. 1. 1952.

31 SAPMO, Ny 4182/1031, Bl. 19–49.

Besuchergruppen besichtigen fertiggestellte Wohnhäuser an der Stalinallee, Winter 1952/53

Baufachleute und Architekten sowie die DDR-Presse begleiteten die West-Berliner Gruppen, die bezirksweise – jeweils am Wochenende – in mehreren Autobussen zu den bereits fertiggestellten Wohnungen und zu den Baustellen an der Stalinallee gebracht wurden.[32] »Die Bauvorhaben an der Stalin-Allee wurden bereits im Pavillon an Hand der ausgestellten Zeichnungen und Grundrisse lebhaft diskutiert ... Besonders interessierten sich die Besucher für die Einteilung der Wohnungen, die Lage dieser und der Mietpreis derselben.«[33]
Aber auch die Vergabepraxis ist thematisiert worden. Die im Rahmen dieses Aufbauprogramms fertiggestellten Wohnungen sollten »unter Bevorzugung der Aktivisten (Betriebsaktivisten, Bau- und Trümmeraktivisten usw.) den Werktätigen zur Verfügung gestellt« werden, und zwar unter Kontrolle der Einheitspartei: »Eine eigens zu schaffende Kommission erstattet der Öffentlich-

32 Die Wohnungsbauverwaltung plante diese Fahrten mit den Kreisausschüssen der »Nationalen Front« in den Westsektoren.

33 SAPMO, Ny 4182/1031, Bl. 27ff.

Modell der Stalinallee, aufgestellt in der Deutschen Sporthalle, Aufnahme 12. 2. 1954

keit mit genauen Ziffern darüber Bericht, daß die Wohnungen tatsächlich in die Hände der Werktätigen« gegeben wurden.[34] Auf die richtige »Durchmischung« der Wohnbevölkerung ist dann auch konsequent geachtet worden.

Im Mittelpunkt der Besichtigungsfahrten und damit der Propaganda standen baufachliche und sozio-ökonomische Themenbereiche, so die fortschreitende Technisierung der Bauarbeit (Mechanisierung der Aushebung von Baugruben, Einsatz von speziell entwickelten Geräten), aber auch die Erörterung von Bauschäden, die bagatellisiert wurden. Die bereits sichtbaren Risse seien nicht im Mauerwerk, sondern lediglich am Putz feststellbar, und schmutzige Wasserstreifen an der Fassade seien eine Folge des Versäumnisses, die Fensterbänke mit Wassernasen auszustatten. Auch die Finanzierung der Bauten und der Bauvorhaben spielte eine große Rolle: Handelte es sich bei der Zahlung von drei Prozent des Lohnes für die Aufbaulotterie um eine Zwangsabgabe, oder beruhten alle geleisteten und zu leistenden Aufbauschich-

34 SAPMO, Ny 4182/1031, Bl. 15.

ten auf Freiwilligkeit? Vor allem aber: Waren die Wohnungen für Arbeiter oder doch nur für die Nomenklatura bestimmt, und wie kamen die niedrigen Mieten von DM 0,90 pro Quadratmeter, ohne Rücksicht auf die Baukosten, zustande? Auf die Diskrepanz zwischen Mietpreis und Baukosten angesprochen, erhielten die Besuchergruppen zur Antwort, »daß nicht nur der Baugrund volkseigen [also: enteignet] ist, sondern auch die darauf gebauten Häuser. Bau-Hyänen und Grundstücksspekulanten haben in diesen Wohnblöcken nichts mehr zu suchen. Verwaltet werden diese Häuser von der volkseigenen Wohnungsverwaltung, die sich um das Wohl jedes einzelnen Mieters zu kümmern hat. Das Wort ›Im Vordergrund steht der Mensch‹ wird niemals nur ein Propagandawort bleiben.«[35]

Auch in die offizielle Ästhetik des Bauens sind die Besucher eingeführt worden, erfolgreich wie sich zeigte. Den an Ulbricht gegangenen Berichten zufolge fanden die Teilnehmer dann auch das Laubenganghaus von Ludmilla Herzenstein abscheulich: »... Man könne von der Straße aus jeden Besucher abzählen ... Mieter und Besucher müßten beim Nachbarn an der Küchentür vorbeilaufen, vielleicht sogar an fünf, wenn sie die Wohnung des Letzten im Laubengang erreichen wollten.« Sie fühlten »sich in eine Pariser Vorstadt« versetzt, »wo leider auch nicht Wert auf architektonische Schönheit gelegt worden ist.«[36] Kaum jemand, der sich so äußerte, hatte jemals eine Pariser Vorstadt zu Gesicht bekommen. Man lobte aber den neuen Baustil, der an Schinkel und Knobelsdorff erinnere und fand die Bauten von Richard Paulick schöner als die von Hermann Henselmann, der gerade im »Neuen Deutschland« gerügt worden war.

Gelobt wurden der Schnitt der Wohnung, die Einbaumöbel in Küche und Bad und die geplante Infrastruktur mit Kinderkrippen und Tagesstätten. Verwunderung löste das Fehlen von Trockenböden aus. Die Wäsche hing auf den Balkons, da die Kapazitäten der zentralen Waschküche nicht ausreichten. Doch an dieser Institution hielt man aus ideologischen Gründen fest: »Die werktätige Frau sowie die Hausfrau kann in der Zentralwaschküche dabei sein, wenn moderne Maschinen

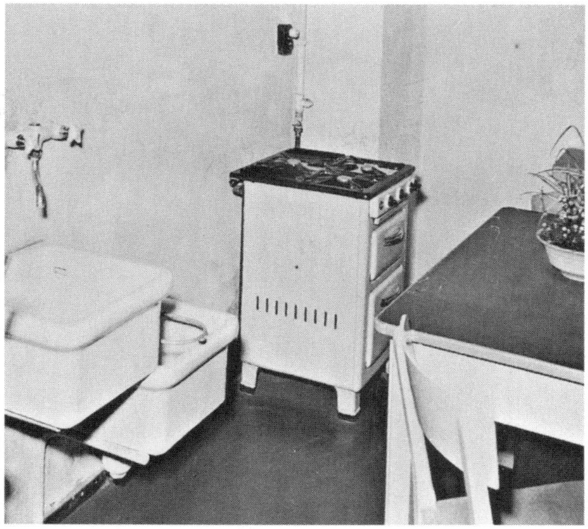

Musterküche in der Stalinallee, 1953

Wohnzimmer einer Arbeiterfamilie in der Stalinallee, 1953

35 SAPMO, Ny 4182/1031, Bl. 42.
36 SAPMO, Ny 4182/1031, Bl. 31.

Schlafzimmer in einer Musterwohnung der Stalinallee, 1953

ihre Wäsche bearbeiten und nach einigen Stunden, ohne daß sie sich körperlich angestrengt hat, ohne Gummischürze und Holzpantinen, mit frischer getrockneter und gerollter Wäsche das Waschhaus wieder verlassen. Sie gewinnt dadurch Zeit, auch einmal an sich selbst zu denken, an ihre gesellschaftlichen und kulturellen Pflichten und Rechte.«[37]

Doch mehr als die propagandistischen Erläuterungen wirkte offensichtlich die Realität auf die Besucher, insbesondere, wenn es den Teilnehmern der Tour gelang, »spontan« eine fertig eingerichtete Wohnung zu besichtigen. Mietern, die ihre Freude über den Bezug einer solchen Wohnung im Bereich der Stalinallee den West-Berlinern vermittelten, indem sie eine Besichtigung ermöglichten, war der Dank des Veranstalters gewiß, wie jener Arbeiterin, die am 3. März 1952 zwei ganze Bus-Ladungen durch ihr neues Domizil führte: »Dieser Frau werden in Anerkennung für ihre Hilfe, die sie geleistet hat, zwei Scheuertücher von der BKW Friedrichshain überreicht werden«.[38] Hier wird u.a. die Diskrepanz deutlich, die zwischen dem hochherrschaftlichen Bauen für Arbeiter und den Realitäten des täglichen Lebens lag.

Der Kreis der Auserwählten kam aber zu dem Ergebnis, West-Berlin müsse ebenfalls ein Aufbauprogramm haben, und seltsamerweise hat man auch dieses Programm bereits dort verortet, wo es später unter ganz anderen Vorzeichen realisiert worden ist:[39] »Ein Westberliner ... brachte das tote Hansa-Viertel in Erinnerung und betonte, daß es wirklich an der Zeit sei, den Bürgermeister vom Bezirk Tiergarten ... vor die Frage zu stellen, wie er über die Planung und den Beginn der Bautätigkeit in seinem Bezirk denkt.«[40]

Die Besichtigung der Großbaustelle mündete jeweils in der Erkenntnis, »wer in so großem Stile Wohnungen baut, der könne nicht für einen Krieg rüsten«[41], eine Argumentation, die sich am 17. Juni 1953 als richtig erweisen sollte: Die umfassende militärische Aufrüstung der DDR hatte ihre finanziellen Möglichkeiten weitgehend unberücksichtigt gelassen und zu einer Wirtschaftskrise geführt.

Sowjetisierung, Mangelwirtschaft, Normenerhöhung und der Neue Kurs in der DDR

Hatte es zunächst noch einen besonderen, deutschen Weg zum Sozialismus geben sollen, so war davon bald keine Rede mehr. Die Weichen für diese Politik hatte die Zweite Parteikonferenz der SED gestellt. Ab Sommer 1952 wurde Kurs genommen auf den beschleunigten Aufbau des Sozialismus.

Bereits ein Jahr später befand sich die DDR in ihrer bedrohlichsten Existenzkrise bis zu ihrem

37 SAPMO, Ny 4182/1031, Bl. 42.
38 SAPMO, Ny 4182/1031, Bl. 46.
39 Vgl. dazu den Beitrag von Harald Bodenschatz in diesem Band.
40 SAPMO, Ny 4182/1031, Bl. 37.
41 SAPMO, Ny 4182/1031, Bl. 45.

Die Kinderkrippe: eine Errungenschaft der sozialistischen Gesellschaft, 1954

Eine Arbeiterfamilie demonstriert hochherrschaftliches Wohnen, 1954

tatsächlichen Ende 1989/90. Die Mangelwirtschaft und politische Drangsalierungen hatten große Teile der Bevölkerung verbittert und die Fluchtbewegung in den Westen bedrohlich anschwellen lassen. Der Tropfen, der das volle Faß zum Überlaufen brachte, war eine beträchtliche Erhöhung der technischen Arbeitsnormen, von der zwar alle Industriezweige betroffen waren, die sich aber – wie sich zeigen sollte – besonders ungünstig auf die Bauarbeiter auswirkte.

Warum aber begannen gerade die Bauarbeiter mit den Protesten und Streiks? Es war ihnen lange Zeit gelungen, die alten Stückpreise und Vorgabezeiten gegen schärfste Presseangriffe der SED und des FDGB, in denen die Einführung technisch begründeter Normen gefordert wurde, zu verteidigen. Auf die tatkräftige Mithilfe der Bauarbeiterschaft ist es wohl auch zurückzuführen, daß private Baufirmen lange Zeit unbehelligt weiterarbeiten durften und sich am längsten von allen Industriezweigen der Verstaatlichung widersetzen konnten.[42]

Der Abschluß von Betriebskollektivverträgen im Jahre 1951, die ebenfalls eine Erhöhung der Arbeitsproduktivität zur Folge haben sollten, bereitete den Partei- und Gewerkschaftsfunktionären gerade im Baugewerbe besondere Schwierigkei-

42 Zu den folgenden Ausführungen vgl. Arnulf Baring, *Der 17. Juni 1953*. Mit einem Vorwort von Richard Löwenthal, 2. Aufl., Stuttgart 1983, S. 25–56.

»Ministerpräsident Otto Grotewohl legt am 3. Februar 1952 mit drei Hammerschlägen den Grundstein für die Stalinallee an der Jugendbaustelle E-Süd: Für Freundschaft mit der Sowjetunion Für den Aufbau der Hauptstadt Deutschlands Für die Einheit Deutschlands in Freiheit und Frieden«

»Die Mitglieder des Politbüros der Sozialistischen Einheitspartei Deutschlands sind mit den Delegierten der II. Parteikonferenz auf die Stalinallee gekommen. Sie freuen sich zusammen mit den Bauarbeiten über die Erfolge in der Stalinallee« (v. l. n. r.: Walter Ulbricht, Wilhelm Pieck, Otto Grotewohl, Max Reimann, Heinrich Rau, Franz Dahlem), 1952

ten; im Juli 1951 waren von den innerhalb der Industriegewerkschaft Bau/Holz abzuschließenden 350 Betriebskollektivverträgen erst fünf abgeschlossen, also noch nicht einmal zwei Prozent! Das Bauwesen stand damit unter allen Industriezweigen an letzter Stelle, da bei der Industriegewerkschaft Chemie immerhin schon sechs Prozent, bei der Industriegewerkschaft Textil/Leder zwölf Prozent, in der Metallurgie 20 Prozent und im Bergbau sogar schon 67 Prozent der Betriebskollektivverträge zu diesem Zeitpunkt abgeschlossen waren.

Aber selbst diese verhältnismäßig bescheidenen Verpflichtungen der Baubetriebe wurden von ihnen in keiner Weise erfüllt. Die Baukosten wurden nicht gesenkt – im Gegenteil, sie stiegen im volkseigenen Wohnungsbau von 1950 bis 1953 um 35 bis 40 Prozent an. Die Bau-Union Berlin arbeitete mit großen Verlusten.

Diese besonders ungünstige Lage im Baugewerbe macht es verständlich, daß seit der Jahreswende 1952/53 eine Erhöhung der Normen in der gelenkten Presse als besonders dringend bezeichnet wurde. Auf welchen Widerstand diese Forderung

Aufbaustab Friedrichshain an der Stalinallee. Hier hatten sich die freiwilligen Aufbauhelfer vor jeder Schicht zu melden, Aufnahme September 1952

bei den Bauarbeitern stieß, zeigte ein Artikel im »Neuen Weg«, einer Zeitschrift, welche die praktische Arbeit der SED-Funktionäre unterstützen sollte. Eineinhalb Jahre, so hieß es da, habe es gedauert, bis bei den Arbeitern der Bau-Union Berlin ein neues, kostensparendes Arbeitsverfahren nach »heißen Diskussionen und ernstem Ringen« eingeführt werden konnte, obwohl selbst dann noch »ein Teil der Arbeiter [sich] abwartend, ja feindselig verhielt«, weil »bei Einführung neuer Methoden eine Erhöhung der Normen folge und damit ein Sinken des Lohnes eintreten könnte«.

In den offiziellen Verlautbarungen und Propagandaschriften heißt es dagegen: »Ein Arbeitsenthusiasmus entwickelte sich, der es ermöglichte, in 119 Tagen die Deutsche Sporthalle zu bauen. Dieser gleiche Arbeitsenthusiasmus war beim Bau des vielgeschossigen Wohnhauses an der Weberwiese zu verzeichnen, und in gesteigerter Form ist er der Schlüssel zu den Erfolgen in der Stalinallee. Durch die breite Entfaltung des Wettbewer-

Um Engpässe bei der Materialbeschaffung und beim Arbeitsgerät überwinden zu helfen, ist ein „Technisches Kabinett“ eingerichtet worden, Aufnahme 1953

bes und die Anwendung neuer Arbeitsmethoden war es möglich, daß die Bauarbeiter der Stalinallee die Verpflichtung übernehmen konnten, zu Ehren der II. Parteikonferenz der Sozialistischen Einheitspartei Deutschlands die Bauten der drei Abschnitte F-Süd, E-Süd und C-Süd im Rohbau fertigzustellen und in fast allen Abschnitten des Nationalen Aufbauprogramms einen Planvorsprung herauszuarbeiten. So wurde der Block B-Nord mit 16 Tagen, Block B-Süd mit 13 Tagen, Block D-Nord mit 51 Tagen, Block D-Süd mit 25 Tagen, Block F-Süd mit 47 Tagen, Block E-Nord mit 7 Tagen Vorsprung im Rohbau errichtet. Die Blöcke C-Süd und E-Süd wurden termingemäß zur II. Parteikonferenz der Sozialistischen Einheitspartei Deutschlands im Rohbau fertiggestellt. In dem Ringen um immer neue Aufbauerfolge bei der Errichtung der Bauten an der Stalinallee entwickeln sich neue Menschen, Menschen, die erkennen, daß ihre vorbildliche Arbeit ein Beitrag zum Aufbau des Sozialismus ist.«[43]

Mit den neuen Arbeitsverfahren, die auf den Baustellen angewandt wurden, wuchs die Bereitschaft der Bauarbeiter, höhere Normen hinzunehmen, nicht. Anfang April 1953 schrieb der »Neue Weg«, daß bei den Bau-Unionen gebaut werde »wie früher beim Pyramidenbau«, und im »Neuen Deutschland« hieß es, niemand beschäftigte sich

43 *Wir bauen Deutschlands Hauptstadt,* hrsg. von der Deutschen Bauakademie und dem nationalen Komitee für den Neuaufbau der deutschen Hauptstadt, [Leipzig 1952], S. 59.

Bauarbeiter mit einer Kampfparole, im Hintergrund ein Altbau, 1952

Retuschiertes Bild mit Bauarbeitern und Kampfparole, im Hintergrund nun ein Neubau in der Stalinallee, 1952

auf der Stalinallee mit den »falschen und ungesunden Normen«, obwohl sie »mit 200 und mehr Prozent« erfüllt würden und obwohl die Baubetriebe an der Stalinallee allein in den beiden ersten Monaten des Jahres 1953 mit einem Verlust von insgesamt 3,8 Millionen Mark gearbeitet hätten. Demselben Artikel des Neuen Deutschland war zu entnehmen, daß sich in einer Parteiaktivtagung auf der Stalinallee die anwesenden Genossen verpflichtet hatten, »ihre Brigaden bis zum 1. Mai für eine durchschnittliche Normenerhöhung von 15 Prozent zu gewinnen«. Jedoch geschah auch daraufhin in der Normenfrage nichts.

In einzelnen Arbeitsbereichen auf dem Bau war eine Anpassung der Normen an die technische Entwicklung und an neue Arbeitsmethoden durchaus gerechtfertigt, die auf der Großbaustelle deutlich zu verzeichnen waren: »Bei dem großen Umfang der Bauaufgaben war es selbstverständlich, daß eine weitgehendste Mechanisierung und Industrialisierung des Baugeschehens erreicht werden mußte ... So werden z. B. die beiden Hochhäuser am Strausberger Platz in Fertigbetonteilen hergestellt, die unmittelbar an der Baustelle in den bereits errichteten Betonwerken fabriziert werden. Der Baublock des Abschnittes C-Nord wurde als Versuchsbau in der Montagebauweise durchgeführt. Die Stahlbetonfertigteile wurden in der Nähe der Stalinallee vorfabriziert und mittels eines Turmdrehkranes auf der Baustelle montiert. Ebenfalls werden an allen Bauten weitgehendst

Durch die Anwendung neuer Arbeitsmethoden soll die Norm unterboten werden, Aufnahme September 1952

Mit neuen Arbeitsmethoden zur Übererfüllung der Normen: »Polnische Maurer zeigen an der Stalinallee die Zweier-, Dreier- und Fünfer-Methoden«, 1952

Fertigteile verwandt. Um den Transport des Mörtels und der Steine auf den Baustellen zu verbessern, sind unter Mitwirkung von Aktivisten besondere Transportkarren entwickelt worden. Sie ermöglichen, daß die Mörtelkästen mit einem Inhalt von 150 Litern und die Steinkästen mit einem Fassungsvermögen von 96 Steinen von einem Mann angehoben und zur Verarbeitsstelle transportiert werden können. Der Einsatz dieser Transportkarren ergab am Block F-Süd eine Normerfüllung der Stein- und Mörtelträger von 250% und ermöglichte das Einsparen von Hilfskräften.«[44] Der technische Fortschritt und die Anwendung neuer Methoden verschaffte aber nur Teilbereichen am Bau Vorteile. Nicht jeder Bauarbeiter war in der Lage, seine Arbeitsnorm zu unterbieten. Die so Benachteiligten wandten sich entschieden gegen die von der Partei geforderte lineare Anhebung der Normen, was die Gewerkschaftsleitungen der Betriebe durch-

44 *Wir bauen Deutschlands Hauptstadt* ... (wie Anm. 43), S. 61.

Neues Arbeitsgerät für Aktivisten: »Ausländische Freunde besichtigen den neuentwickelten Kugelschaufler, der von dem Betrieb Bleichert in Leipzig mit Hilfe von 101 Zubringerbetrieben hergestellt wurde«, 1953

aus verstanden, nicht aber die Parteifunktionäre.

Warum aber konnten sich die Bauarbeiter gegenüber den Forderungen und Anträgen der Partei so lange taub stellen? Bereits Anfang 1953 fehlten in der DDR 40000 Bauarbeiter. Selbst wer nicht fliehen wollte, konnte sich mühelos in West-Berlin Arbeit suchen, aber in Ost-Berlin wohnen bleiben; bis zum Bau der Mauer hat es viele Tausende derartiger Pendler gegeben. In West-Berlin hatte sich seit 1951 eine rege Bautätigkeit entwickelt; es herrschte ein fühlbarer Bauarbeitermangel. Die SED wollte daher zunächst auf die Bauarbeiter keinen starken Druck ausüben, um die Planziele erfüllen zu können. Dem Regime war aus propagandistischen Gründen besonders daran gelegen, daß der Aufbau der Stalinallee, der »ersten sozialistischen Straße Deutschlands«, schnelle Fortschritte machte. Man war daher lange Zeit bereit, eine verhältnismäßig niedrige Arbeitsproduktivität hinzunehmen, und zahlte hohe Löhne.

Am 28. Mai wurde in einer Besprechung der Brigadiers und Aktivisten des VEB Wohnungsbau,

»Die Anwendung von Steintransportkästen ermöglicht dem Bauarbeiter, bei geringem Kräfteverbrauch ein Mehrfaches an Steinen zu transportieren.« Dafür werden neue Arbeitsnormen festgesetzt

Schneller bauen durch Unterbietung der Normen! Billiger bauen durch Neufestsetzung der Normen? Die Tafel mit den Wettbewerbserfolgen am Block D-Nord läßt den arbeitspolitischen Hintergrund nicht erkennen

also des volkseigenen Baubetriebes, dessen Arbeiter auf der Stalinallee tätig waren, wieder einmal die Normenfrage diskutiert. Dabei entschied sich – wie das »Neue Deutschland« berichten mußte – die Mehrheit der Anwesenden gegen eine generelle Normenerhöhung. Ende Mai kam es auf einigen Baustellen zu Arbeitsniederlegungen, weil man versuchte, den Arbeitern freiwillige Normenerhöhungen abzupressen. Inzwischen war jedoch der Ministerratsbeschluß veröffentlicht worden, auf Grund dessen die Normen in allen Betrieben bis zum 30. Juni um zehn Prozent erhöht werden mußten. Die Normenerhöhungen und Lohnkürzungen führten zu Unruhen, zu Arbeitsniederlegungen und schließlich, am 16. Juni, zum Streik.[45]

45 Zu den folgenden Ereignissen vgl. Wolfgang Ribbe, *Der 17. Juni 1953 in Berlin. Vorgeschichte, Verlauf und politische Folgen* (= Ausstellungskataloge des Landesarchivs Berlin, Bd. 12), Berlin 1993, S. 7–103, sowie: Ders., *Der 17. Juni in der DDR. Ursachen – Ereignisse – Nachwirkungen,* in: Magdeburg 17. Juni 1953, Magdeburg 1993, S. 9–32.

Ein Gewerkschaftsfunktionär überreicht der Jugendbaustelle an der Stalinallee die Wanderfahne des Nationalen Aufbauprogramms, 1953

Das Vorzeigeobjekt in der Krise: Die Ereignisse um den 17. Juni 1953

Die Gewerkschaftsführung hat versucht, den Verlauf der Protestaktionen zu rekonstruieren, wobei sich zeigte, daß die Initialzündung zum Streik nicht allein von der Stalinallee ausging, sondern von benachbarten und weiter entfernt liegenden Baustellen. In ihrem Bericht hielt sie fest: »Bereits am 12. und 13.6.1953 zeigte sich auf den Baustellen C-Süd und der Schule Rüdersdorf große Unzufriedenheit über die Frage der Normenerhöhung, die zu längeren Diskussionen während der Arbeitszeit führte; es wurde gefordert, Versammlungen einzuberufen, um dazu Stellung nehmen zu können.«[46]

Unzufriedenheit über die Normenerhöhungen hat es aber auch in allen anderen Branchen gegeben, wie die Protokolle und Berichte von den Gewerkschaftsversammlungen zeigen, die auf Geheiß des FDGB in fast allen Berliner Betrieben stattfanden. Eine Schlüsselfunktion wird dabei einer »Geheimkonferenz« auf dem Wasser zugewiesen, wo entscheidende Absprachen getroffen sein sollen: »Auf der am Sonnabend, dem 13. 6. organisierten Dampferfahrt der Baustelle Krankenhaus Friedrichshain, VEB-Industriebau, die mit zwei Dampfern und zirka 500 bis 600 Personen durchgeführt wurde, ist das vom Klassengegner organisierte Vorgehen festgelegt worden. So sagte der Brigadier Blum von der Baustelle Krankenhaus Friedrichshain bereits am Freitag, dem 12. 6.: ›Am Montag stehen wir still‹. Und auf der Dampferfahrt erklärte der Brigadier Melzdorf im angetrunkenen Zustand: ›Am Montag wird gestreikt‹.«[47]
Der Ausgangspunkt der Arbeitsniederlegung am Montag, dem 15. Juni, war dann auch die Baustelle Krankenhaus Friedrichshain und nicht die Baustelle Stalinallee. Hier berief um 9 Uhr der BGL-Vorsitzende Fettling eine Belegschaftsversammlung ein, zu der der FDGB-Kreissekretär Friedrichshain und die Betriebsleitung eingeladen wurden. Die Versammlung forderte vom Betriebsleiter und dem Kreissekretär der IG-Bau-Holz eine sofortige Rücknahme des Ministerratsbeschlusses über die zehnprozentige Normenerhöhung. Von den Versammlungsteilnehmern wurde gefordert, daß die Arbeit niedergelegt und nicht eher aufgenommen würde, bis der Belegschaft eine entsprechende Zusicherung gegeben würde. Eine Steuerung von außen wird in dem FDGB-Bericht mit der folgenden Bemerkung suggeriert: »Bereits auf dieser Versammlung waren viele Delegationen von Baustellenfremden anwesend, die nach Schluß der Versammlung die Verbindung zu anderen Baustellen des VEB-Industriebau aufnahmen.«[48]

46 *Landesarchiv Berlin, STA, FDGB-Bezirksvorstand Groß-Berlin. Organisation-Instrukteur-Abteilung,* Nr. 1429.
47 *Ebda.*
48 *Ebda.*

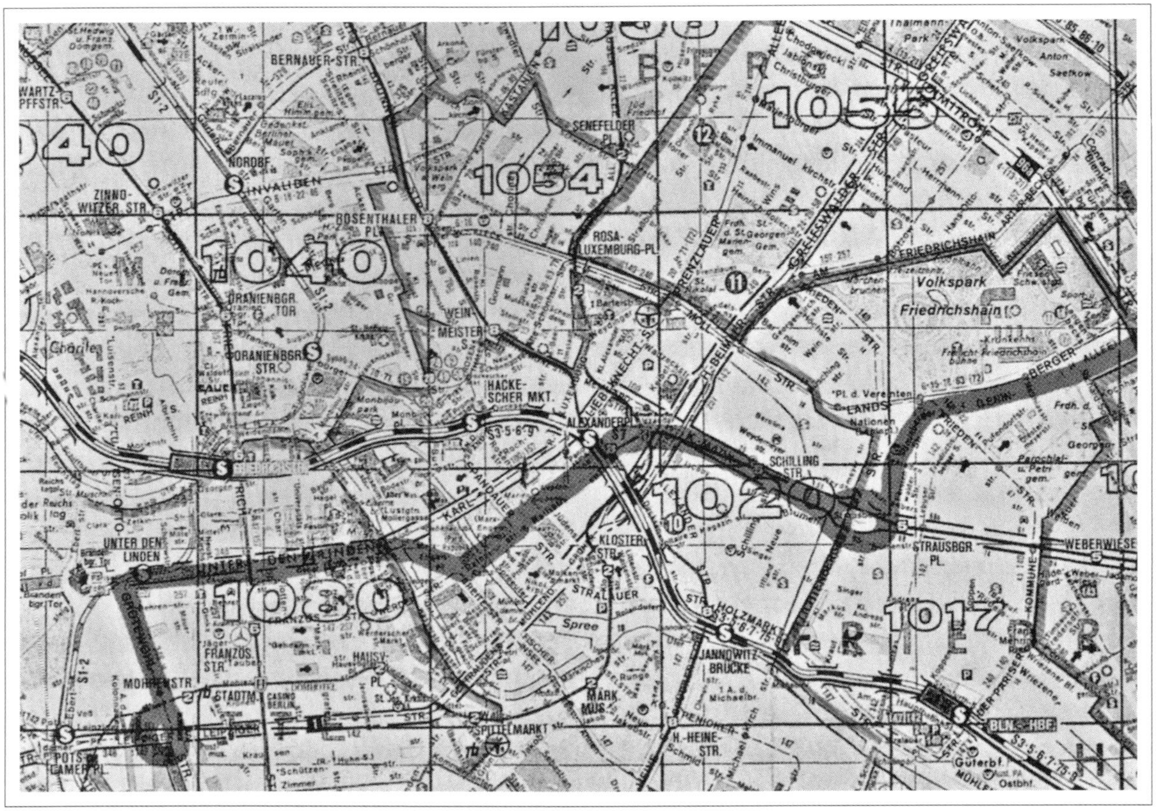

Marschroute der Bauarbeiter am 16. Juni 1953 von der Baustelle Krankenhaus Friedrichshain über die Stalinallee zum Haus der Ministerien in der Leipziger Ecke Wilhelmstraße

Der FDGB-Kreissekretär der IG-Bau-Holz weigerte sich, ein Protestschreiben der Belegschaft mit der Forderung nach Rücknahme der Normenerhöhung zu unterzeichnen. Aber zwei Vertreter der Kreisleitung Friedrichshain der SED formulierten dieses Schreiben neu, das auch allen anderen Baustellen zugeleitet und schließlich von einer Delegation der Regierung übergeben wurde. Am Dienstag, dem 16. Juni, formierten sich die Arbeiter der Baustelle »Volkspolizei-Inspektion Friedrichshain« zu einem Demonstrationszug, an dem sich die BGL unter der Führung des Vorsitzenden beteiligte. Mit der Losung »Wir fordern Normensenkung« zog der Demonstrationszug über die Baustelle »Block 40«, deren Belegschaft zunächst bis zur Baustelle »Krankenhaus Friedrichshain« folgte. Erst von hier aus formierte sich der Gesamtzug zur Stalinallee. In den Mittagsstunden des 16. Juni hatte sich die Arbeitsniederlegung, mit Ausnahme einiger weniger Betriebe, auf die gesamte Bauindustrie ausgedehnt.[49]

In den Morgenstunden des 17. Juni versammelten sich wieder zahlreiche Demonstranten in der Stalinallee. Die allgemeine Parole lautete: »Heute geht es weiter, es wird nicht gearbeitet, wir ziehen wieder in die Leipziger Straße.«[50]

49 *Ebda.*
50 *Ebda.*

Ein Demonstrationszug formiert sich, 17. 6. 1953

Der Aufstand griff bekanntlich auf die gesamte DDR über. An den Brennpunkten, so vor allem auch in Berlin, wurde von den Sowjets der Ausnahmezustand ausgerufen. Die Rote Armee sorgte für ein blutiges Ende der Unruhen.
Vor allem in der westlichen Propaganda wurde die maßgebliche Beteiligung der Bauarbeiter der Stalinallee an dem Volksaufstand hervorgehoben, denn das Scheitern des Sozialismus ließ sich besonders eindrucksvoll am Verhalten der Arbeiter der sozialistischen Renommierstraße zeigen, die trotz ihrer vermeintlich bevorzugten Stellung zu den Initiatoren des Streikes gehörten.

Abschied auf Raten von Stalins Allee und dem neuen Bauen

Trotz der vorübergehenden Besserung der Versorgungslage in der DDR nach dem Aufstand führte die Planwirtschaft zu Mißständen, die eine endgültige Fertigstellung der sozialistischen Magistrale Stalinallee verzögerten. So schwärmte das Parteiorgan »Neues Deutschland« im Sommer 1953 zwar: »Jeden Sonntag ist die Stalinallee das Ziel vieler Spaziergänger aus Berlin und Besucher aus der Republik. Die Stalinallee bietet auch ein prächtiges Bild. Die zahllosen Geschäfte laden zum Betrachten ein. In ihren Auslagen treten die Ergebnisse des Neuen Kurses immer erfreulicher in Erscheinung. Das Café Warschau ist so beliebt, daß es schwer ist, einen Platz zu erhalten. Auch wenn man die Stalinallee schon hundertmal gesehen hat, ist man immer wieder von dem herrlichen Bild, das diese erste sozialistische Straße unserer Republik bietet, begeistert.«[51] Doch der Anlaß des Artikels war die harsche Kritik an einem nicht unwesentlichen Teilbereich: »Wenn man aber die halbfertigen Läden in den längst bewohnten Wohnblocks sieht, so hat man den Eindruck, daß

51 Die Vorlage zu diesem Artikel befindet sich in: BAB, DH 2, DBA/A/6.

Um die Demonstranten nicht zu gefährden sind die Gesichter unkenntlich gemacht, Aufnahme in der Stalinallee am 17. 6. 1953

der schöne Aufbauschwung des vergangenen Jahres nicht mehr vorhanden ist. In dem großen Block C-Nord gibt es sogar noch einen Laden, der sich im Rohbau-Zustand befindet. ... Andere Läden wieder sind anscheinend zu ›ewigen Baustellen‹ verurteilt worden, oder sie sind fertig, stehen aber leer. Auch um das halbfertige Café Budapest ist es sehr still geworden.« Bereits kurz vor dem Volksaufstand, am 13. Juni 1953, wandte sich Hermann Henselmann gegen den »Dilettantismus der Akademieleitung«, die das Gerücht verbreitet hatte, die Läden in der Stalinallee könnten zum 21. Dezember (Stalins Geburtstag) 1952 eröffnet werden: »Solche Terminangaben beruhen entweder auf völliger Ignoranz oder auf Böswilligkeit. Die unterstellten Mitarbeiter haben einfach Angst, diese Termine anzuzweifeln, abgesehen davon, daß sie gar nicht gefragt wurden, ob diese Termine richtig sind.«[52]

Ein früherer Artikel, der als Manuskript unter dem Datum 23. Februar 1953 Kurt Liebknecht in der Deutschen Bauakademie zur »Prüfung« vorlag und den Titel trug: »Drei suchen einen Verantwortlichen. Im Chaos der Planwirtschaft blieb der Ausbau der Läden auf der Strecke«[53], war erst gar nicht erschienen.

Auch die städtebauliche Planung war noch keineswegs abgeschlossen, denn die Bebauung beiderseits der Magistrale bildete nur das Zentrum einer viel weiter reichenden Großwohnanlage. Darauf wies nun der Moskauer Chefarchitekt Baburoff hin, wie Hermann Henselmann im März 1954 seinem 1. Parteisekretär, Walter Ulbricht, mitteilte:

»Die Stalinallee ist der erste praktische Schritt zur Realisierung der städtebaulichen Komposition. Mit diesem ersten Schritt kann man sehr einverstanden sein, sowohl in städtebaulicher als auch in architektonischer Beziehung. Die nächste Aufgabe jedoch ist nun die Bebauung der Stalinallee in die Tiefe zu organisieren, mit dem Übergang von den Hauptstraßen zu den Nebenstraßen.«[54]

Doch dafür wurden die Mittel knapp. Der Volkswirtschaftsplan 1954 sah für den Berliner Wohnungsbau 150 Millionen Mark vor, ein Betrag, der nicht ausreichte, um mit den West-Berliner Vorhaben Schritt halten zu können. Der Wohnungszuwachs in Ost-Berlin blieb um mehr als 50 Prozent hinter den Ergebnissen des Vorjahres zurück. Als Oberbürgermeister von Ost-Berlin forderte Friedrich Ebert, unter anderem Mittel für den

52 SAPMO, Ny 4182/1031, Bl. 71.
53 *Ebda.*
54 Der Berliner Chefarchitekt H. Henselmann übermittelt die Auffassung seines Moskauer Kollegen Baburoff dem 1. Sekretär der SED, W. Ulbricht. 10. 3. 1954, in: SAPMO, Ny 4182/1031, Bl. 78.

Diskussionsgruppen von Aufständischen in der Stalinallee am U-Bahnhof Strausberger Platz, 17. 6. 1953

Wiederaufbau der Staatsoper zugunsten des Wohnungsbaues umzuwidmen. Aber auch andere Prestigeobjekte wollte er einschränken: »Das Projekt Bersarinplatz + F-Nord wird allgemein nur bis zum 1. Stock, bei den Turmgebäuden aber möglichst weit im Rohbau entwickelt. Die für das Museum für Deutsche Geschichte vorgesehenen drei Millionen DM werden abgesetzt, da mit dieser Summe in der Hauptsache Arbeitsräume hergerichtet werden sollen, die im Gebäude der Clara-Zetkin-Straße u. E. noch für eine vorübergehende Zeit ausreichend vorhanden sind. Diese Mitteleinsparung würde es uns ermöglichen, den Rohbau für weitere 400 Wohnungseinheiten im

Mit einer ausrangierten D-Zug-Lokomotive soll im Winter 1952/53 der Block C-Süd (Hintergrund) beheizt werden, da das Fernheizwerk noch nicht fertiggestellt ist, Aufnahme September 1952

Jahre 1954 in Angriff zu nehmen, so daß dann einschließlich Bersarinplatz insgesamt rund 700 Wohnungseinheiten im Jahre 1954 begonnen und 1955 fertiggestellt werden können. Es bedarf keiner besonderen Begründung, daß diese sehr geringe Neubautätigkeit im Verhältnis zu der sehr umfangreichen Bautätigkeit in Westberlin steht und aus diesem Grunde für die Hauptstadt Deutschlands[55] politisch nicht vertretbar ist.«[56]

Doch das Politbüro hielt noch an seinen Vorzeige-Projekten fest. Es forderte Ebert auf, eine Stellungnahme »für die Änderung der Fertigstellungstermine des Platzes an der Stalinallee zu unterbreiten«[57], verbunden mit einem Finanzierungsplan und einem »Vorschlag, in welchem Umfang die Bebauung des Platzes bis 1954 möglich ist.«[58]

Erst fünf Jahre später konnte der zweite Bauabschnitt in Angriff genommen werden.[59] Das Areal zwischen Alexanderplatz und Strausberger Platz ist in rationellerer Weise bebaut worden als der Kern der Allee. Das Politbüro des ZK der

55 Offensichtlich bezeichnet Ebert Ost-Berlin als die Hauptstadt Deutschlands!

56 Anlage Nr. 2 zum Protokoll Nr. 8/54 vom 9. 2. 1954; SAPMO J IV/2/2-346, Bl. 17.

57 Gemäß dem Politbürobeschluß 645/70/73 vom 22. 12. 1953.

58 Protokoll Nr. 8/54 der Sitzung des Politbüros des ZK der SED vom 9. 2. 1954, Bl. 6.

59 Einen guten Überblick über die Entwicklung von Architektur und Stadtplanung in der Anfangsphase der DDR bietet Andreas Schätzke, *Zwischen Bauhaus und Stalinallee. Architekturdiskussion im östlichen Deutschland 1945–1955.* Mit einer Schlußbetrachtung von Thomas Topfstedt (= Bauwelt-Fundamente, Bd. 95), Braunschweig–Wiesbaden 1991. Zur Umorientierung in der Baupolitik 1954/1955 vgl. dort S. 68ff.

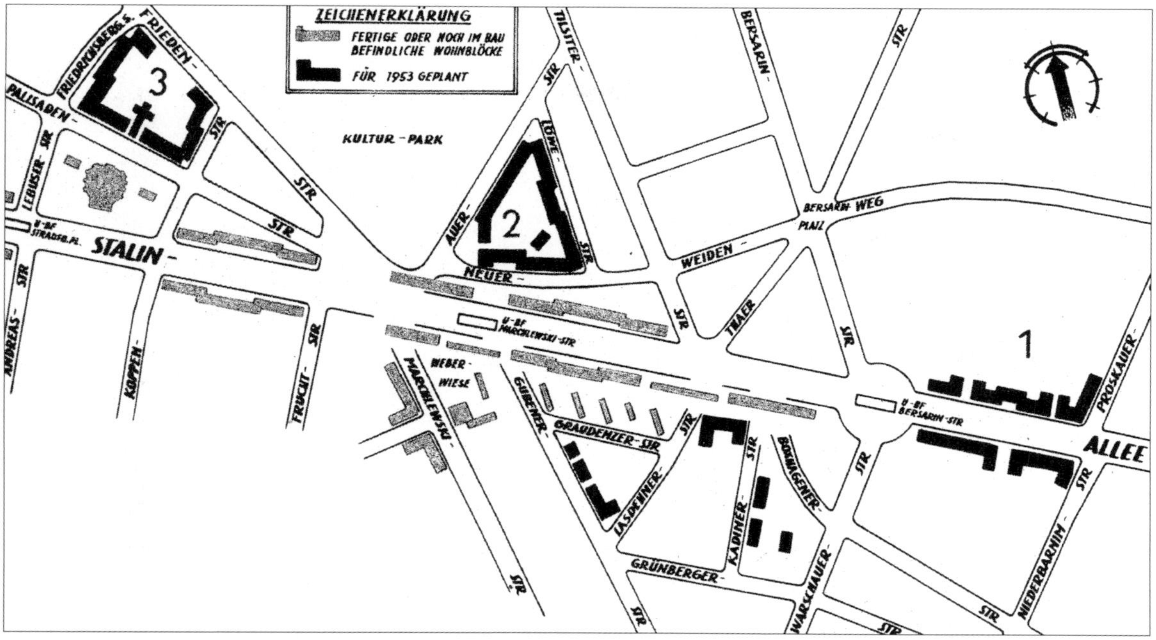

Nach Fertigstellung der Wohnblöcke entlang der Stalinallee setzt die Randbebauung ein (2. Abschnitt: Architekt Leucht; 3. Abschnitt Architekt Souradny), aber auch die Erweiterung östlich der Bersarinstraße/Warschauer Straße (1. Abschnitt: Architekt Hopp) wird in Angriff genommen, 1952/53

Blick durch die Neubauten am Strausberger Platz auf die noch vorhandene Altbebauung, Aufnahme 4. 2. 1954

Die Trauerfeierlichkeiten beim Tod Stalins standen ganz im Zeichen des Personenkults: Defilee einer Schulklasse vor dem Denkmal in der Stalinallee am 6. 3. 1953

SED hatte im Oktober 1954 die »Neuen Aufgaben im Bauwesen« beschrieben. »Industrialisierung – Rationalisierung – Typisierung« waren die nun aktuellen Begriffe, die man auch einfacher mit dem Slogan »Besser, schneller und billiger bauen« umschreiben kann. In der Stalinallee ist aber die totale Abkehr von der bisherigen Praxis nicht sofort vollzogen worden. Die Bebauung vom Strausberger Platz bis zum Alexanderplatz kennzeichnet eine Übergangsphase, erst der spätere Ausbau der Allee in Richtung Osten ist gekennzeichnet von den Großplattenbauten, wie sie nach sowjetischem Vorbild auch in der DDR eingeführt worden sind.

Ende Oktober 1954 haben die Verantwortlichen im Politbüro der SED diese Wende in der Baupolitik vollzogen. In dem Beschluß, der auf einer Vorlage von Kurt Liebknecht beruht und der im »Neuen Deutschland« veröffentlicht wurde, heißt es: »Eine entscheidende Verbesserung [der Arbeit im Bauwesen] kann erzielt werden, wenn Voraussetzungen für eine verstärkte Einführung der Großblockbauweise geschaffen werden«.[60] Nur so glaubte man die Wohnungsnot beheben zu können.

Doch nicht nur in der Baupolitik wurde das Ruder

60 SAPMO J IV/2/2-386, Anlage Nr. 6 zum Protokoll Nr. 30/54 vom 26. 10. 1954, Bl. 35.

Die Karl-Marx-Buchhandlung gab es bereits in der Stalin-Ära. Sie hat ihren Namen auch nach der politischen Wende 1989 behalten, Aufnahme 12. 2.1954

herumgeworfen. Während die DDR-Führung hier aber dem sowjetischen Vorbild alsbald folgte, ließ sie sich auf einem ideologisch brisanteren Gebiet mehr Zeit. Nur sehr zögernd folgte Walter Ulbricht nach dem XX. Parteitag der KPDSU dem Vorbild Nikita S. Chruschtschows den Personenkult, um Stalin – wenigstens teilweise – zu begrenzen. Eher heimlich und verschämt, ohne großen Aufhebens, verschwand in der Nacht zum 13. November 1961 das Stalin-Denkmal aus »seiner« Allee, niemand weiß wohin, und der engere Bereich der Magistrale zwischen Alexanderplatz und Frankfurter Tor erhielt den Namen des sozialistischen Urvaters Karl Marx, der dann auch den wiedervereinigungsbedingten Straßenumbenennungen nicht zum Opfer fallen sollte. Der Bereich jenseits des Frankfurter Tores trug aber fortan – diskussionslos und ohne jede Erklärung – wieder seinen alten Namen »Frankfurter Allee«, was das West-Berliner Funk-Kabarett »Die Insulaner« zu der Witzelei veranlaßte: »Wer war bloß der Herr Frankfurter?«

Johanna Böhm-Klein

Wohnen, Geschäftsleben und Infrastruktur der Stalinallee

Das Thema zielt auf den Umgang mit der Allee, und zwar aus der Friedrichshainer Lokal-Perspektive. Es werden drei Punkte behandelt:

- Zuweisung der Wohnungen in der Stalinallee. Wie erfolgte die Wohnungsverteilung, welche rechtlichen Grundlagen gab es dafür?
- Die Einrichtung von Spezialgeschäften und Industrieläden in der Stalinallee

und

- Bemühungen um mehr »Kultur« und »Leben« in der Allee.

Im Landesarchiv Berlin finden sich Akten, die bei näherem Hinsehen erstaunlich ergiebig für das Thema sind. Es handelt sich um die Protokolle der Sitzungen des Rates des Stadtbezirks Friedrichshain, um Akten der Abteilung Handel und Versorgung des Magistrats von Groß-Berlin sowie Akten der Abteilung Aufbau des Magistrats.

Der gesamte Abschnitt der neu erbauten Stalinallee fällt in den Bezirk Friedrichshain. Während der NS-Zeit sind im Bezirk »Horst Wessel« fast keine Neubauten erstellt worden. Lediglich zwei Häuser mit insgesamt 25 Wohnungen waren entstanden. Der Bezirk war dicht bebaut, im Unterschied etwa zu Lichtenberg, wo in den dreißiger Jahren ausgedehnte durchgrünte Wohnviertel entstanden.

Mit dem Bau von rund 5000 Neubauwohnungen zwischen 1952 und 1959 in der Stalinallee nahm der Wohnungsbau in dem lange vernachlässigten und traditionell proletarisch geprägten Ost-Berliner Bezirk einen rasanten Aufschwung. Noch heute wohnt etwa jeder zehnte Friedrichshainer in den damals gebauten Häusern. Die Aufgaben der Verwaltung bei der Bewältigung des Neuaufbaus waren enorm und als Aufbauleistung ohne Beispiel. Kollisionen zwischen örtlicher und zentraler Verwaltung und Kompetenzenwirrwar waren bei diesem Großprojekt nicht auszuschließen.

Auch die Einsetzung des Generalarchitekten und eines Beirates für Architektur beim Magistrat von Groß-Berlin im Februar 1956 vergrößerte das »Chaos« aus der Sicht der Friedrichshainer Bezirksverwaltung eher noch, denn Einzelentscheidungen mußten so noch einer weiteren Instanz zugeleitet werden.[1]

Bei der jährlichen Aufstellung und Verabschiedung der Wirtschaftspläne des Bezirks gab es durch das zentrale Bauvorhaben Stalinallee durch die ganzen fünfziger Jahre in allen Bereichen fortwährend Bilanzierungsprobleme. Das betraf u. a. den Wohnungsbau, die Erfüllung der volkswirtschaftlichen Kennziffern im Bereich Bauwesen überhaupt und die Umsatzpläne des örtlichen Handels. Dennoch erstaunt bei der Durchsicht der Akten der Glaube und die Anstrengung der Bezirksratsmitglieder im einzelnen, dieses Großprojekt verwaltungsmäßig in den Griff zu bekommen – es zentral, nach einem insgesamt zentral stimmigen Konzept, zu managen.

1 *Verordnung zur Bildung eines Beirates für Architektur bei dem Magistrat von Groß-Berlin. Verordnungsblatt für Groß-Berlin,* 12. Jahrgang, T. 1, Nr. 14 vom 20. 2. 1956.

Nun zum Thema »Zuweisung der Wohnungen in der Stalinallee». Jeder neu fertiggestellte Wohnblock wurde in der Presse – nicht zuletzt in Hinblick auf »den Gegner« – ausführlich dargestellt. Im Ergebnis wurde die örtliche Verwaltung regelmäßig von Friedrichshainer Bürgern mit Bitten um Wohnungszuweisung in diese neuen Blöcke bestürmt.

Bekanntlich sind jedoch fast 40 Prozent der insgesamt über 5000 Wohnungen, die im Komplex Stalinallee und den angrenzenden Wohngebieten bis 1959 entstanden, in der »Nationalen Aufbaulotterie« verlost worden. Es gab in der Anfangsphase zwei Verlosungen von jeweils 1000 Wohnungen. Am 31. Dezember 1952 wurden 1000 Wohnungen an Personen verlost, die drei Prozent ihres Monatseinkommens für die Dauer des Jahres 1952 gezeichnet hatten. Eine weitere Verlosung von 1000 Wohnungen erfolgte unter Enttrümmerungs- und Bauaktivisten, die mindestens 100 Halbschichten zu je drei Stunden freiwilliger Arbeitsleistung, sogenannte Aufbauschichten, vorweisen konnten. Wahlweise konnten auch 1000 Mark als Preis genommen werden.[2]

Zwei Jahre später, 1954/55, war das Wirken des »Genossen Zufall« schon erheblich eingeschränkt worden: Ein »Bericht der Abteilung Wohnungswesen über Bearbeitung von Anträgen auf Zuteilung von Wohnraum und Wohnungsvergabe«, der auf der »99. Ratssitzung vom 16. Februar 1955« gegeben wurde, macht folgende Angaben:[3]

Im Februar 1955 hatten über 6000 Familien in Friedrichshain einen Antrag auf Wohnungszuweisung gestellt. Sämtliche Anträge wurden in Dringlichkeitsstufen I bis III klassifiziert.

Zur Dringlichkeitsstufe I zählten u. a. technische Intelligenz, Lehrer an höheren Schulen und wissenschaftlichen Einrichtungen, Ärzte, Künstler, Schauspieler, Rundfunk und Presse[4]. In diese Kategorie eingestuft waren Anfang 1955 rund 400 Wohnungssuchende. Im Bericht wird vermerkt, »die Ansprüche dieses Personenkreises sind hoch und die Versorgungsmöglichkeiten in Friedrichshain stehen hierzu in einem ungesunden Verhältnis in bezug auf Wohnungsgröße und Beschaffenheit«.[5]

Zur Dringlichkeitsstufe II gehörten Werktätige mit kinderreichen Familien und Werktätige aus Volkseigenen Betrieben (VEB), die in schlechten Wohnverhältnissen lebten. In diese Dringlichkeitsstufe fielen ca. 4000 Anträge.

Zur Dringlichkeitsstufe III zählten Anträge von Werktätigen mit Familie, sowie »Sonstige», wie Hochbejahrte und Rentner.

Die Verteilung der Wohnungen folgte jedoch nicht dem Prinzip der so definierten Dringlichkeit, sondern war gesondert geregelt. Der »Komplex Stalinallee« war 1954/55 aufgeteilt in:

a) Kontingent an VEB im Stadtbezirk mit über 200 Beschäftigten,
b) Räumungen aller Art,
c) Dringlichkeitslisten.

Das Prinzip der Zuteilung der Wohnungen nach der Dringlichkeit wurde also hier durchbrochen, indem die Dringlichkeitsstufe II ein Sonderkontingent erhielt. Die Vergabe der Wohnungen an die Betriebe kann über im Berliner Landesarchiv vorhandene Zuteilungslisten rekonstruiert werden. Sie basierte rechtlich auf dem »Gesetz der Arbeit« (§ 56) und einem Beschluß des FDGB-Bundesvorstandes, daß der Bürger, der in einem Bezirk beschäftigt ist, ohne Berücksichtigung seines Wohnortes in Berlin von diesem mit Wohnraum versorgt wird. In diesem Zusammenhang gab es eine spezielle Instanz bei den volkseigenen Friedrichshainer Betrieben, die »Arbeiterkontrolle für Bau- und Wohnungswesen«.

Das führte dazu, daß Anträge, die zum Beispiel 1954 gestellt worden waren, über die Betriebe im selben Jahr berücksichtigt werden konnten, Friedrichshainer Bürger aber trotz Dringlichkeit teilweise viel länger warten mußten. Von den im Komplex Stalinallee vom Februar 1954 bis Fe-

2 Vgl. hierzu zusammenfassend Johann Friedrich Geist/Klaus Kürvers, *Das Berliner Mietshaus 1945–1949*, München 1989, S. 346ff.

3 Vgl. im folgenden Landesarchiv Berlin [künftig zitiert: LAB], Rep. 135, Nr. 346, 99. Ratssitzung vom 16. 2. 1955.

4 »... des weiteren Lehrer und Lehrkräfte, Richter und Verwaltung, anerkannte Aktivisten, kinderreiche, erwerbstätige alleinstehende Mütter (ab 3 Kindern), Räumungen aller Art und akuter Einsturz«; vgl. *ebda.*

5 *Ebda.*

a) »Müllschlucker für den Abfall« – b) »Das höchste Hauskomitee tagt« –
c) »Der weite Blick vom Dachgarten« (1953)
Für das von Henselmann entworfene Hochhaus an der Weberwiese wurde am 1. September 1951 der Grundstein gelegt; am 1. Mai 1952 wurden die Wohnungen an 30 Arbeiter, einen Architekten, einen Lehrer und einen Volkspolizisten übergeben

bruar 1955 vergebenen 1223 Wohnungen erhielten 277 Friedrichshainer Familien die Zuweisung (22,6 Prozent). Immerhin ein knappes Viertel der Wohnungen in der Stalinallee wurde also 1954/55 an Friedrichshainer vergeben. Diese Zahl scheint relativ hoch, wenn man berücksichtigt, daß alle acht Bezirke und zentrale Kontingentträger aus diesem Wohnraum zu versorgen waren.

Ab 1. Januar 1955 bestand eine dreißigprozentige Abgabepflicht an den Magistrat aller brauchbaren Wohnungen mit zwei oder mehr Zimmern. Zu diesem Magistratskontingent zählten zum Beispiel die Bauten am heutigen »Frankfurter Tor«.[6] Dort wurden u. a. Mitarbeiter aus dem Büro des Chefarchitekten und Mitarbeiter im Staatsdienst eingewiesen.

Im März 1956 wurde vom Magistrat von Groß-Berlin die »Verordnung über die Lenkung des Wohnraums« erlassen, wonach der gesamte Wohnraum »mit Ausnahme des nach den Bestimmungen des Arbeiterwohnungsbaues geschaffenen Wohnraums und der Eigenheime der Angehörigen der Intelligenz« der Lenkung und Verteilung durch die zuständigen staatlichen Organe unterlag.[7] Die Rangfolge der bei der Wohnungsvergabe zu bevorzugenden Personen wurde erneut modifiziert. Anspruch auf bevorzugte Versorgung mit Wohnraum hatten:

»a) Anerkannte Verfolgte des Naziregimes (VdN) bzw. VdN-Hinterbliebene, b) Personen, die für hervorragende Leistungen beim Aufbau der DDR und ihrer Hauptstadt ausgezeichnet wurden,

6 Der bis dahin »Platz an der Stalinallee« genannte Platz wurde am 1. Dezember 1957 in »Frankfurter Tor« umbenannt.

7 Die Räte des Stadtbezirks waren von da an für die Lenkung und Verteilung des Wohnraumes zuständig, wobei »die Verteilung des neu erbauten oder freiwerdenden Wohnraumes auf Grund der Dringlichkeit des Wohnraumbedarfs des einzelnen Antragstellers zu erfolgen« hatte; vgl. *Verordnungsblatt für Groß-Berlin*, 12. Jahrgang, T. I, Nr. 20, hrsg. vom Magistrat von Groß-Berlin; Ausgabetag 6. 3. 1956.

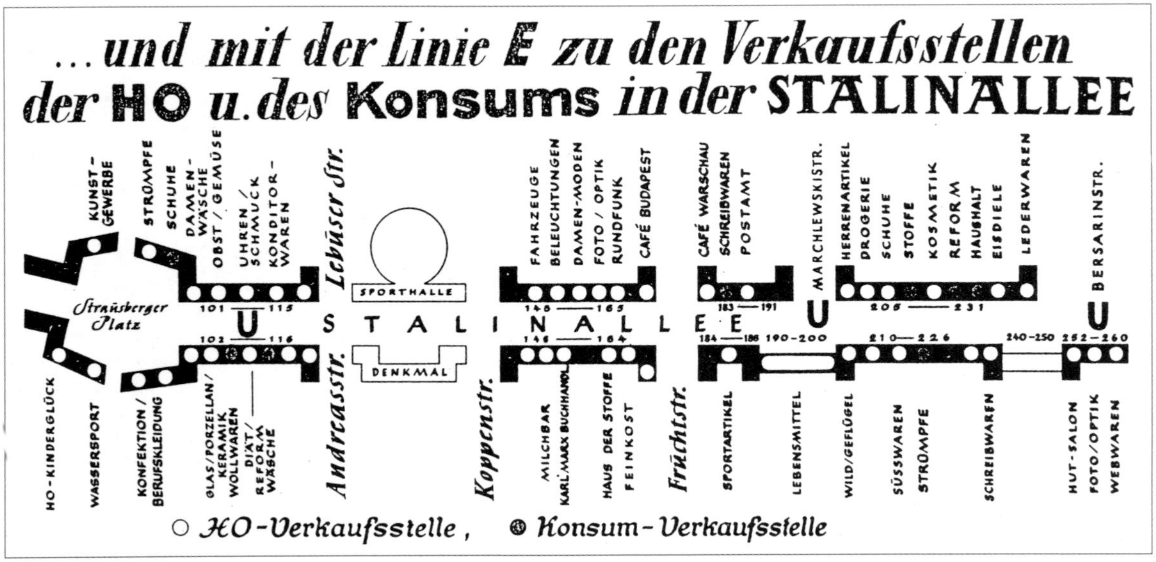

Wegweiser zu den Geschäften in der Stalinallee auf einem U-Bahn-Taschenfahrplan, 1954

c) Angehörige der Intelligenz ... f) kinderreiche Familien«[8].

Zum Zeitpunkt des Erlasses dieser Magistratsverordnung über die Wohnraumlenkung waren die Wohnungen im ersten Bauabschnitt der Stalinallee bereits (komplett) bezogen. Die hier festgeschriebenen Grundsätze fanden bei der Wohnungsvergabe im zweiten Bauabschnitt der Stalinallee (Platz an der Stalinallee bzw. Frankfurter Tor bis Proskauer Straße, Blöcke G, Bauzeit 1957 bis 1959) Berücksichtigung.

Für die »Angehörigen der Intelligenz« sowie Spezialisten mit Einzelvertrag gab es inzwischen auch andere attraktive Angebote für die Versorgung mit Wohnraum, eben den geförderten Bau von Eigenheimen. Volkseigene Produktionsbetriebe konnten ihre qualifizierten Facharbeiter über die Mitgliedschaft in »Arbeiterwohnungsbaugenossenschaften« (AWG) bevorzugt mit Wohnungen versorgen. Die ersten AWG in Friedrichshain wurden im August 1955 im Berliner Bremsenwerk und im April 1956 im Glühlampenwerk gegründet.[9]

Bei den Wohnungen in der Stalinallee handelt es sich zu über 80 Prozent um Zwei- und Dreiraumwohnungen, die großzügig geschnitten und mit einem für die Nachkriegsverhältnisse einmaligen Komfort ausgestattet waren (Müllschlucker, Wechselsprechanlage, Fahrstuhl). Dieser hohe Wohnkomfort hielt allerdings einen Teil der Mieter der Stalinallee nicht davon ab, noch vor dem 13. August 1961 dieselbe in Richtung Westen zu verlassen.[10] Erst nach 1961 hat sich das Mieterprofil der Stalinallee/Karl-Marx-Allee für mehr als 30 Jahre »verfestigt«.

Die Wohnungen wurden kaum getauscht. Die Miete war mit 90 Pfennig pro Quadratmeter für alle gleich. Der Wohnwert der Karl-Marx-Allee wuchs in dem Maße, wie der allgemeine Mangel zunahm, obwohl die Häuser allmählich verkamen.

8 Vgl. *ebda*.

9 Spezielle Wohnraum-Kontingente für die Betriebe existierten daneben trotzdem weiter.

10 Die Abwanderung verteilte sich gleichmäßig über alle Wohnbezirke und schloß auch Häuser in der neu erbauten Stalinallee mit ein.

Die Unbeweglichkeit und Stagnation der DDR-Gesellschaft spiegelte sich in der Konstanz der Mieterschaft wider.
Ihre sozialen Beziehungen zu untersuchen, wäre eine interessante sozialwissenschaftliche Aufgabe. Eine derartige Dokumentation im Zusammenhang mit dem Baudenkmal »Allee« ist ein Forschungsdesiderat.
Die Vorstellung von den Häusern in der Stalinallee als »Arbeiterpaläste« ist, das sollte hier gezeigt werden, bei genauerem Hinsehen ebenso fraglich wie die von den »Bonzenburgen«. Die pauschale Anwendung dieser mehr als 40 Jahre alten propagandistischen Schlagworte bringt uns als Dokumentaristen heute nicht weiter.
Damit sind wir beim zweiten Punkt, dem Geschäftsleben.
Konzipiert war die Allee als Schaufenster der DDR. Über die Gestaltung dieses Schaufensters gab es jedoch im einzelnen recht unterschiedliche Auffassungen. Die überdimensionierten Geschäftsräume im Erdgeschoß und der ersten Etage der Stalinallee sollten Industriebetrieben dazu dienen, ihre Produkte auszustellen und gleichzeitig Anregungen der Bevölkerung für die Entwicklung neuer Produkte entgegenzunehmen, um planmäßig und bedarfsgerecht produzieren zu können.
Die Verteilung der Geschäfte war »hoch angebunden«. Sie wurde unter Einbeziehung zahlreicher Ministerien und Instanzen generalstabsmäßig geplant, wobei der Magistrat die Koordinierungsfunktion innehatte.
So fand zum Beispiel am 3. Juli 1953 in der Abteilung Stadtplanung des Magistrats eine Besprechung mit Abgesandten der Abteilungen Organisation und Technik sowie Planung und Statistik des Ministeriums für Handel und Versorgung, der zentralen Absatzleitung des Ministeriums für allgemeinen Maschinenbau, des Ministeriums für Transportmittel und Landmaschinenbau, der Hauptverwaltungen Textil sowie Glas und Keramik des Ministeriums für Leichtindustrie statt. Vertreter der Abteilung Handel und Versorgung des Magistrats von Groß-Berlin sowie des Rates des Stadtbezirks Friedrichshain nahmen ebenfalls teil. Zugegen waren auch der Direktor der Handelsorganisation (HO) Stalinallee, ein Kollege der

»In den Lebensmittelgeschäften werden den Kunden Erzeugnisse aus aller Welt angeboten« (1953)

Bauabteilung der Konsumgenossenschaft Friedrichshain, Mitarbeiter des Baustabes Berlin, der Deutschen Bauakademie, der Meisterwerkstatt I (Hermann Henselmann) sowie der Magistratsabteilung Stadtplanung und Architektur. Letztere war u. a. durch Ludmilla Herzenstein vertreten, die auch das Protokoll führte.[11]
Zweck dieser Besprechung war schlicht »die Zusammenstellung der Wünsche der Interessenten für die verfügbaren Läden im Block F-Nord und am neuen Bersarinplatz an Hand der Grundrisse«.[12] Zunächst wurden die Wünsche abgefragt.

11 Vgl. hierzu und zum folgenden LAB, Rep. 113, Abt. Handel und Versorgung, Nr. 634: Ladeneinrichtungen Stalinallee 1953–1956.

12 *Ebda.*

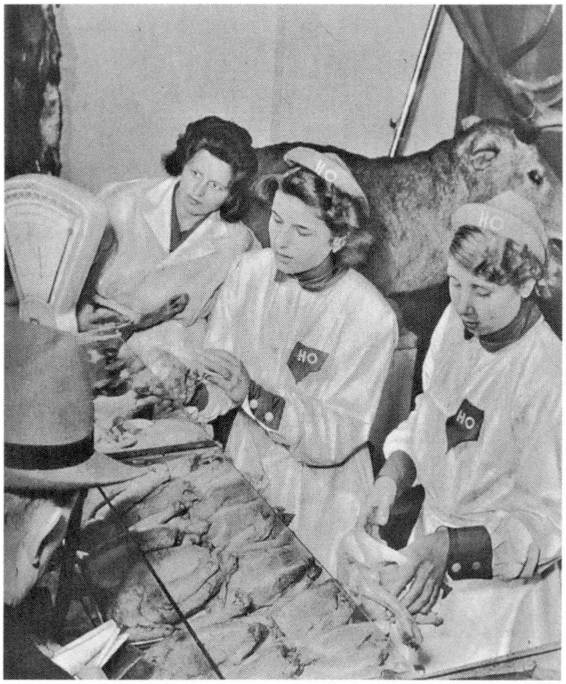

»Wer die Wahl hat, hat die Qual: Vom Brathähnchen bis zur Hirschkeule ist alles zu haben« (1953)

Das Ministerium für Transportmittel und Landmaschinenbau meldete Bedarf für etwa 500 Quadratmeter Verkaufs- und Nebenraumfläche für Fahrzeuge und Schiffsbau (Autos, Fahrräder, Motorräder, Segelboote, Ruderboote, Paddelboote) an. Das Ministerium für Allgemeinen Maschinenbau hatte die Auflage, drei Industrieläden zu errichten. Zwei bestanden schon (Zeiss-Ikon, Dresden und ein Laden für elektroakustische Erzeugnisse). Das Ministerium beantragte einen Laden für Spezialleuchten (Leitbetrieb Kabelwerk Oberspree) mit 120 Quadratmeter Verkaufsfläche, das Ministerium für Leichtindustrie einen kleinen Laden für Spitzen.

Das Ministerium für Handel und Versorgung verlangte

a) eine Gaststätte im Hochhaus, durchgehend durch sechs Geschosse (im Entwurf von Henselmann bereits berücksichtigt) und

b) im Abschnitt Stalinallee-West einen Laden für Zierfische mit 200 Quadratmetern Verkaufsfläche.

Dieser Zierfischladen widerstand allen späteren Abwandlungen und Änderungen des Konzepts und behauptete – unabhängig von allen Änderungen des schließlich gefaßten Beschlusses zur Ladenaufteilung in der Stalinallee – einen sicheren Listenplatz. Diese Resistenz hatten die Zierfische u. a. ihrer angeblichen Devisenträchtigkeit zu verdanken.

Im Oktober 1953 wurde der »Magistratsbeschluß Nr. 370« verabschiedet. Er enthielt die geplante Verteilung der Geschäfte in der Stalinallee, Abschnitt F-Nord, G-Nord, G-Süd, Warschauer Straße-Ost und Warschauer Straße-West. Der Beschluß mußte etliche Male geändert werden, da verschiedene Ministerien noch Sonderwünsche anmeldeten. Das Ministerium für Auswärtige Angelegenheiten verlangte zum Beispiel ein Kulturzentrum für die ČSSR.

Die HO mußte ihr zunächst zugesprochene Geschäfte an Ministerien für die Einrichtung von Industrieläden abgeben und erhielt dafür Konsumgeschäfte zugesprochen. Der Konsumverband erhob Einspruch gegen den Magistratsbeschluß. Die Konsumgenossenschaft wehrte sich, da sie zusätzliche Investitionen nicht tätigen konnte, ohne ihre Genossenschafter zu informieren. Es verbreitete sich das Gerücht, der Konsum dürfe überhaupt keine Geschäfte in der Stalinallee betreiben, was sich jedoch nicht bestätigte. Die Verteilung der Geschäfte war zeitweise nicht klar. Schon im November 1953 wurde auf einer weiteren Sitzung im Stadthaus vorgeschlagen, für einige Industrieläden den Verkauf durch die HO oder den Konsum durchführen zu lassen. Die HO beklagte sich, daß die Bauakademie die Geschäfte nicht vertragsgerecht übergeben konnte. Eine Übergabe der Ladengeschäfte an die Wohnungsverwaltung erfolgte in den seltensten Fällen. Die Wohnungsverwaltung ihrerseits wurde nicht informiert, welche Geschäfte in welche Häuser einziehen sollten. Der im Magistrat für die Abstimmung dieser Fragen zuständige Hans Höding, der sich als Leiter der Abteilung Handel und Versorgung nach Kräften bemühte, die widerstrebenden Interessen der Beteiligten unter einen Hut zu bekommen, wurde Anfang März 1956 als Vorsitzender des Rates des Stadtbezirks Friedrichshain eingesetzt.

Natürlich war die Einrichtung von Spezialgeschäften in der Stalinallee von höchster politischer Brisanz. Das betraf zum Beispiel auch die Zierfische, um die sich zeitweise zwei Ministerien (Handel und Versorgung sowie Land- und Forstwirtschaft) bemühten. In einem »streng vertraulichen« Schreiben der Abteilung Handel und Versorgung des Magistrats an den Stellvertreter des Oberbürgermeisters heißt es: »Das Ministerium für Land- und Forstwirtschaft ist durch einen Beschluß beauftragt, im Rahmen der Republik einen Zuchtbetrieb für Zierfische etc. aufzubauen, um den spekulativen Machenschaften dieses Produktions- und Handelszweiges, der sich bis jetzt ausschließlich in privater Hand befindet, entgegen zu wirken. Dieser Zuchtbetrieb hat nicht nur die Aufgabe, dem Außenhandel die entsprechende Ware bereitzustellen, sondern gleichzeitig als niveau- und preisbestimmender Faktor im Einzelhandel zu wirken, aus diesem Grunde ist es erforderlich, entsprechende Ladenräume repräsentativer Art [da hier auch bestimmte Exportverbindungen geknüpft werden sollen] zuerst in Berlin und später auch in anderen Bezirks-Städten der Republik einzurichten ... Entsprechend der Bedeutung der Entwicklung insbesondere des Zierfischhandels im volkseigenen Sektor, wäre es angebracht, daß hier Zuchtbetrieb, d. h. Produktion und Handel, in einer Hand liegt, um beeinflussend wirken zu können und gleichzeitig damit die Voraussetzungen zu schaffen, mit den gemachten Erfahrungen solche Geschäfte im staatlichen Handel zu entwickeln und damit auch gleichzeitig auf diesem Gebiet das Monopol des privaten Handels zu brechen.«[13]

In diesem Zusammenhang erhebt sich die Frage, welche Möglichkeiten es für private Unternehmer gab, in der Stalinallee tätig zu werden. Die Bautätigkeit und die Fertigstellung von Geschäften, ihre geplante Vergabe an Industriebetriebe, blieben – sie wurden ja auch über die Presse bekannt – natürlich auch Privatunternehmern nicht

»Erst besinn's, dann beginn's! In den geschmackvoll eingerichteten Wein- und Spirituosenverkaufsstellen kann jeder Käufer kosten, ehe er seine Wahl trifft« (1953)

verborgen. Vereinzelt bemühten sich auch selbständige Gewerbetreibende um Geschäftsräume in der Allee. Zwei Fälle zeigen allerdings den krassen Unterschied in der Behandlung von Bewerbern um Gewerberaum aus dem West- und aus dem Ostteil Berlins:

So wollte Stefan Feig, der Inhaber eines Betriebes für »Feine Herrenkleider-Fabrikation« und »Sportliche Damenmäntel« aus der Heinrich-Roller-Straße im (Ost-Berliner) Bezirk Prenzlauer Berg, ein Industriewaren-Einzelhandelsgeschäft in den Neubauten der Stalinallee eröffnen und bat im Dezember 1953 um Mitteilung, »ob mir als

13 LAB, Rep. 113, Abt. Handel und Versorgung, Nr. 633: Einrichtung von Spezialgeschäften 1953–1956.

Privatfirma hierzu Genehmigung erteilt werden würde«.[14] Das zuständige Ratsmitglied aus Friedrichshain leitete den Vorgang an die Abteilung Handel und Versorgung im Magistrat und bekam ihn von dort postwendend mit dem Vermerk zurück, künftig solche Angelegenheiten selbst erledigen zu wollen. Eine Geschäftseröffnung komme selbstverständlich nicht in Frage.

Etwas mehr Mühe gab sich die Verwaltung mit der Behandlung des Schreibens von Fritz Wagert aus (West-) Berlin-Wannsee, der sich im Februar/März 1955 darum bemühte, »ein völlig neuartiges Jugendmode-Geschäft« in der Stalinallee zu eröffnen. Er bekam vom Magistratsreferenten Bienek die Antwort, seinem Wunsch stehe man »durchaus positiv gegenüber«, allerdings bestehe »bei den zur Zeit erbauten oder im Bau befindlichen Geschäften in unserer Stalinallee nicht mehr die Möglichkeit der Übernahme durch einen Neunutzer, da die Vergabe ... bereits erfolgt« sei.[15] Herrn Wagert wurde jedoch »Unterstützung bei der Erreichung einer Gewerbe-Genehmigung und der Möglichkeit einer Geschäftseröffnung in einer anderen entsprechenden Gegend in vollem Maße« zugesichert. »Um in den Besitz einer entsprechenden Gewerbe-Genehmigung zu gelangen, ist es allerdings erforderlich, daß Sie Bürger des Demokratischen Sektor von Groß-Berlin werden, d. h., daß Sie eine entsprechende Veränderung Ihres Wohnsitzes vornehmen«.[16]

Vermutlich wird Herr Wagert es vorgezogen haben, seinen Wohnsitz in Berlin-Wannsee zu belassen; es ist jedoch nicht ohne Reiz, sein Vorhaben für ein »bescheidenes, aber völlig neuartiges Jugendmodegeschäft« mit »interessanter Mischung von Kunsthandwerk und Mode« hier vorzustellen: »Aus diesem Grunde schwebt uns ein Laden vor, der in seiner malerischen und interessanten Dekoration wie auch in seinen angebotenen Erzeugnissen der großartigen Stalinallee einen neuartigen Akzent geben soll. Es geht uns auch darum, der Jugend zu zeigen, was man alles aus den hervorragenden Stoffen der Deutschen Demokratischen Republik machen kann. Im einzelnen wollen wir die kunsthandwerkliche Veredlung pflegen durch Handdruck auf Stoffen, Handmalerei und Strickerei ...«[17] Für ihr »apartes Vorhaben« hatte sich das Ehepaar einen seinerzeit noch im Bau befindlichen kleinen Laden an der Ecke Bersarinstraße ausgesucht. Die Ausstattung stellte man sich bescheiden vor, »vielleicht in gespritztem Rauhputz mit einfachem Farbanstrich oder – wenn getäfelt – in gebranntem Lärchenholz«. Es war beabsichtigt, den Raum »mit farbigen Stoffen reich und malerisch zu schmücken».[18] So weit zu diesem – abgelehnten – Angebot.

Das Jugendmodegeschäft war allerdings auf Veranlassung des Amtes für Jugendfragen beim Oberbürgermeister schon einige Zeit als Geschäft für »Backfischbekleidung« durch die Akten gegeistert. So hatte es im Mai 1954 einen Briefwechsel zwischen dem Amt für Jugendfragen beim Oberbürgermeister und der Abteilung Handel und Versorgung des Magistrats gegeben: »Dem Herrn OB wurde ein Entwurf für ein Jugendprogramm in Berlin übermittelt. In diesem Programm ist u. a. vorgesehen, in der Stalinallee ein Geschäft für moderne und schöne Jugendbekleidung einzurichten, dieses Geschäft soll in Verbindung mit dem Institut für Bekleidungsindustrie die Produktion der gewünschten Jugendbekleidung beeinflussen. Wir bitten Sie, die Einrichtung eines solchen Geschäftes vorzubereiten.« Die Antwort fünf Wochen später: »Wir bitten zur Kenntnis zu nehmen, daß vom HO-Kreisbetrieb Stalinallee am 1. 8. 1954 ein sog. Kinderkaufhaus am Strausberger Platz eröffnet wird, das nach den Angaben der HO-Stalinallee ein volles Warensortiment der Kinder- und Jugendbekleidung führt und u. a. sich der Beachtung der volkswirtschaftlichen Bedürfnisse der ›Backfischbekleidung‹ vornehmlich widmen wird».[19]

Es bedurfte allerdings erst der Beschlüsse des VIII. SED-Parteitages 1970, bis zwanzig Jahre

14 Vgl. LAB, Rep. 113, Abt. Handel und Versorgung, Nr. 634: Ladeneinrichtungen Stalinallee 1953–1956.
15 *Ebda.*
16 *Ebda.*
17 *Ebda.*
18 *Ebda.*
19 *Ebda.*

Blick auf die Terrasse des »Café-Restaurant Warschau« im Block D-Nord. In der Ausschreibung des »Wettbewerbs zur Erlangung von Bebauungsvorschlägen und Entwürfen für die städtebauliche und architektonische Gestaltung der Stalinallee in Berlin« vom 25. April 1951 hieß es: »Die in der Stalinallee zu errichtenden Gebäude sollen Wohnhäuser sein, in deren Erdgeschossen vorwiegend auf der Südseite der Stalinallee repräsentative Läden überörtlicher Bedeutung vorzusehen sind. In die Bebauung sind ferner einzubeziehen: 2 Kinos mit je 1000 bis 1200 Plätzen (wovon ein Kino mit Bühne auszustatten ist) und einige Gaststätten und Cafés, für deren Lage die Nordseite der Straße besonders geeignet erscheint.« Sowohl die Gaststätten »Haus Budapest« (C-Nord), »Café-Restaurant Warschau« als auch die Gaststätte »Zum Frankfurter Tor« (G-Nord; später »Bukarest«) wurden mit großzügigen hochliegenden Terrassen ausgestattet, die anfangs auch genutzt wurden

später ein derartiges Geschäft im Block C-Nord eingerichtet wurde. Auch dies geschah in Verbindung mit der Industrie. Das in Rostock aus dem Boden gestampfte Werk für Blue-Jeans lieferte und verkaufte hier.

Fast über jedes in der Stalinallee eingerichtete Geschäft gibt es Aktenmaterial im Landesarchiv Berlin. Zu einer Dokumentation des Baudenkmals Stalinallee gehört unbedingt auch eine Dokumentation über die spezifischen Entstehungsbedingungen dieser Geschäfte. Die Besprechungen der HO-Handelsleiter, die im übrigen monatlich in verschiedenen Gaststätten oder Nahrungsmittelbetrieben stattfanden, bieten überdies ebenfalls reichlich kulturgeschichtlich interessantes, teilweise amüsantes Material, beispielsweise, wenn es um die »Überprüfung der Ursachen des Umschlagens der Weinsorten Plattensee-Schloßberg, Wachauer Riesling, Tapolka und Kiravi« , die Belieferung mit »Pufferina mit Menthol« oder die

Verteilung einer Eisenbahnwaggonladung in 200 Kilogramm-Fässern aus Bulgarien gelieferten Schipka-Käses geht.[20]

Rasch kollidierten die Geschäftsinteressen der Industriebetriebe mit den Erfordernissen der zentralen Planung. Teilweise versuchten sie sogar Gewinne zu erwirtschaften, wofür sie sich prompt einen Rüffel einhandelten. Im Industrieladen »Apoldaer Lederwaren« gab es wirklich Lederhandschuhe. Das sprach sich unter der Kundschaft herum. Die Handschuhe verkauften sich gut. Der Leiter des HO-Warenhauses am Alexanderplatz, dem keine Handschuhe geliefert wurden, beschwerte sich darüber bei der HO-Zentrale und verlangte, die Industrieläden müßten die Ersatzstoffe propagieren, statt zu versuchen, ihre Ware dort mit Gewinn zu verkaufen. Es häuften sich die Absurditäten.

Probleme gab es von Anfang an auch mit den großen HO-Gaststätten. Sie waren für die HO ein Verlustgeschäft. Die Preise waren für die damaligen Einkommensverhältnisse zu hoch. Das potentielle Friedrichshainer Publikum, das am Spätnachmittag von der Arbeit kam und vielleicht sogar Hunger hatte, war »nicht ausgehfein« angezogen, um im »Café Warschau« oder im Restaurant »Budapest« zu essen. Unsinnige Wettbewerbe unter den Beschäftigten der HO-Gaststättenbetriebe – so forderten die Küchenkräfte trotz fehlender Gäste eine »Bezahlung nach der Leistung«, wie sie in der Mitropa am Hauptbahnhof Leipzig eingeführt worden war, die Bedienungen wurden in Kollektive eingeteilt und sollten wie die Maurer im Zweier- und Dreier-System arbeiten – verschlimmerten die Misere. Die HO-Gaststättenleiter bemühten sich, die Verluste in Grenzen zu halten. »Abo-Essen« (Mittagessen für Angestellte der umliegenden Betriebe und Geschäfte im Abonnement) wurde propagiert, hatte aber auch keinen durchschlagenden Erfolg. Einen drastischen Umsatzrückgang brachte die Einführung des »Ausweiszwanges«. West-Berliner und Westdeutsche mußten 1 : 1 bezahlen. Die Beschaffung von Papierservietten für das Restaurant Budapest war zeitweise nicht möglich.

»Gästeaktive« beklagten sich entsprechend über mangelnde »Kultur«. Die für »Moskauer Verhältnisse« geplanten Gaststätten konnten im traditionell proletarisch geprägten Berliner Osten zunächst nicht funktionieren.

Abhilfe versprach man sich von der »Kultur«. Die Anfang 1955 extra eingerichtete »Abteilung Kultur« des Rates regte im Oktober 1955 u. a. die »Durchführung von Tanztees und Hausfrauennachmittagen« in den HO-Gaststätten Warschau und Budapest an, was der Direktor der HO-Gaststätten jedoch ablehnte, da die Räume dazu nicht geeignet seien. Auch Kabarettveranstaltungen fanden keinen Anklang, da die Zuschauer hinter den Säulen in den Gaststätten nichts sehen konnten.

Damit komme ich zum dritten Schwerpunkt meines Vortrages: der »Kultur«. Hier möchte ich etwas ausführlicher aus einem Bericht zitieren, der uns in seinem Tenor merkwürdig vertraut vorkommen mag. Im November 1955 hatte der Rat des Stadtbezirks Friedrichshain beschlossen, Vorschläge auszuarbeiten, wie die Stalinallee zu einem kulturellen Zentrum gestaltet werden könne. Am 22. Februar 1956 gab der stellvertretende Ratsvorsitzende, Georg Kubitza, auf der 146. Ratssitzung seinen Bericht über die »Verschönerung der Stalinallee – gemäß Ratsbeschluß vom 9. 11. 1955«.[21]

Ich zitiere aus der Einleitung: »Wer erinnert sich nicht gern an den 27. September 1952, wo die Berliner das größte Richtfest aller Zeiten für 2200 Wohnungen in der Stalinallee feierten. Und heute lebt die Stalinallee schon über drei Jahre in voller gesellschaftlicher Funktion in der sie umgebenden Stadt. 9000 Einwohner haben sich glücklich eingelebt, und in der Gesamt-Berliner und gesamtdeutschen Arbeit hat die Stalinallee ein wichtiges Wort mitzureden.

Der Berliner liebt seine Stalinallee; die vielen Diskussionen aber zeigen, daß er mit ihr nicht ganz zufrieden ist. Er ist unzufrieden, weil an einem normalen Abend kein buntes, frohes Leben

20 Vgl. dazu und zum folgenden LAB, Rep. 113, Abt. Handel und Versorgung, Nr. 570: Arbeitsberatungen der Handelsleiter 1955–1957.

21 Vgl. hierzu LAB, Rep. 135, Nr. 398–400.

herrscht. Es ist zweifellos darauf zurückzuführen, daß es
1. in der Stalinallee zu wenig Einrichtungen gibt, um die herum sich abendliches Leben entwickelt, wie z. B. Kinos, Hotels, größere Tanzlokale, einige typische Berliner Gaststätten. Wenn wir einen Besuch der Schönhauser Allee abstatten, dann werden wir feststellen, daß diese Straße all diese Einrichtungen aufweist und das abendliche Leben pulsiert. Die deutsche Bauakademie hat sich wahrscheinlich ursprünglich die Stalinallee als eine ruhige Wohn- und Geschäftsstraße vorgestellt. Man sah damals noch nicht, daß die Stalinallee den Charakter eines großen Boulevards haben muß, in dem das Leben und der Verkehr einer Großstadt Tag und Nacht pulsierten, wie es z. B. in den Hauptstraßen Moskaus, der Marschalkowskaja und der Jerusalemskaja in Warschau oder in den Hauptstraßen von Paris zu spüren ist.
2. Die gesellschaftlichen Organisationen, die HO-Gaststätten und der Handel verstehen es nicht, durch gute Veranstaltungen und Vorführungen verschiedener Art die Werktätigen zum Besuch der Stalinallee heranzuziehen.
Es muß mehr Leben in die Stalinallee; von diesem Gedanken getragen beauftragte mich der Rat in seiner Sitzung vom 9. 11. 55, Vorschläge zu unterbreiten, wie die Stalinallee zu einem kulturellen Zentrum gestaltet werden kann«.

Nach dem Hinweis auf die »Hauptaufgaben Modernisieren, Mechanisieren und Automatisieren« und die Konzentration auf die Schwer- und Maschinenbauindustrie, die die Realisierung der von der Bevölkerung geforderten weiteren Kinos zur Zeit nicht möglich machen, folgte im Bericht ein Neun-Punkte-Programm, das u. a. folgende Empfehlungen an den Magistrat enthielt:

- Bau eines Tanzlokals für 500 Personen und eines Kabaretts am Platz an der Stalinallee,
- Organisation von Sport- und Kulturveranstaltungen an trainingsfreien Tagen in der Deutschen Sporthalle,
- Ausstattung der Kaffeestube in Block B-Nord mit einem Vorgarten auf der Promenade,
- Einrichtung einer Imbißstube in der Fleischwarenverkaufsstelle in B-Süd,
- »Der gegenüber der Sporthalle Ecke Andreasstraße stehende Kiosk des Delegationsbüros ist ... durch die HO-Gaststätten in eine Stehbierhalle mit Schnellimbiß umzugestalten«,
- Einrichtung eines Bratwurststandes und eines Blumenpavillons vor der Sporthalle,
- Glasvitrinen und Stadtpläne mit Hinweisen für Kulturveranstaltungen in »gefälligem Abstand« auf der Promenade Nordseite,
- Die Schriftbeleuchtung ist abwechslungsreicher zu gestalten. Die Gaststätte Budapest ist mit einer senkrechten Beleuchtung von der Terassenoberkante bis zur Gesimsunterkante zu versehen. Auf der Gebäudeecke Budapest ist ein weithin sichtbares HO drehbar wie beim Berliner Ensemble aufzustellen,
- zwischen 0.30 Uhr und 3.00 Uhr Omnibuspendelverkehr zwischen S-Bhf. Stalinallee und Alexanderplatz.

In der folgenden Diskussion wurde u. a. zum Flaggenschmuck der Stalinallee angeregt, »in den Ausspracheabenden der Haus- und Straßenvertrauensleute und den Wohnorganisationen der Partei [sollte] darauf hingewiesen werden, daß die Flaggen nicht von einem Nationalfeiertag zum anderen hängen bleiben«.

Der Rat beschloß, diese Empfehlungen an den Magistrat weiterzugeben und beauftragte u. a. die Wohnungsverwaltung »gemeinsam mit dem Chefarchitekten das Anbringen von Blumenkästen an den Balkonen mit finanzieller Unterstützung durch die Bevölkerung zu überprüfen«.

Wie man sich denken kann, stieß auch dieses Vorhaben bei seiner Umsetzung in die Praxis auf zahlreiche Hindernisse. Auch hatte der Chefarchitekt, wie die Ratsmitglieder bald merken sollten, längst ganz andere Sorgen, als »das Anbringen von Blumenkästen« zu forcieren.

Ein Schlüsseldokument in den Akten des Bezirksamtes ist das Protokoll über den Besuch des Chefarchitekten der Hauptstadt, Hermann Henselmann, auf der Sitzung des Rates des Stadtbezirks am 14. März 1956.

Henselmann war eingeladen worden, um direkt den Bezirksratsmitgliedern über die Planungen zum »sozialistischen Ensemble« zu berichten. Das sozialistische Ensemble mit 1600 Wohnungen sollte zwischen Andreas- und Koppenstraße

gebaut werden (Wohnkomplex am Andreasplatz). Die Ratsmitglieder sollten die Möglichkeit haben, ihm unmittelbar ihre Fragen zu stellen. Zahlreiche Gäste, darunter neun Mitglieder der SED-Kreisleitung, waren anwesend.
Henselmann gab seinen Bericht mündlich. Er brauchte nicht zu befürchten, im Rat wegen schlechter Vorbereitung »angezählt« zu werden. Sein Erscheinen war freiwillig. Rechenschaft schuldig war er den Ratsmitgliedern nicht. Eingangs wurden diese deshalb aufgefordert, sich Notizen zu machen, um »hinterher fundiert diskutieren zu können«.
Henselmann »legte los« und entwarf Visionen: Großblockbauweise sei angesagt. Es werde »fliegende Baustellen« geben und in Zukunft nicht mehr üblich sein, Wohnhäuser an Verkehrsstraßen entlang zu bauen. Wohin das führe, würde man an der Stalinallee sehen. Es sei ja offensichtlich, sie könne nicht funktionieren. Man könne die Menschen nicht an der Autobahn wohnen lassen. Einzelne Blöcke, Grün dazwischen, mit extra Einkaufszentren würden künftig gebaut.
Die Allee war noch nicht einmal fertig, die Ratsmitglieder würden sich auch künftig mit den konkreten Problemen der Bewohner herumschlagen müssen – da fertigte der verantwortliche Architekt das ganze Ensemble gewissermaßen als »Kinderkrankheit« ab und hatte kaum mehr als eine wegwerfende Handbewegung dafür übrig. Bei der Erläuterung des Projekts sagte er u. a.: »Sie wissen, daß hier eine ziemlich hohe Wand steht von 8 Stockwerken, die Stalinallee. Es kommt jetzt darauf an, dieses Gefälle vorn und hinten ... aufzuheben. Deshalb schlage ich vor ... gewisse Höhenakzente ... Das macht die Bebauung harmonischer ... Das sind sogenannte Punkthäuser.«
Sein Konzept ging zumindest bei einigen der Anwesenden zunächst auf: Voller Begeisterung kam einer auf die Idee, sofort sämtliche Register der ideologischen und Propagandaarbeit zu ziehen und eine große Kampagne zu starten, um einen »neuen Typ« Bauarbeiter zu erziehen. Trocken vermerkt das Protokoll: Kollege XY wirft ein, daß es ja bei der soeben vorgestellten Plattenbauweise kaum mehr Bauarbeiter gebe.
Nun kehren auch die anderen Ratsmitglieder auf den Boden der Tatsachen zurück und stellen keck konkrete Fragen im Zusammenhang mit dem geplanten Ensemble: Sportanlagen? Henselmann: um das Hotel könne er sich Tennisplätze denken. Daraufhin Gemurmel/Antwort: Er solle nicht vergessen, daß er sich im Berliner Osten befinde. Henselmann: Als Tischler habe er selbst im Berliner Osten gearbeitet ...
Schon ist die geplante Zeit um, die nächsten Termine drängen den Meister. Er verabschiedet sich und rauscht davon. Die Ratsmitglieder bleiben einigermaßen »betripst« zurück und stellen fest, daß sie nun »so schlau sind wie zuvor«. Die einzige in der Runde anwesende Frau meint gedankenschwer: »Die ganze Tragik liegt in der doppelten Unterstellung«.
Daraufhin wird die Sitzung geschlossen.

Harald Bodenschatz

Antworten West-Berlins auf die Stalinallee

Der frühe Bau der Stalinallee in Ost-Berlin brachte die West-Berliner Stadtpolitik in Zugzwang, in quasi militärischen Zugzwang. Denn vor allem in den fünfziger Jahren war Städtebau und Architektur ein Element des Kalten Krieges. Was war aber die Antwort West-Berlins auf die Stalinallee? Das Hansaviertel, so verkünden es zumindest die Medien – bis heute. Berühmt ist die Gegenüberstellung der Fotos von Hansaviertel und Stalinallee, von Gut und Böse, von zukunftsträchtiger Stadtlandschaft und überholter Stadt.

Gerade diese Gegenüberstellung hat eine nüchterne Wahrnehmung des Hansaviertels außerordentlich erschwert. Als Schachzug im Kalten Krieg des Städtebaus ist das Hansaviertel mit zahlreichen Legenden und propagandistischen Interpretationen gepanzert, die bis heute fortwirken.

Um von vornherein Mißverständnissen vorzubeugen: Das Hansaviertel ist zweifellos ein herausragendes Produkt des West-Berliner Städtebaus der fünfziger Jahre, Dokument der angestrebten radikalen Auflockerung der Innenstadt und Überwindung der Mietskasernenstadt, eine großartige Palette moderner Nachkriegsarchitektur und ohne Zweifel ein würdiger Gegenstand des Denkmalschutzes. All dies ist oft verkündet, begründet und geschrieben worden.

Das Hansaviertel war aber auch ein Beispiel für propagandistisch inszenierten Städtebau, für ideologisch verkleisterten Städtebau, ein Beispiel für die politisch motivierte Festivalisierung des Städtebaus. Auf diese Problematik, auf die propagandistische Inszenierung und Interpretation will ich mich im folgenden konzentrieren. Dabei werde ich mich mit vier Behauptungen auseinandersetzen.

Erste Behauptung: »Das Hansaviertel ist die West-Berliner Antwort auf den Bau der Stalinallee«

Diese Behauptung ist richtig und falsch zugleich. Richtig, da das Hansaviertel das am aufwendigsten inszenierte Gegenprojekt zur Stalinallee war, falsch, wenn mit dieser These – wie oft suggeriert – eine Gleichzeitigkeit unterstellt wird. Das Hansaviertel war eine verspätete Antwort, ein Nachklappen, das für West-Berlin politisch sehr unangenehm war und das daher gerne vernebelt wird.

Betrachten wir die nüchternen Daten: Am 25. April 1951 wird der Wettbewerb Stalinallee ausgeschrieben, am 31. Juli 1951 abgeschlossen. Am 1. September 1951 werden die Wettbewerbsergebnisse vorgestellt und anschließend überarbeitet. Am 1. Januar 1952 beginnt der Bau der Stalinallee, am 21. Dezember 1952 werden »die Schlüssel der ersten 1148 Wohnungen den zukünftigen Mietern überreicht«[1], und am 17. Juni 1953 ist der Bau bekanntlich schon weit fortgeschritten.

Dagegen wird der Ideenwettbewerb für die Be-

1 Johann Friedrich Geist/Klaus Kürvers, *Das Berliner Mietshaus 1945–1989,* München 1989, S. 348.

»Beratung vor dem Modell des neuen Hansaviertels«, v. l. n. r.: Le Corbusier, Walter Gropius, Rolf Schwedler, Otto Bartning

bauung des neuen Hansaviertels durch West-Berlin erst am 13. Juni 1953 vom West-Berliner Senat ausgeschrieben. Dieser Wettbewerb wird am 15. Dezember 1953 entschieden – zugunsten des Beitrages von Willi Kreuer und Gerhard Jobst. Der preisgekrönte Beitrag ist durch eine locker gruppierte, sich zum Tiergarten öffnende Komposition von Wohnscheiben gekennzeichnet. Er verdeutlicht über den geplanten radikalen Bruch mit der Stadt des späten 19. Jahrhunderts hinaus auch bereits die Orientierung an der autogerechten Stadt. Entlang der S-Bahntrasse ist eine Schnellstraße vorgesehen, die sich mit der Altonaer Straße in einem aufwendigen Verkehrsknoten trifft.

In den Erläuterungen zum Wettbewerbsbericht von 1953 schreiben Willi Kreuer und Gerhard Jobst: »Die Bebauung am Tiergarten hat dem Maßstab einer Weltstadt zu entsprechen. Weiter Blick aus den Wohnungen und weite Abstände zwischen den Häusern führen zu Wohngebäuden mit einer hohen Anzahl von Stockwerken ... In freier Natürlichkeit sind die geplanten höheren Häuser um zwei Ausbuchtungen des Tiergartens gelegt und sollen sich durch diese Zwanglosigkeit in einen klar zum Ausdruck kommenden Gegensatz zu diktatorisch ausgerichteten Bauten stellen.«[2]

Bereits am 3. August 1953 beschließt der Senat, eine Internationale Bauausstellung für das Jahr 1956 mit dem neuen Hansaviertel als Zentrum auszurichten. Das ist als Versuch zu werten, aus der städtebaulichen Defensive herauszukommen, als Versuch, mit einer Galashow internationaler Architekten West-Berlin als Bühne der Stadt von Morgen zu präsentieren. Der gewählte Ort ist programmatisch: Wie die Stalinallee im Osten liegt das Hansaviertel im Westen an der großen Ost-West-Achse von Berlin. Damit wird ein riskantes Prestigeprojekt auf den Weg gebracht. Um das Risiko zu vermindern, wird schon bald der preisgekrönte Vorschlag von Kreuer und Jobst gekippt. Denn dieser Vorschlag bietet in der Tat nur sehr wenig Spielraum für einen repräsentativen Aufmarsch von Einzelgebäuden.

Da die von Kreuer und Jobst vorgeschlagenen Gebäude als »Raumabschlüsse« wirken, so die damalige Argumentation, können sie keine »Individualitäten« darstellen. »Dem widerspricht aber die wichtigste Zielsetzung des Ausstellungsvorhabens, nämlich eine Fülle von baulichen Individualitäten zu schaffen durch Heranziehung von namhaften Architekten des In- und Auslandes.«[3] Deutlich wird so eine Zurücknahme des städtebaulichen Anspruchs zugunsten einer Präsentation von Einzelgebäuden.

Auch unter politischen Gesichtspunkten wird der Wettbewerbsentwurf kritisiert: Durch die Redu-

2 Willi Kreuer/Gerhard Jobst, *Erläuterungen zum Wettbewerbsbericht für die Bebauung des Hansaviertels*, Berlin 1953.

3 *Verwendbarkeit des preisgekrönten Entwurfs Jobst/Kreuer für die Internationale Bauausstellung 1956 im Hansaviertel*, 11.2.1954.

zierung der Baumassen auf nur wenige Körper werde die Reprivatisierung des Eigentums an Grund und Boden nach erfolgter Baulandumlegung außerordentlich erschwert. Diese Reprivatisierung »ergibt sich nicht nur aus den Forderungen der Grundeigentümer, sondern auch aus der allgemeinen politischen Konstellation und der Notwendigkeit, hier in West-Berlin nach grundsätzlich anderen Richtlinien zu verfahren, als sie etwa in Ost-Berlin – Stalinallee – angewendet werden.«[4]
Oder mit anderen Worten: »Berlin«, so Seifarth auf einer Tagung in Würzburg im Juli 1954, »ist gezwungen, Eigentümeraufbau zu treiben, denn es muß als Gegenbeispiel zur Stalinallee etwas hinstellen, was gegenüber der Rechtswillkür und dem Kollektivismus des Ostens die schöpferische Kraft der Privatinitiative dokumentiert.«[5]
Fazit des Vermerks über die Verwendbarkeit des preisgekrönten Entwurfs vom 11. Februar 1954: Der Entwurf ist »für die Durchführung einer ... Ausstellung wenig geeignet«, ein »Versagen des Entwurfs«[6] ist zu erwarten.
Im Zuge der »Weiterentwicklung« des Entwurfs durch den »Leitenden Ausschuß« der Interbau und die Berliner Bauverwaltung wird unter maßgeblicher Beteiligung von Otto Bartning, dem Vorsitzenden des Leitenden Ausschusses und Präsidenten des Bundes Deutscher Architekten, ein weitgehend neuer Bebauungsvorschlag erarbeitet.
Ende 1954 wird der Entwicklungsträger gegründet, die Aktiengesellschaft für den Aufbau des Hansaviertels (Hansa AG). Und erst am 11. März 1955 liegt ein Richtplan vor. Am 5. August 1955 findet eine symbolische Grundsteinlegung für den ersten Neubau im Hansaviertel statt, realer Baubeginn ist allerdings erst im Jahre 1956.[7] Da der Zeitplan nicht eingehalten werden kann, wird die Bauausstellung um ein Jahr verschoben – auf 1957.
Das Hansaviertel ist also eine verspätete Antwort auf die Stalinallee. Gibt es aber keine gleichzeitige Antwort West-Berlins? Doch, es gibt sie, oder genauer: Es gibt eine frühere Antwort auf die Stalinallee, die allerdings auch erst lange nach Baubeginn in Ost-Berlin formuliert wird. Die gleichzeitige Antwort erweist sich allerdings als etwas mager, als Zeichen für die Zurückgebliebenheit West-Berlins in der städtebaulichen Aufrüstung und daher nicht als ein Projekt, das von der Propagandamaschinerie dauerhaft hochgehalten wird. Es handelt sich um das Demonstrativbauvorhaben Ernst-Reuter-Siedlung des Architekten Felix Hinssen.
Daß gerade die Ernst-Reuter-Siedlung im Arbeiterbezirk Wedding das erste große Propagandaprojekt auf West-Berliner Seite geworden ist, hat mehrere Gründe: Zum einen sind die Grundstücksverhältnisse hier sehr viel einfacher als in anderen Wiederaufbaugebieten; es gibt nämlich faktisch nur einen Großeigentümer der gut 33000 Quadratmeter großen oder besser kleinen Baufläche, die Thomashof AG. Zum anderen liegt diese Fläche sehr nahe an der Sektorengrenze, ihre Bebauung ist zugleich ein »westliches« Fanal gen Osten.
Nach Plänen des Stadtplanungsamtes Wedding wird die Neubebauung in zwei Bauabschnitte gegliedert. Baubeginn ist am 10. Oktober 1953. Bis zum Jahr 1954 wird auf der großen, von Ruinen bereits freigeräumten Fläche gebaut, dann 1955 an der Ackerstraße – in unmittelbarer Nachbarschaft zu den Resten des berüchtigten »Meyer's Hof«, des Symbolbaus der verhaßten Mietskasernenstadt. Für die neue Siedlung werden bis dahin noch bewohnte Mietskasernen abgerissen. Dabei ist der Umgang mit den Mietern sehr ruppig.
Die 1955 in traditionellem, verputztem Mauerwerk fertiggestellte Gesamtanlage der Ernst-Reuter-Siedlung demonstriert in beeindruckender Weise den Bruch mit der alten Bebauung: Das Gewerbe ist verschwunden, die relative Einheitlichkeit der Höhe der Mietskasernen wird durch eine Höhenstaffelung abgelöst, Schmuckformen sind vermieden worden, der Blockrand bleibt ungeschlossen, die Anlage verfügt über eine private

4 *Ebda.*
5 Seifarth, *Das Hansaviertel Berlin als ein Versuch der städtebaulichen Neuordnung beim privaten Aufbau*, in: *Der innenstädtische Aufbau in den zerstörten Städten*. Würzburger Tagung am 3. 7. 1954.
6 *Verwendbarkeit* ... (wie Anm. 3).
7 J. Geist/K. Küvers, *Das Berliner Mietshaus* ... (wie Anm. 1), S. 383.

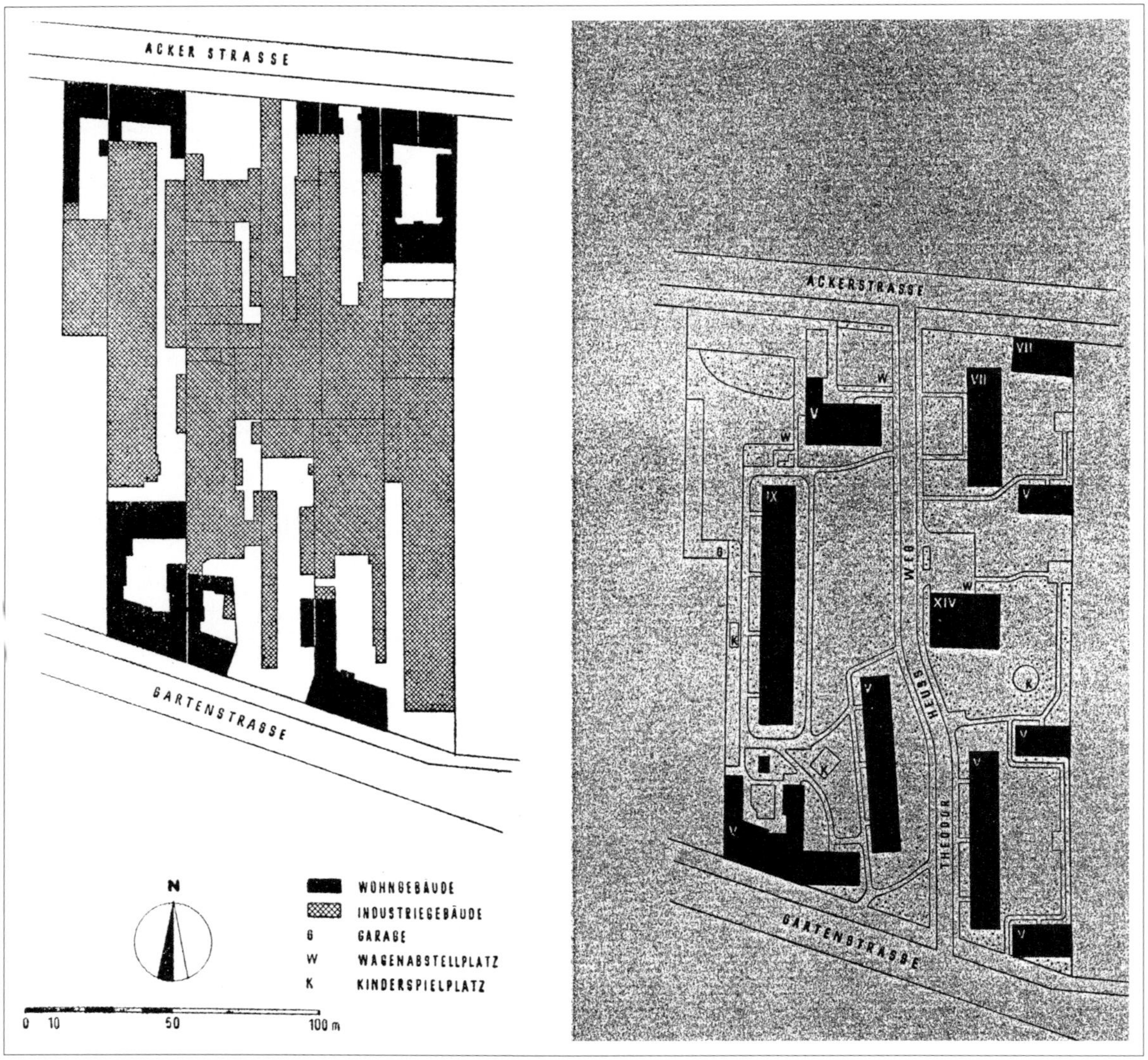

Lageplan des Grundstücks der Ernst-Reuter-Siedlung vor und nach der Erneuerung

Erschließungsstraße und ist durchgrünt. »Gerade dort, dicht an der Sektorengrenze, wo auch die ganz alten Mietskasernen mit langen Gemeinschaftsfluren ohne abgeteilte Wohnungen zu finden sind, stechen die jetzt dort errichteten Wohnbauten der neuen Siedlung in ihrer aufgelockerten Bebauung besonders ab.«[8]

Die Siedlung wird am 18. Juli 1954 mit großem Pomp eingeweiht. Bundespräsident Theodor Heuss eröffnet die Feier mit einer Rede und gibt der Siedlung den programmatischen Namen »Ernst-Reuter-Siedlung«. Aber auch der Name des Bundespräsidenten wird verewigt – in der Privatstraße, die Theodor-Heuss-Weg genannt wird. Hanna Reuter, die Frau des im September verstorbenen West-Berliner Bürgermeisters, enthüllt eine bronzene Büste Ernst Reuters.

In der Rede von Paul Hertz, Senator a. D., heißt es u. a.: »... kein Bauwerk haben wir bisher errichtet, das an Bedeutung dem heutigen gleicht. Die Anwesenheit und das Interesse des Herrn Bundespräsidenten beweist das«.[9] Und weiter: »Ernst Reuter sah die Bedeutung dieser Gartenstadt nicht nur in dem Glück der Menschen, die hier wohnen werden. Für ihn war besonders wichtig, daß dieses außergewöhnliche Aufbauwerk unseren Landsleuten in Ost-Berlin und in der Ostzone zeigen würde, was eine freiheitliche demokratische Ordnung ohne Zwang und Gewalt an Neuem und Schönem zu leisten vermag ...[10] Das Ziel des sozialen Wohnungsbaues ist: zweckmäßiges Bauen. Wir wollen keine Prunkbauten, keine Reklame-Fassaden, bei denen das Äußere wichtiger ist als der Inhalt. Es scheint das Vorrecht jedes diktatorischen Systems zu sein, daß es durch erheblichen Aufwand von Propaganda eine kleine Tat zu einem historischen Ereignis machen kann. Aber wie wenig bedeutet eine Stalinallee gegenüber den rund 1000 Baustellen in West-Berlin ...«[11]

Begrifflich äußerst befremdend ist schließlich die Rede des Regierenden Bürgermeisters, Walther Schreiber. Er schließt seine Ansprache mit folgenden Worten: »Ich hoffe, meine lieben Weddinger, Sie werden, wenn Sie sich in Freundschaft und Kameradschaft auf dem ›Theodor-Heuss-Weg‹ begegnen, immer daran denken, daß unser Bundespräsident uns den Weg zu einer neuen und schöneren Volksgemeinschaft führt, als wir sie jemals gehabt haben, ein Weg zu Vaterland und Freiheit.«[12]

Die Siedlung mit ihren eher bescheidenen 423 kleinen Sozialwohnungen ist die Antwort auf die Stalinallee, die West-Berlin angesichts der Schwierigkeiten des Wiederaufbaus zunächst in Szene setzen konnte. Mit der späteren Interbau wird diese Antwort relativiert, weitgehend vergessen und überdeckt. Das Hansaviertel wird zum direkten Gegenspieler der Stalinallee verklärt.

Zweite Behauptung: »Das Hansaviertel ist die freiheitliche Alternative zur kollektivistischen Stalinallee«

Der Entwicklungsträger Hansa AG wird durch folgende gemeinnützige Wohnungsbaugesellschaften gebildet: die Deutsche Gesellschaft zur Förderung des Wohnungsbaues Gemeinnützige AG (DeGeWo), Berlin, die Gemeinnützige Deutsche Wohnungsbaugesellschaft mbH (Deutschbau), Berlin-Hamburg-Frankfurt/Main und das Sozialwerk für Wohnung-Hausrat Gemeinnützige GmbH, Baden-Baden. Das Startkapital beträgt 3 Millionen DM, die drei Gesellschaften sind mit 2,998 Millionen DM beteiligt. Es fehlen also 2000 DM. Für je 1000 DM werden nämlich noch zwei Grundeigentümer im Hansaviertel beteiligt, um die Fahne des privaten Grundeigentums wenigstens symbolisch hochzuhalten. Eine Alibibeteiligung.

Was unternimmt nun der Träger hinsichtlich der notwendigen Bodenordnung? Bodenordnung bedeutet im Falle Hansaviertel, »sämtliche Grund-

8 *Auf halbem Wege ... von der Mietkaserne zum sozialen Wohnungsbau*, hrsg. vom Senator für Bau- und Wohnungswesen, Berlin 1957.

9 *Ernst-Reuter-Siedlung. Zur Erinnerung an die Einweihungsfeier am 18. Juli 1954*, S. 9.

10 *Ernst-Reuter-Siedlung* ... (wie Anm. 9), S. 12.

11 *Ernst-Reuter-Siedlung* ... (wie Anm. 9), S. 15.

12 *Ernst-Reuter-Siedlung* ... (wie Anm. 9), S. 17.

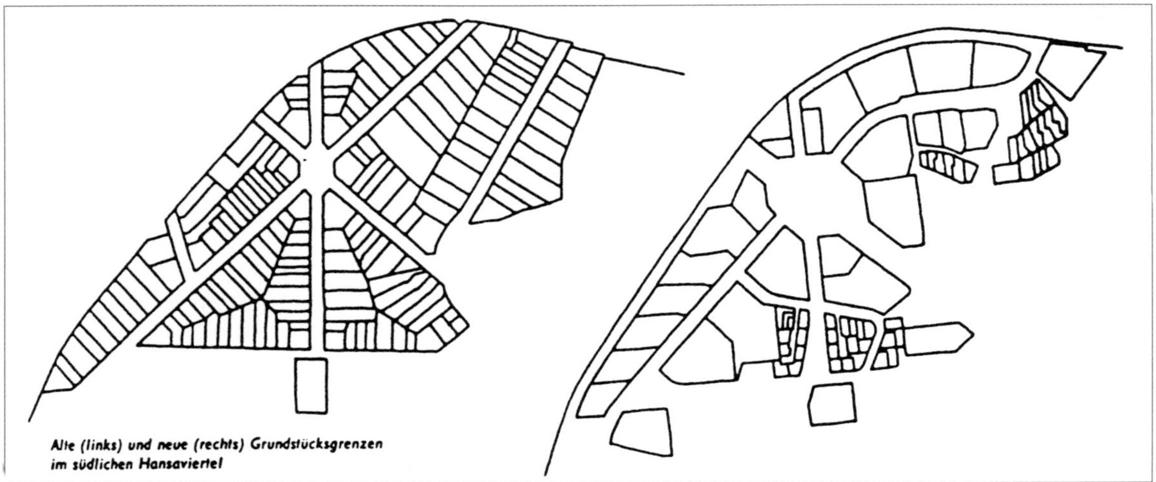

Umwälzung des Stadtgrundrisses im Hansaviertel

stücke zunächst in einer Hand zu vereinigen, um eine Umlegung ›in sich‹ vornehmen zu können«.[13] Vor der Gründung der Gesellschaft umfaßt das Ordnungsgebiet 159 Grundstücke vor allem im kleinteiligen Privatbesitz (177 330 Quadratmeter, ohne Straßen), von denen 22 durch die Stadt Berlin für öffentliche Nutzungen und 137 durch die Gesellschaft zu beschaffen sind. 117 Grundstücke können freihändig erworben werden, in zwölf Fällen werden Enteignungsverfahren durchgeführt, zwei Grundstücke werden von den privaten Gesellschaftsbeteiligten eingebracht. Der Erwerb von vier nicht im Kriege zerstörten Mietshäusern mißlingt. Nach der Neuordnung sollen 20 Groß- und 60 Kleinparzellen gebildet werden.[14]

Bei der Vorbereitung des Baus des Hansaviertels wird also das überkommene private Grundeigentum nahezu vollständig beseitigt. Die groß verkündete »nicht kollektivistische« Politik des Einbezugs der früheren Eigentümer durch das Angebot von Vorzugsaktien, von Geschäftsanteilen und des Rückkaufs nach der Neueinteilung scheitert. Von der Möglichkeit etwa, »ihr Grundstück gegen eine von der Aktiengesellschaft ausgegebene Vorzugsaktie einzubringen, die dann später durch Einziehung gegen den Wert einer Neuparzelle verrechnet wird, ist nur in fünf Fällen Gebrauch gemacht worden«.[15] Als Gründe für das Mißlingen dieser Politik des »Miteigentums« werden ein »Mißtrauen gegen die Aktion« sowie die »sehr ungünstige soziale Gliederung und der Altersaufbau der ehemaligen Eigentümer«[16] angeführt.

So unterschiedlich die Instrumente zur Bodenordnung im Verhältnis zur Stalinallee auch sind, vom Ergebnis her bleibt auch in West-Berlin das kleinparzellierte Privateigentum auf der Strecke. Im Hansaviertel wird das Kleineigentum in Großeigentum transformiert – nicht über den Markt, sondern mit Hilfe des Staates. Allerdings werden nach dem Bau des Hansaviertels die Großgrundstücke reprivatisiert – aber zugunsten neuer

13 Abgeordnetenhaus von Berlin, Senatsvorlage Nr. 298, 13.11.1954.

14 Alfred Rennert, *Was kostet eine Bodenordnung? Erfahrungen vom Hansaviertel Berlin*, in: *Artikeldienst Interbau* vom 4.5.1956.

15 *Interbau Berlin 1957. Wiederaufbau Hansaviertel Berlin*, H. 1, Darmstadt 1957, S. 10.

16 *Ebda.*

Eigentümer, natürlicher wie juristischer Personen, die vor allem von der Möglichkeit der Steuerabschreibung (§ 7b EStG) angelockt werden.

Dritte Behauptung: »Die Verschwendung regiert nur im Osten«

Dies ist eigentlich keine richtige Behauptung, sondern nur ein kleines Verschweigen, sozusagen eine Negativinterpretation. Mit Genuß wird im kalten Städtebaukrieg gegen die Verschwendung von Ressourcen beim Bau der Stalinallee zu Felde gezogen; die eigene Verschwendung wird zwar intern diskutiert, nach außen hin aber möglichst verschwiegen. Der Bau des Hansaviertels ist aber ein ungeheuerlich kostspieliges Unterfangen.
Zunächst muß die Umwälzung der Grundstücksverhältnisse bezahlt werden. Dann die restlose Beseitigung der alten Stadt: der Abbruch der noch genutzten Gebäude und die Entfernung der Kellerfundamente. Dann Straßenbauarbeiten, Leitungsverlegungen und schließlich der größte Posten: der Bau der neuen Wohnhäuser. Hierbei werden Landesbaudarlehen, Interbaudarlehen (Landesmittel) und Bundesmittel bereitgestellt.
Die praktizierte Sonderförderung für den sozialen Wohnungsbau liegt in der städtebaulichen Verschwendung begründet. Vor allem das Wohnhochhaus – erwünschtes Imponierobjekt modernen Städtebaus – treibt die Kosten in die Höhe, Kosten, die etwa Martin Wagner kritisiert hat.[17]
Wagner wendet sich gegen den »paradierenden Hochhaus-Irrsinn« der West-Berliner Baupolitik[18], er verweist auf den »physischen und wohnungspolitischen Sumpf des Hansaviertels«, erkennt ein »internationales Hollywood«, »ein schlechtes Nachbild amerikanischer Zügellosigkeit«, »ein schlechtes Vorbild deutscher Sparsamkeit«.[19] Und weiter: »Es ist doch nun aber sicher keine schöpferische Tat, wenn der Herr Bausenator sich von Bonn einige 50 Millionen DM erbettelt, um mit dieser Summe den Weltrekord der Baukostenverteuerung zu überbieten ...«[20]
Doch auch nüchterne Rechner wie Regierungsbaumeister Kurt Enderlein ziehen eine kritische Bilanz: »Bei den 7 Turmhochhäusern ... lauten die

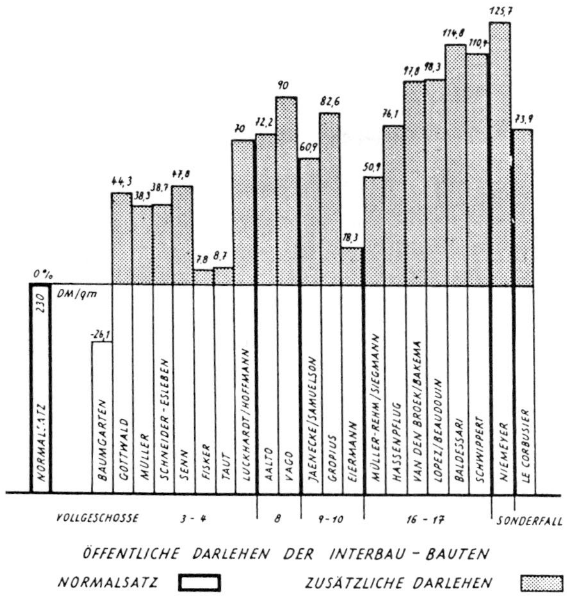

Überdurchschnittliche Subventionen für die Neubauten des Hansaviertels

vergleichbaren Zahlen im Durchschnitt fast 59 v.H. Mehrbaukosten je cbm umbauten Raum, dagegen fast 73 v.H. Baukosten mehr je qm Wohnfläche gegenüber den Vergleichsbauten im normalen sozialen Wohnungsbau. Da nun die Baukosten der 21 Vergleichsbauten um durchschnittlich 57 v.H. über den Normalbaukosten liegen, andererseits aber die Erträge trotzdem auf der gleichen Höhe wie beim normalen sozialen Wohnungsbau festgehalten wurden, nämlich überwiegend bei 1,43 DM je qm, so ergab sich die Notwendigkeit, auch die zinslosen Darlehenssätze aus öffentlichen Mitteln ganz erheblich gegenüber

17 Martin Wagner, *Potemkin in Westberlin – Zehn offene Briefe*, Berlin 1957.
18 M. Wagner, *Potemkin in Westberlin* ... (wie Anm. 17), S. 7.
19 M. Wagner, *Potemkin in Westberlin* ... (wie Anm. 17), S. 8.
20 *Ebda.*

dem normalen sozialen Wohnungsbau zu erhöhen, und zwar durchschnittlich 62 v. H. ... Dabei liegen wiederum die Hochhäuser am ungünstigsten ...«[21] Selbst das Stammkapital der Hansa AG »wurde den Gründern darlehensweise durch die Stadt Berlin zur Verfügung gestellt, wobei jedoch die Rückzahlungsverpflichtung der Darlehensnehmer auf denjenigen Betrag beschränkt bleiben sollte, der auf das Stammkapital bei Liquidation der Gesellschaft entfallen würde. Dies bedeutet, daß wirtschaftlich das durch die Bodenordnung entstehende Risiko voll und ganz durch die öffentliche Hand übernommen wurde«.[22]
Wahrhaft komfortable Bedingungen! Damit dürfte dem Hansaviertel ein besonderer Preis im Konzert der öffentlichen Verschwendungsprojekte in der West-Berliner Zeit zustehen. Für ein Propagandaunternehmen dieser Dimension haben der Bund wie das Land keine Kosten gescheut.

Vierte Behauptung: »Das Hansaviertel ist die bessere Stadt von morgen«

Es gibt keinen Zweifel: Das Hansaviertel markiert vom städtebaulichen Ergebnis her gesehen einen krassen Gegensatz zur Stalinallee. Beide Projekte beruhen auf einer kulturellen Entwertung der Architektur der Kaiserzeit. Das alte Hansaviertel war aber kein Arbeiterviertel, sondern ein bürgerliches Viertel, ein Viertel mit bürgerlich-jüdischer Tradition, eine »Wohngegend für anspruchsvollere Leute«.[23] Dennoch wird die Architektur dieses Viertels im Vorfeld flächendeckend schlecht gemacht - eine notwendige legitimatorische Voraussetzung des späteren Kahlschlags.
Noch im Vorwort des amtlichen Kataloges zur Interbau nimmt Bundespräsident Theodor Heuss die Pflicht der Exkommunikation auf sich: »... das sogenannte ›Hansaviertel‹, dessen so totale Vernichtung den Raum für eine einheitliche Lösung anbot ... gehört zu jenen Stadtteilen der rasch wachsenden jungen Reichshauptstadt, die schlechterdings keinen künstlerisch oder auch nur lokalhistorisch interessanten Baukörper enthielt«.[24] Soweit Theodor Heuss. Und das angesichts der Tatsache, daß im alten Hansaviertel berühmte Architekten der Kaiserzeit ihre Werke hinterließen. Und wie steht es mit der »totalen Vernichtung«, die auch sonst gerne beschworen wird? Immerhin sind vor Baubeginn noch zwanzig von ursprünglich 160 Gebäuden vorhanden, zwanzig Gebäude mit 283 Wohnungen und zweiundzwanzig Gewerbebetrieben. Doch die Reste der alten Stadt werden fast ausnahmslos abgebrochen.
Hand in Hand mit dem Abbruch der Altbauten und der Neugliederung des Gebietes in Großparzellen geht die Veränderung des Straßensystems. Die autogerechte Stadt soll exemplarisch vorgeführt werden – eine Stadt mit hierarchisch geordnetem Straßensystem, mit übergeordneten Schnellstraßen, Sammelstraßen, Stichstraßen. Damit wird das überkommene System relativ gleichwertiger Straßen, die sich sternförmig am Hansaplatz trafen, überwunden. Der Hansaplatz selbst wird aufgelöst. In der aufgelösten Platzzone – das muß betont werden – wird allerdings auch ein neuer U-Bahnhof geschaffen.
Vom 6. Juli bis zum 29. September 1957 wird das Hansaviertel endlich zum Mittelpunkt der Internationalen Bauausstellung, der Interbau. Das größte Propagandaprojekt West-Berlins im Kalten Städtebaukrieg wird von fast einer Million Menschen besucht, davon kommen immerhin 345 000 aus dem »Sowjetischen Besatzungsgebiet«.
Der damalige Bundeskanzler Konrad Adenauer schreibt in seinem Katalogbeitrag: »Berlin ist in besonderem Maße dazu geeignet, eine internationale Schau über den Aufbauwillen und über die bisher erreichten Leistungen auf dem Gebiet des Wohnungsbaues und des Wiederaufbaues unserer Städte zu zeigen. Die Mitarbeit ausländischer Architekten bringt die Verbundenheit mit den Völkern der freien Welt zum Ausdruck. Darüber

21 *Die Interbau wird diskutiert. Die ersten Ergebnisse*, Wiesbaden-Berlin 1960, S. 32.

22 Alfred Rennert, *Die Bodenordnung im Hansaviertel*, Berlin 1957, S. 6.

23 Karl Baedeker, *Berlin und Umgebung. Handbuch für Reisende*, 19. Aufl., Leipzig 1921, S. 48.

24 *Interbau Berlin 1957. Amtlicher Katalog*, Berlin 1957, S. 12.

hinaus kann die Ausstellung auch dazu beitragen, die neuen Gedanken des Städtebaues, des Wohnungsbaues und der Architektur nach West und Ost auszustrahlen.«[25]
Auch Otto Suhr, damals Regierender Bürgermeister von Berlin, äußert sich im Katalog: »Kaum einen Kilometer weit von der INTERBAU beginnt das andere Berlin, eine andere Welt, von uns getrennt, aber zu uns gehörig. Die neuen Bauten strecken sich nunmehr an diese Grenze heran und werden ihre Anziehungskraft durch ihre Leistung erweisen.«[26]
Von den geplanten 1256 Wohnungen sind zum Schluß der Interbau erst 601 bezugsfertig. Der Neubau geht noch bis 1958 weiter. Dennoch ist die Ausstellung ein großer Erfolg, ein Punktsieg für West-Berlin. Ein Sieg, der durch die baupolitische Wende in Ost-Berlin zusätzlich unterstrichen wird. Das neue, radikal aufgelockerte Hansaviertel wird mit Erfolg als »Vision vom Menschen und seiner Wohnung im 20. Jahrhundert« verkauft.[27] Das vermutete neue Glück im Wohnhochhaus wird immer wieder mit der Tristesse des Ostens verglichen: »Schon heute können mitten in der Weltstadt glückliche Menschen auf den Balkonen ihrer hochgelegenen Wohnungen wie bei den weiten Horizonten des Gebirges und der See die Sonne untergehen sehen. Nur vor den Sonnenaufgang schieben sich heute die gespenstischen Ruinen von Ost-Berlin.«[28]
Tatsächlich beansprucht auch die Propaganda für das Hansaviertel die Figur des neuen Menschen, des Menschen von morgen. Wenn auch in ganz anderem Sinne als die Propaganda für die Stalinallee. Nicht dem kollektivierten Arbeiter wird gehuldigt, sondern dem individualisierten Hausbewohner, dem Mitglied einer Mittelstandsgesellschaft, dem Autofahrer.
»Der Arbeiter«, so heißt es in einer Veröffentlichung des Bausenators, »ist ein Kleinbürger, der Großbürger längst ein Bürger geworden – eine Gesellschaft der klassenlosen Mitte ist im Werden ...«[29]. Diese Gesellschaft impliziert eine andere Wohnung, eine andere Stadt. Die unterschiedlichen Formen der kubischen, solitären Wohnungsbauten im Hansaviertel spiegeln keine Klassenunterschiede wider, sondern unterschiedliche Etappen im Lebenszyklus – etwa ein Wohnen mit oder ohne Kinder. »Kein Zweifel: die ästhetisch, soziologisch, physiologisch vollkommen erscheinende Wohnmaschine bietet wenig an gängigem Gemüt ... Übersicht über die lieben Mitbewohner, überhaupt eine ›Hausgemeinschaft‹, gibt es da beim besten Willen nicht mehr.«[30]

Vision der »Stadt von morgen«,
Umschlagseite einer Broschüre zur Interbau-Abteilung
»Die Stadt von morgen«, 1957

25 *Interbau Berlin* ... (wie Anm. 24), S. 14.
26 *Interbau Berlin* ... (wie Anm. 24), S. 15.
27 *Wissen Sie Bescheid über Berlin?*, hrsg. vom Senator für Bau- und Wohnungswesen, Berlin 1958.
28 Wilhelm Westecker, *Die Wiedergeburt der deutschen Städte*, Düsseldorf–Wien 1962, S. 164.
29 *Berlin*, hrsg. im Auftrag des Senats vom Senator für Bau- und Wohnungswesen, in Zusammenarbeit mit dem Presse- und Informationsamt des Landes Berlin, Berlin 1957.
30 *Ebda.*

Auch den Fußgänger auf der Straße soll es nicht mehr geben: »Wenn man eines Morgens, nichts Böses ahnend, seinen Fuß auf die Straße setzen will – dann ist sie weg. Zum Trost erblickt das mißtrauisch suchende Auge etwas später eine neue, viel breitere, viel geradere, viel längere Straße. Irgendwo reißt sie ihren Rachen auf, speit einen Tunnel aus und verschluckt Autos wie Sternschnuppen. Und die Fußgänger? Mit unverbesserlichen Neandertalern kann sich die neue Straße nicht abgeben. Wer ein Ziel hat, soll im Auto sitzen, und wer keines hat, ist ein Spaziergänger und gehört schleunigst in den nächsten Park.«[31]

Der neue Mensch der Interbau ist isoliert – in seinem Auto, in seinem Haus. Der rundum individualisierte Mensch ist das Gegenbild des kollektivistischen Menschen im Osten. Dem Aufmarsch der Menschen auf der Straße entspricht im Westen die Auffahrt der Autofahrer. Der Hausgemeinschaft des Ostens wird die Anonymität der Wohnmaschine entgegengesetzt.

Diese gesellschaftliche Vision hat sich später weitgehend durchgesetzt, nach 1989 zunehmend auch in Ost-Berlin. Zugleich hat diese Vision ihre fortschrittsweisende Faszination verloren, ist brüchig geworden, hat ihre zerstörerischen Potenzen sichtbar gemacht. Auch das Leitbild der aufgelockerten und gegliederten Stadt, der autogerechten Stadt ist zerbrochen, das Leitbild der Auflösung der Innenstadt in eine verallgemeinerte städtische Peripherie, das Leitbild der radikalen Absage an die Traditionen der europäischen Stadt. Dieses Zerbrechen hat nicht erst seit dem Mauerfall zu einer kulturellen Entwertung des Hansaviertels und einer kulturellen Aufwertung der Stalinallee geführt. Das ist ein letztlich doch etwas überraschendes Ergebnis einer Langzeitkonkurrenz, einer Konkurrenz, deren Sieger eigentlich schon seit den späten fünfziger Jahren festzustehen schien.

Viele Themen dieser Konkurrenz sind heute unter veränderten Bedingungen wieder aktuell. Etwa die Themen Verschwendung und Sparen, Ornament ja oder nein, Stadtstraße oder Autotransportband, internationale oder nationale Architektur, Dominanz des Städtebaus oder Dominanz der Architektur, moderne oder historistische bzw. regionale Architektur, Festivalisierung des Bauens oder neue Bescheidenheit, Wohnungsbau für den Mittelstand oder für eine »soziale Mischung«, Einschränkung oder Entfesselung des privaten Bodeneigentums, und nicht zuletzt die Suche nach einem neuen Feindbild in Architektur und Städtebau, das schon wieder gefunden zu sein scheint: nämlich im Erbe der DDR vor allem aus den sechziger Jahren. Die Schlachten um Architektur und Städtebau sind nicht zu Ende, wir erleben gerade im Berlin dieser Tage das Einläuten einer neuen Runde.

31 *Ebda.*

Sanierung eines Baudenkmals

Olaf Gibbins

Bautechnischer Zustand und Sanierungsmaßnahmen Großbaustelle Karl-Marx-Allee

Einstimmung

Bereits wenige Jahre nach der Errichtung der Gebäude in der Karl-Marx-Allee distanzierte sich ein Teil der Architekten von ihrer Arbeit aus den fünfziger Jahren. Richard Paulick, Architekt der nun ab 1995 in der Sanierung befindlichen Blöcke C-Süd und C-Nord, 1951 bis 1955 Direktor des Instituts für Wohnbauten und Leiter der Meisterwerkstatt III der Bauakademie, betrieb mit Nachdruck als Vizepräsident der Bauakademie (1955 bis 1965) die Typisierung der Bauproduktion, die Industrialisierung des Bauwesens. Als Chefarchitekt von Hoyerswerda (1956 bis 1961), Schwedt (1962 bis 1968) und Halle-Neustadt (1964 bis 1970) wird er der Protagonist eines Neuen Bauens, der radikal mit tradierten Bauformen bricht und fortan als fanatischer Vertreter industrieller Bauweisen auftritt. Wenn auch sein persönlicher Lebensort die opulente Wohnung auf dem Dach des Blockes C-Nord in der Stalinallee bleibt, er in der Person des gebildeten, väterlichen Architekturprofessors in Brigitte Reimanns »Franziska Linkerhand«-Roman (1974 erschienen) ein glorioses Vorbild abgibt, so gerät doch die Mitwirkung an den Gebäuden der Karl-Marx-Allee zur Ausnahme im Schaffen eines Architekten, der von seiner frühen Anbindung an das Bauhaus geprägt, zu funktionaler und stark rationeller Bauweise zurückkehrt.

Die Distanzierung von den Bauten der Karl-Marx-Allee wird deutlich in einer noch zu Lebzeiten Paulicks erschienenen Biographie:[1] »Im Januar des Jahres 1952 beginnen die Bauarbeiten für die Stalinallee. Weihnachten 1953 fördert sie bereits Selbstbewußtsein und Stolz: In der Trümmerstadt Berlin steht eine hell erleuchtete Straße mit lichtvollen geräumigen Wohnungen, Geschäften und Restaurants. Türme am Frankfurter Tor, kaum einzusehen wieso so, und Gebäudegruppierungen am Strausberger Platz, eklektizistische Nachbil-

Blick zum Frankfurter Tor

1 Manfred Müller, *Das Leben eines Architekten. Portrait Richard Paulick*, Halle an der Saale 1975.

Block C- Nord: Allee ohne Bepflanzung, 1954

Historische Zeichnung C-Süd

dungen, sind die vertikalen Dominanten der Straße, deren Überbreite in keinem Verhältnis zur Höhe der sie säumenden Gebäude zu stehen scheint. Unklar bleibt, ob es ein mechanisches Mißverständnis oder ein optimistisches Erfordernis der Revolution ist, wenn sich aus einer historischen Analyse der Baukunst, in der Jahrtausende die Einrichtung von palastartigen Wohnbauten für eine herrschende Minderheit Hauptgegenstand ist, nunmehr der Schluß gezogen wird, palastartige städtebauliche Ensembles als Heimstatt der nunmehr herrschenden Mehrheit im Zentrum der Hauptstadt stellen zu müssen. Es entspricht aber dem politischen Programm dieser Jahre, die Feierlichkeit dem gesamten Volk zugänglich zu machen, es auf andere Weise davon Besitz ergreifen zu lassen; in marmorner Verschiedenartigkeit von Metrostationen, die Feierhallen gleichen, genauso wie in Wohnbauten, die mit ihren Säulen, Ornamenten und marmornen Korridoren Schlössern ähneln. Weniger die städtebauliche Anlage ist es, die zu der Frage veranlaßt, ob das schon die dem neuen Inhalt adäquate Form ist«.

Die Instandsetzung der baulichen Anlagen

Für viele gehobene Funktionsträger der DDR war die Karl-Marx-Allee, Ausgangspunkt und Schauplatz der Erhebung am 17. Juni 1953, der geschätzte Wohn- und Lebensort. Die Wohnungen mit einer Größe von bis zu 145 Quadratmetern Wohnfläche, ausgestattet mit Fahrstühlen, Müllabwurfschächten, Stuckdecken, Parkettflächen, Kastendoppelfenstern, Klingelanlagen mit Rundrufmöglichkeit im gleichen Wohnblock, zentraler Beheizung und Warmwasserversorgung usw. in bester innerstädtischer Lage waren begehrt und nicht für alle erreichbar. Die »Kommunale Wohnungsverwaltung« (KWV) Friedrichshain kümmerte sich mit einer besonderen Abteilung um die Mieter, leider jedoch nicht allzu sehr um die Gebäude.
Bereits kurz nach Errichtung lösten sich wegen mangelhafter Beachtung bauphysikalischer Regeln die ersten keramischen Fliesen von den Außenfassaden. An einigen Fassaden standen bald wie-

Honecker hilft mit

der Gerüste, um die Mängel zu beheben. Im Laufe der Jahre bis 1989 fielen mit etwa 50000 Quadratmetern die Hälfte der keramischen Fassadenplatten von den Wänden. Der Verfall betraf aber auch alle anderen technischen Strukturen.
Die Sanierungen der letzten zwei Jahre zeigen, daß die KWV keine Bereitschaft zeigte bzw. keine Mittel verfügbar waren, den anwachsenden Instandsetzungs- und Reparaturbedarf grundlegend zu beheben. Der Austausch von nach Lebensdauer verbrauchten Bauelementen und Ausstattungen unterblieb, auch Modernisierungen bzw. Anpassungen an neue Techniken etwa in der gebäudetechnischen Ausrüstung wurden nicht durchgeführt.
Im Oktober 1989 wurde die Allee als Berliner Baudenkmal festgesetzt. Nach der Vereinigung der beiden deutschen Staaten übernahm die im Juli 1990 aus der KWV hervorgegangene landeseigene Wohnungsbaugesellschaft Friedrichshain die bittere Aufgabe, neben dem verlotterten Bestand an Gebäuden aus der Errichtungszeit bis zum Zweiten Weltkrieg auch die Gebäude der Karl-Marx-Allee vor dem weiteren Verfall zu bewahren.

Blöcke C-Süd und C-Nord

Anfang der neunziger Jahre nahmen die Instandsetzungsbedürfnisse und das Ausmaß der Bauschäden an den Gebäuden der Karl-Marx-Allee, hier bezogen auf die in den fünfziger Jahren errichteten Gebäude, exponentiell zu. Aus den Wasserleitungen floß rotes, durch Rostpartikel gefärbtes Wasser. Die Zentralheizung war in wesentlichen Teilen nicht mehr voll funktionsfähig, die Fenster verfielen, die Abdichtungen der Dächer und Terrassen versagten ihren Dienst und insbesondere die mit hohem Aufwand errichteten keramischen Fassaden waren zu großen Teilen bereits herabgefallen, durch sogenannte Plast-Platten aus Ekadur-Plastik ersetzt worden bzw. standen kurz davor, ihre Verbindung mit der tragenden Wand zu verlieren. Die mit Keramikelementen umrandeten Fenster wiesen einen hohen Instandsetzungsbedarf auf. Der allgemeine Verschleiß an den Gebäuden war nicht mehr zu leugnen. Die Erinnerung an eine glanzvolle Zeit in den fünfziger und Anfang der sechziger Jahre, als die Allee auf den Postkarten, neben der russischen Übersetzung, auch als »Avenue Karl-Marx-Allee« betitelt war, mußte verblassen.

Nach der Wende bewirkte auch der Zusammenbruch nahezu des gesamten Gewerbebereichs (über 100 Ladengeschäfte) einen unbehinderten weiteren Verlust der in den Erd- und ersten Obergeschossen zum Teil denkmalpflegerisch wertvollen Bausubstanz. Nicht nur Leerstand, sondern auch Um- und Einbauten für neue Nutzungen veränderten diese Bereiche nachhaltig. Früher von der »Konsum-Genossenschaft« oder der »Handelsorganisation« (HO) betreute Geschäfte, Gaststätten und Veranstaltungsorte verloren ihre logistische Anbindung, wurden in Privatisierungsbemühungen einbezogen und häufig geschlossen.

Bereits ab 1990 setzten umfangreiche Instandsetzungs- und Modernisierungsmaßnahmen durch die Wohnungsbaugesellschaft Friedrichshain ein. Fast vollständig wurde ab 1991 die Beheizung erneuert. Zum Schutz der Passanten mußten lockere Fassadenteile abgenommen werden. Bei sogenannten Pilotprojekten (Karl-Marx-Allee 132 und Strausberger Platz 2) wurden 1993 Verfahren der Fassadensanierung erfolgreich getestet und

Typischer Fassadenschaden

auf diese Weise eine verwertbare Grundlage für die ab 1995 großvolumigen Erneuerungen geschaffen.

Nach dem Erwerb der baulichen Anlagen durch eine der größten Hypothekenbanken Europas, der DePfa Deutsche Pfandbrief Bank AG Wiesbaden, nach Bildung von geschlossenen Immobilienfonds und nach einer geschickten Finanzierung der sich weiterhin deutlich abzeichnenden hohen Aufwendungen für die Sanierung sowie nach Erlangung öffentlicher Förderungen aus dem Förderungsprogramm »Stadtweite Maßnahmen« der Investitionsbank Berlin war Ende 1994 der Weg frei für eine umfassende Instandsetzung eines Teils der baulichen Anlagen und ihrer Wohnungen. Sie begann bei den zentralen Wohnblöcken C-Süd und C-

Mittelrisalit C-Süd nach der Sanierung

Hoffassade C-Süd vor der Sanierung

C-Nord vor der Sanierung

C-Nord nach der Sanierung

Nord, von Richard Paulick errichtet, Standort der berühmten Karl-Marx-Buchhandlung (auf verkleinerter Verkaufsfläche und privatisiert weiterhin betrieben) und seit Juli 1994 auch Sitz der Architektenkammer Berlin.

Das Konzept der Architekten Gibbins, Bultmann und Partner folgte dabei den durch die öffentliche Förderung gesetzten Regeln und den im Vertriebskonzept festgelegten Absichten der Investoren:

- Die Konzentration auf Instandsetzungsmaßnahmen und damit werterhaltenden Maßnahmen ohne Auslösung mietrechtlicher Ansprüche auf Mieterhöhungen bzw. nur geringe Modernisierungsmaßnahmen und damit geringe wertsteigernde und damit nicht mietsteigernde Maßnahmen. Das bedeutet z. B. auch, die bestehenden Doppelkastenfenster aus Holz lediglich zu reparieren und nicht gegen neue Holz- oder gar Kunststoffenster auszutauschen.
- Der Verbleib der Bewohner während der baulichen Maßnahmen in den Wohnungen – trotz Austausch sämtlicher Ver- und Entsorgungsleitungen und trotz totaler Beseitigung der alten Badezimmerausstattungen, Fliesen usw. Das bedeutete einen exakt vororganisierten Arbeitsablauf und eine aufwendige begleitende soziale Betreuung der Bewohner vor und während der baulichen Maßnahmen.
- Die Instandsetzung der gesamten Gebäudehülle, wie Dächer und Terrassen, Dachabdichtungen, Blechabdeckungen und Fallrohre an den Fassaden, die Instandsetzung von Stuck- und Travertinelementen im Bereich der Gebäudesockel, der Hauseingänge, der Durchfahrten und Tore,

der erdgeschossigen Laubengänge und der Keller- und Gewerbezugänge im Hofbereich.
- Die Erneuerung der restlichen Gebäudetechnik wie Fahrstuhlanlagen, elektrische Steigeleitungen, Hausanschlüsse usw., da eine Instandsetzung der in der Regel extrem veralteten Techniken nicht mehr möglich war.
- Die Überarbeitung aller Oberflächen in den Hauseingängen, Laubengängen, Fluren, Hallen und Treppenhäusern unter Einbeziehung der historischen Stuck-, Zier- und Beleuchtungselemente, soweit noch vorhanden.
- Die Abstimmung aller baulichen Maßnahmen mit dem Landesdenkmalamt und seiner Vertretung auf Bezirksebene.

Umfang der baulichen Maßnahmen bei den Blöcken C-Süd und C-Nord

Neben den bautechnischen Erfassungen und Abstimmungen war die Auflagen des Denkmalschutzes der bestimmende Faktor für Art und Umfang der baulichen Maßnahmen. Die ersten Kostenzusammenstellungen der Maßnahmen ergaben ein Bauvolumen von rund 55 Millionen DM. Davon waren allein rund 21 Millionen DM für Auflagen des Denkmalschutzes anzusetzen. Die insgesamt hohen Baukosten beinhalteten die als erforderlich erkannte Sanierung der gesamten Gebäudehülle, die Erneuerung der Sanitärtechnik und großer Teile der Elektrotechnik sowie die Erneuerung der Aufzüge, die Neuausstattung der Bäder einschließlich Verfliesung sowie die Neugestaltung und Ausbesserung der Flure, Laubengänge, Treppenhäuser und Keller. Einbezogen war weiterhin die Erneuerung der Außenanlagen einschließlich der Erstellung von über 100 Parkplätzen.
Hinter dieser Benennung der Bausumme verbergen sich jedoch, insbesondere mit Blick auf die Erneuerung der Gebäudehülle, umfangreiche bauliche Maßnahmen, die auch bautechnisch und bauphysikalisch den Sachverstand der Beteiligten erforderten. So hatten umfangreiche Untersuchungen der Fassade ergeben, daß ein Erhalt der Keramikfassade, soweit sie noch vorhanden war, nicht möglich war. Zu groß war das Risiko von Abscherungen und zu groß die Gefährdung für die das Gebäude passierenden Fußgänger.

Dachaufbauten C-Süd vor der Sanierung

Auch die in ihrer Architektur die beiden Gebäude so stark prägenden Betonaufbauten der Dächer und ihre Einbindungen in die Fassaden waren in höchstem Maße zerstört und mußten bei näherer Einsichtnahme und nach materialtechnischer Überprüfung demontiert und erneuert werden.
Die Situation war den Beteiligten aufgrund der Arbeiten an zwei Pilotprojekten bekannt. Auch die Denkmalpflege mußte sich mit dieser Situation abfinden. Es gab für die an den Fassaden verbliebene Keramik keine Chance, am Einbauort gehalten und damit denkmalpflegerisch befriedigend erhalten werden zu können. Keine ausführende Firma war bereit, daß Risiko einer großflächigen Sicherung der Fassade in dem gewünschten Umfang zu tragen.

Montage der hinterlüfteten Fassade

Prüfstatiker und Statiker hatten ebenso keine Möglichkeit, die Dachaufbauten stationär zu reparieren. Sie mußten auf ihrer Forderung nach vollständiger Erneuerung der Teile bestehen. Aus diesem Grund mußten die Dachaufbauten und die mit ihnen verbundenen, die Gebäude auch auf Distanz prägenden Elemente wie grüne Glasbausteine zur Karl-Marx-Allee hin zunächst entfernt werden. War doch ihr Zustand ähnlich beklagenswert wie der der Betonteile, vieles war auch durch Vandalismus bereits zerstört.

Abstimmungen mit dem Landesdenkmalamt

Der zunächst hohe Anteil der Maßnahmen für die korrekte Erfüllung der Auflagen des Denkmalschutzes einerseits und die Grenzen der öffentlichen Förderung sowie der privaten Finanzierung andererseits zwangen bald zu einer realistischen Anpassung der Auflagen und führten dazu, daß für die rückwärtigen, den Höfen zugewandten Bereiche der Dachaufbauten und der Fassade bauliche Vereinfachungen gewählt werden konnten. So entfielen für die Rückfassaden die Auflagen der Wiederherstellung der keramischen Bekleidungen an den Fenstern und Balkonen. Letztere waren hochgradig zerstört und zwangen bereits die Benutzer, teilweise auf die Nutzung zu verzichten. Auch waren die darunterliegenden Terrassen wegen Absturzgefahr sich lösender Fassadenteile bereits gesperrt worden.
Die ursprünglich vorhandenen Dachaufbauten und Verzierungen wurden so auf Teile reduziert, die unter Berücksichtigung des optischen Gesamteindruckes der Karl-Marx-Allee unverzichtbar waren. Dabei sei daran erinnert, daß die Dachflächen selbst, bisher nicht ausreichend gedämmt, aufwendig saniert und nachträglich gedämmt werden mußten. Alle Anschlüsse, Abdeckungen und Verwahrungen waren nicht mehr verwendbar und mußten erneuert werden. Auf diese Weise wurde die Dachfläche um rund 20 Zentimeter angehoben. Ohne die Aufstockung der Brüstungen bzw. die Anbringung von Schutzgittern wurde damit die Nutzung der Dachterrassen durch Bewohner nicht mehr möglich.
In vielen weiteren Bereichen, die einer denkmalpflegerischen Betreuung unterlagen, wurden unter Einschaltung von Restauratoren Untersuchungen vorgenommen, um insbesondere die ursprünglichen Farben zu ermitteln. Diese Abstimmung zu allen farblichen Nuancen war auch notwendig bei der Gestaltung der neuen Keramikelemente für die Fassaden.
Für den Block C-Süd wurde auf das bei der Sanierung des Gebäudes Karl-Marx-Allee 132 angewandte System der Fassadenerneuerung zurückgegriffen. Unter Verwendung eines polyesterharzversiegelten Glasgittergewebes mit Luftkanälen wird der neue Plattenbelag bauseits im Dünnbett auf einer gewebearmierten Putzscheibe angebracht. Die Befestigung der schweren und aufwendigen Elemente der keramischen Fensterumkleidung sowie der Schmuckelemente erfolgt dabei durch Aufbringen der Keramikelemente auf eine Aluminiumunterkonstruktion, die wiederum in das Fassadensystem eingebunden wird. Nur auf

C-Süd, Hauseingang nach der Sanierung

diese Weise war es möglich, die hohen Anforderungen an die Tragfähigkeit dieser Elemente zu erfüllen. Für diese Befestigungen waren bauaufsichtliche Genehmigungen erforderlich. Für die Sanierung des Blockes C-Nord wurde auf ein System von hinterlüfteten Aluminiumunterkonstruktionen mit vorgefertigter Keramik auf Trägerplatten aus Faserbeton mit 4 Zentimeter starker Wärmedämmung sowie Belüftung zurückgegriffen, das bereits bei der Sanierung des Strausberger Platzes 2 erfolgreich angewandt wurde. Dabei ist von Vorteil, daß die Herstellung der Elemente in der Fabrik erfolgen kann und die Montage vor Ort in kürzester Zeit zu bewältigen ist. Das beim Pilotprojekt eingesetzte System (Fa. Wendker, Herten) wurde für den Block C-Nord verbessert, seine Systemtiefe wurde von 15 auf 12 Zentimeter verringert. Auch bei diesem System muß der Untergrund entsprechend freigelegt werden, das heißt die vorhandene Keramik, so weit noch vorhanden, wird entfernt, der Untergrund wird aufbereitet und saniert, die Fenstergewände werden zur Montage der Fertigelemente vorbereitet.

Auch wenn hier von elementierten Bauteilen die Rede ist, muß man sich vergegenwärtigen, daß die Vielzahl der Varianten in der Keramikausbildung und die Fülle der Schmuckelemente mit unterschiedlicher gestalterischer Ausbildung doch eine individuelle Fertigung der Keramik voraussetzen. Es werden jedoch die Vorteile der Werksfertigung ohne Witterungs- und Baustelleneinflüsse sowie die der schnellen Montage bei diesem System genutzt.

Die Herstellung der keramischen Teile forderte die beauftragte Firma Korzilius & Söhne in Mogendorf bei Montabaur stark heraus. Dabei war die Flächenware zur Abdeckung der glatten Flächen leicht zu fertigen, aufwendig waren jedoch die Abform- und Gußprozesse für die großen Formteile sowie schließlich deren Brand.

Hoffassade C-Süd nach der Sanierung

Fachliche Hilfe leistete dabei, insbesondere für die Befestigungstechnik, Professor Huster, Wiesbaden, als Berater der Firma Korzilius.
Die neuen Elemente unterscheiden sich von ihren Vorgängern aus dem Werk VEB Max Diestel, Meißen, durch eine höhere Dichte des Materials und eine weitaus festere und intensiv oberflächenversiegelnde Glasur. Das beabsichtigte Farbspiel und die gewünschten Nuancen wurden mehrfach an Mustern beurteilt. Die Strangformelemente für die Fensterumrahmungen wurden nach Anlieferung in Berlin in einer Montagehalle unter Verwendung einer dafür eigens konstruierten Bohr- und Montagemaschine auf die Tragkonstruktion aus Aluminium aufgebracht und in vier vorgefertigten Elementen vor Ort zur Fensterumrahmung zusammengebaut. Die Flächenware wurde in ihrem Erscheinungsbild durch Oberflächen-Prägestempel der historischen Fassung angeglichen.
Auch die Gestaltung der Erschließungsbereiche erfolgte mit Blick auf die historische Fassung. Durch Ermittlung der ursprünglichen Farbanstriche und Verwendung entsprechender Farben, durch Nachbau der nur noch rudimentär vorhandenen alten Beleuchtungskörper und durch Restaurierung der Holz-, Stuck- und Eisengitter-(Werkstatt Kühn)elemente wurde den Vorstellungen der Denkmalpflege entsprochen. Wo aus brandschutztechnischen Gründen Abschottungen der Flure und Gänge erforderlich wurden, erfolgten sie in Form von zusätzlichen rauchdichten Holz-Glastüren in Anlehnung an die historischen Formen.
Die Fülle der im Bereich der technischen Gebäudeausrüstung erforderlichen Maßnahmen läßt sich nur andeuten: Vorinstallierte Rohrbündel für die neuen Ver- und Entsorgungsleitungen (zwei Stunden Montage pro Wohnung), neue Trockensteigeleitungen, RWA-Anlagen, Sicherheitsbe-

Fassaden nach der Sanierung

Fassadendetail nach Sanierung

leuchtungen, Notstromaggregate usw. – die Gebäude wurden auf den neuesten Stand der Technik gebracht.

Sanierung im bewohnten Zustand

Die durch die öffentliche Förderung und die Finanzierungskonstruktion gesetzte kurze Bauzeit hatte zur Folge, daß die Bewohner auch während der Sanierungsarbeiten, die sich auf Bad und Küche konzentrierten, in der Wohnung verbleiben mußten. Teil- und Zwischenumsetzungen waren nicht machbar. Daher mußte in einem detailliert abgestimmten Arbeitsplan die Sanierung der Küche und des Bades im Ablauf genau konzipiert werden. So wurde für die Sanierung einer Wohnung ein Zeitraum von zwei Wochen angenommen. Jeweils strangweise wurden die bestehenden Anlagen demontiert und am gleichen Tag erfolgte die Neuinstallierung der Fall- und Steigestränge. Auf diese Weise wurde erreicht, daß bereits am gleichen Tag die Ver- und Entsorgung für diesen Strang installiert war und daher die sanitäre Entsorgung bereits an diesem Tag wieder gewährleistet war. Die dann folgenden Installations-, Maurer-, Putz-, Fliesen- und Malerarbeiten mußten entsprechend getaktet und abgestimmt werden.

Unabhängig davon galt, daß die Bewohner, insbesondere in dieser Kernbauzeit, hohen Belastungen ausgesetzt waren. Diese wurden verstärkt durch die erforderliche Sanierung der Fenster, die allein in diesen vierzehn Tagen nicht zu schaffen war, gestört. Zusätzlich belasteten die Bewohner die Demontagearbeiten an Dach und Fassade und zwangen durch die Rüstungs- und Sicherungsarbeiten an der Fassade zu einem Leben auf der Baustelle.

Neben einer permanent präsenten Bauleitung und Firmenfachbauleitung wurde daher eine soziale Betreuung parallel zu den Baumaßnahmen installiert, die bereits vor den Maßnahmen in Gesprächen mit den Bewohnern das Ausmaß der Belastungen darstellte und individuell nach Lösungen suchte, die besonderen Umstände des einzelnen Mieters zu bedenken. Alter, Krankheit, soziale und wirtschaftliche Probleme konnten auf diese Weise rechtzeitig erkannt und in ihren Auswirkungen auf die Behinderung des Bauablaufs eingeschätzt sowie mit einem Katalog von Hilfen gelindert werden. Auch der zeitlich begrenzte Umzug, die Auslagerung von Mobiliar usw. wurden auf diese Weise von der sozial betreuenden Gesellschaft übernommen.

Bei aller Schwere der Belastung und nachvollziehbarer Erschwernis für die Bewohner galt jedoch, daß die beispielhafte soziale Betreuung ermöglichte, in so kurzer Zeit so umfangreiche Maßnahmen im bewohnten Zustand durchzuführen. Vergleichbare Betreuungen sind in dieser Form bisher kaum an anderer Stelle in Berlin zur Anwendung gekommen. Bis auf wenige Ausnahmen beurteilen die Bewohner die gestarteten Baumaßnahmen als positiv. Hier mag sich auswirken, daß es sich im Prinzip nur um Instandsetzungsmaßnahmen handelt, die keine Mieterhöhungen nach sich ziehen. So liegt die Miete nach der Instandsetzung derzeit bei rund 6,30 DM pro

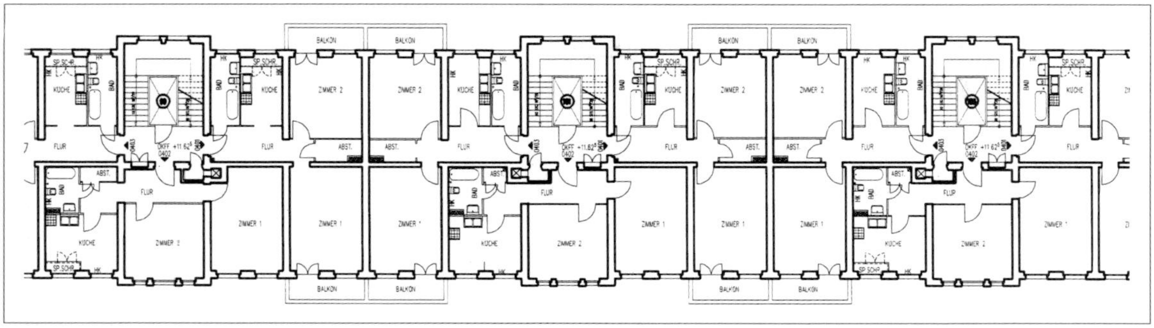

Block C-Nord

Quadratmeter netto kalt. Gleichzeitig wurden jedoch 150 000 DM pro Wohnung durch die Fondsgesellschaft investiert, rund 50 000 DM pro Wohnung davon wurden dazu benutzt, die Auflagen der Denkmalpflege zu erfüllen.
Für die 273 Mieter des Blockes C-Süd und für die 243 Mieter des Blockes C-Nord sowie für alle Mieter in den weiteren zu sanierenden Blöcken D-Süd und D-Nord sowie A-Süd wird daher durch umfassende Instandsetzung der baulichen Anlagen und ihres Umfeldes sowie durch Erneuerung der Gebäudetechnik ein Wohn- und Lebensort geschaffen, der in Berlin-Friedrichshain seinesgleichen sucht.

Sporthalle und Block C-Nord, ca. 1964

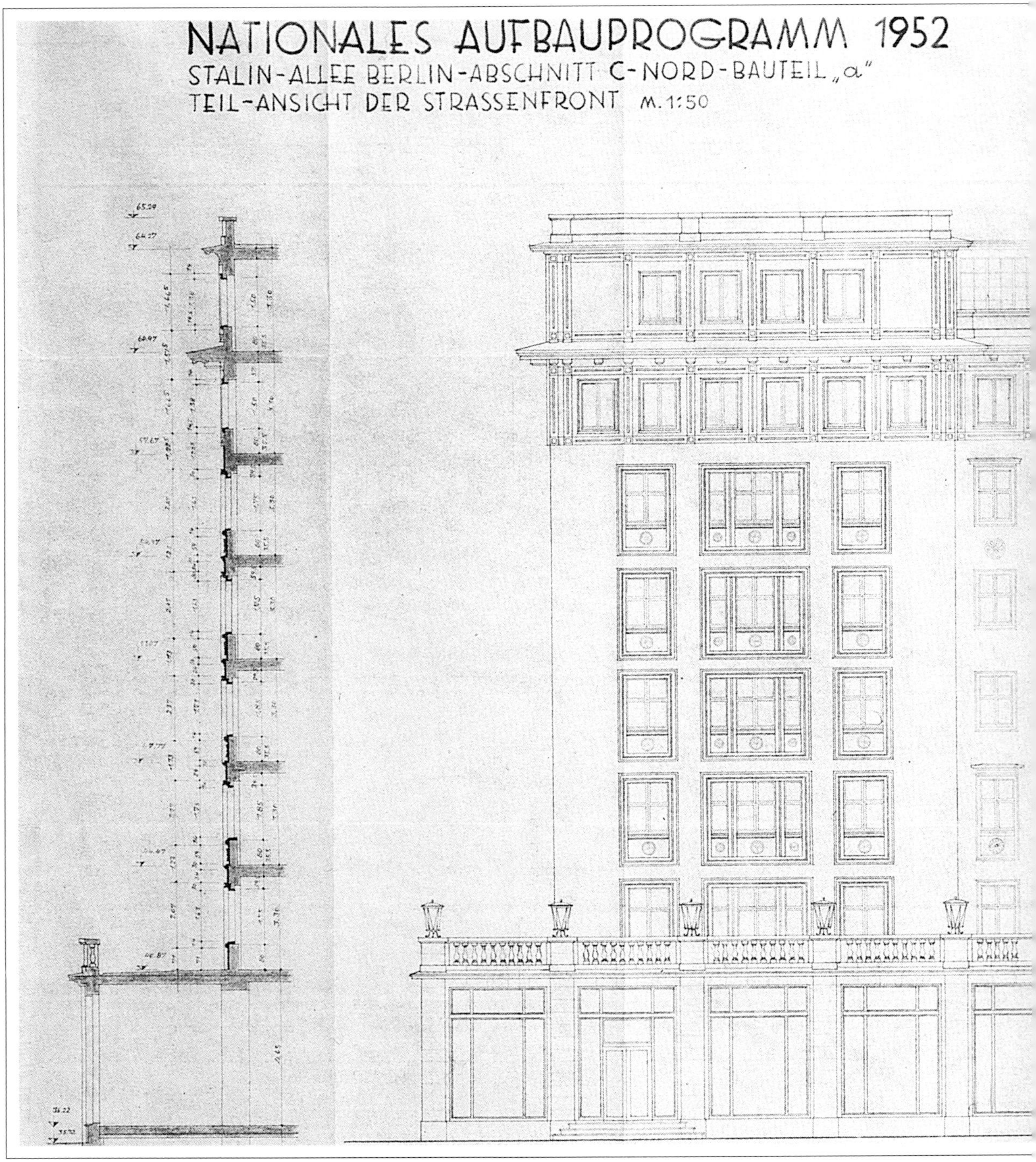

Stalinallee, Abschnitt C-No

teil »a«, Bauzeichnung 1952

Henning von der Lancken

Die Rolle der Karl-Marx-Allee in den planerischen Vorstellungen für den Bezirk Friedrichshain und den Berliner Osten

Zu Beginn lassen Sie mich aus einer Ansprache zitieren, die der Stadtentwicklungssenator Dr. Hassemer an dem Symposium zur Allee 1993 gehalten hat:
»Das ist die wichtigste, die großzügigste, die repräsentativste auch, aber auch die urbanste Form zugleich von Allee und von innerstädtischem Straßenraum, die Berlin zur Zeit aufzuweisen hat. Die Straße mit den großzügigsten, nobelsten Potentialen in dieser Stadt ... Es werden auch nicht noch so wohlgemeinte Fehler an dieser Situation etwas ändern. Diese Karl-Marx-Allee wird aus der Kraft ihrer Struktur, aus der Kraft dieser Figur, die in der Innenstadt Berlins liegt, heraus diese Potentiale ... über lang oder kurz ausspielen. Sie wird diese Kraft wiederbekommen ... Es kann keinen Zweifel darüber geben, daß die außerordentliche Bedeutung dieser Straße mitten in der Stadt mit all unserer Arbeit wieder erreicht werden muß ... Keine Straße kann besser sein als ihr gesamtes Umfeld. Daß die gesamte Situation, die Lebendigkeit nicht nur, sondern auch wirklich die Kraft, die städtische Kraft übrigens auch das Gegenhalten-Können aus dieser Kraft heraus gegen andere Kräfte der Stadt, daß das in außergewöhnlicher Weise wachsen muß. Es müssen wieder Zielorte, lohnende attraktive Zielorte nicht nur auf dieser Straße, sondern im gesamten Feld dieser Region entstehen. Also zum Beispiel die Entwicklungen am Hauptbahnhof haben selbstverständlich ganz außerordentliche Bedeutung für diese Straße. Und nicht nur, was an der Frankfurter Allee oder am U-Bahnhof geschieht, sondern das Umfeld insgesamt muß diese ... langwierige Entwicklung nehmen ... Diese Straße, diese Allee wird wegen ihrer Denkmalwürdigkeit, wegen der besonderen Dimension, die sie allein aufzuweisen hat, die sie unverwechselbar macht ... große Kraft in Zukunft haben ...«
Der Bedeutung dieses Anspruches müßten jetzt planerische Vorstellungen des Bezirkes und der Stadt entsprechen. Spielt die Allee diese Rolle?
Ein Blick in den Flächennutzungsplan Berlin 1994 zeigt, daß unser Betrachtungsgegenstand, der Strausberger Platz, die Karl-Marx-Allee von hier bis zum Frankfurter Tor und die Frankfurter Allee bis zur Proskauer Straße nicht als Einheit betrachtet wird. Im westlichen Bereich liegt sie im innerstädtischen Wohngebiet, im östlichen Bereich wird sie vom Mischgebiet begleitet, nur Teile werden als Einzelhandelskonzentrationen ausgewiesen. Der östliche Teil – Frankfurter Tor und Frankfurter Allee – ist als übergeordnete Hauptverkehrsstraße ausgewiesen, der westliche Teil nicht. Die U-Bahn unterfährt den gesamten Straßenzug (drei Bahnhöfe) und findet Anbindung am Frankfurter Tor an die Freihaltung für eine Verlängerung einer Bahn-Linie in der Warschauer Straße. Größere Freiflächen gibt es erst in einiger Entfernung (Friedrichshain und die Friedhöfe St. Petri und St. Georgen).
Nur einen Kilometer entfernt im Westen liegt im gleichen Straßenzug mit dem Alexanderplatz ein Schwerpunkt des Zentrumbereiches Mitte, und einige hundert Meter entfernt im Osten entsteht das Hauptzentrum-Ost am S-Bahn-Ring. Öffent-

liche Einrichtungen beschränken sich auf einige nahe gelegene Schulen und das Rathaus Friedrichshain.
Erwähnt wird der mögliche Ausbau von Verkaufsflächen in der Frankfurter Allee, dabei steht aber der Bereich außerhalb unseres Betrachtungsgegenstandes im Vordergrund. Auf dieser Ebene gewinnt die Karl-Marx-Allee keine besondere Bedeutung im Sinne des oben erwähnten Anspruches.
In der aktuellen Situation stören sich verschiedene Nutzungen, insbesondere beeinträchtigt die vorrangige Nutzung als Ausfallstraße nach Osten durch akute Lärmbelästigung und durch faktische Zerschneidung der Nord- und Südseite sowohl die Qualität der Wohnungen als auch den Charakter eines gehobenen Einzelhandelsstandortes; die Planung für eine Reduzierung des Straßencharakters zwischen Strausberger Platz und Frankfurter Tor besteht, ist aber realistisch noch nicht erkennbar, obgleich der Innenstadt-Straßenring mit der Wiederherstellung der Oberbaumbrücke hier eine wesentliche Voraussetzung erfüllt hat.
In der Diskussion der vergangenen drei Jahre spielen zwei Aspekte planerischer Vorstellungen eine beherrschende Rolle.
Zum einen: die Reduzierung des Straßenverkehrs und hier vor allem die Ermöglichung ruhenden Verkehrs, einfach ausgedrückt: mehr Stellplätze, weniger Fahrspuren. Bezirk, WBF (Wohnungsbaugesellschaft Friedrichshain mbH) und DePfa (Deutsche Pfandbrief- und Hypothekenbank), Stadtentwicklung und Landeskonservator bemühen sich seit langem gemeinsam, die Verkehrsverwaltung sieht immer noch keine Realisierungsmöglichkeit, den zweifellos starken Fahrverkehr einzudämmen oder zu reduzieren.
Zum anderen: die Reduzierung des Denkmalschutzes zugunsten von Gewerbeerfordernissen. Hier sehen WBF, Bezirk und Landeskonservator eher ein Entwicklungspotential, das ausgeschöpft werden sollte, ehe man an Änderung denkt. Innerhalb des Denkmalcharakters behauptet die Denkmalschutzbehörde Spielräume, die auszuloten noch nicht genügend versucht wurde, während das Gewerbe sich behindert sieht.
Im Rahmen solcher Diskussionen stand daher im Gegensatz zum oder in Abweichung vom Flächennutzungsplan (FNP) 1994 der Zusammenhang der Allee und ihrer Entwicklung im Vordergrund des Interesse von Bezirk und WBF (auch der DePfa).
Schwer einzuschätzen ist, ob es über diese planerischen Kontroversen wirklich planerische Vorstellungen für die entscheidenden Faktoren der Entwicklung der Karl-Marx-Allee gibt:

Die Bewohnerstruktur, die Gewerbestruktur und das Umfeld.

Die mit der Allee seit 40 Jahren älter gewordenen Bewohner werden in den kommenden Jahren allein durch biologische Entwicklung allmählich abgelöst durch neue Bewohner. Die Bemühungen richten sich auf die Wiederherstellung und (soweit erforderlich) Modernisierung der überdurchschnittlich guten Wohnungen und der Häuser samt ihrer Außenanlagen, um Mieter einzuladen, die der Straße die Lebendigkeit verschaffen, die sie heute sichtlich nicht hat. Trotzdem bleibt die relativ kleine Anzahl von Wohnungen und die daraus resultierende relativ geringe Bewohnerzahl, da im Umfeld der Denkmalbauten keine größere Wohndichte herrscht. Das bedeutet, daß ohne weiteres keine hinreichende Kaufkraft für einen Einzelhandel besteht, der für den Charakter und das Bestehen der Allee notwendig ist. Hier ist also planerische Anstrengung erforderlich, die Anziehungskraft für Kaufkraft aus der Stadt Berlin oder dem Umfeld zu entwickeln; eine verordnete Vorrangstellung wie in der DDR ist nicht möglich. Entsprechende Gutachten und Pläne werden zur Zeit vorbereitet und erstellt.
Für beide Problemkreise kann auch eine Rahmenplanung der Senatsbauverwaltung zu »Gebieten für wohnumfeldverbessernde Maßnahmen und Wohnungsvorhaben zur Ergänzung industriell gefertigter Mietwohnungsbauten im Ostteil der Stadt« herangezogen werden, da der Westteil des Bezirkes insgesamt in diese Kategorie fällt und daher das Umfeld der Allee.

Hier geht es um:

- Modernisierung und punktuelle Ergänzung des Wohnungsbestandes und der sozialen Infrastruktureinrichtungen,
- gestalterische Aufwertung der im Allee-Umfeld vorhandenen, relativ großen und zusammenhängenden Grünflächen sowie deren Vernetzung,
- Wiederbelebung bzw. Neuanlage von Stadtplätzen (Mehringplatz, Andreasplatz, Kreuzung Lebuser-, Palisadenstraße),
- Schaffung interessanter Freizeitangebote für Kinder im öffentlichen Raum, Neugestaltung von Spielplätzen,
- Erweiterung des Angebotes an öffentlichen Freiflächen durch Umgestaltung versiegelter Flächen und qualitative Steigerung der Nutzbarkeit privater Freiflächen,
- weitere Verbesserung des ÖPN-(Öffentlicher Personen-Nahverkehr)-Netzes; hierbei wird die geplante Tram-Verbindung nach Kreuzberg eine wichtige Rolle spielen,
- verträgliche Gestaltung des Individualverkehrs, vor allem durch Beruhigung der Wohnerschließungsstraßen und Entspannung der Stellplatzproblematik; strukturelle Neuordnung vorhandener Stellflächen und ergänzende Tief- und Hochgaragen; Erschließen von Reserven durch Doppelnutzung der Tiefgaragen der großen Dienstleistungsvorhaben im Allee-Umfeld bis hin zum Hauptbahnhof.

Von Bedeutung für die Entwicklung wird sicherlich die Planung der Freiräume der Allee. Es gibt zwei denkbare Lösungen, die miteinander in Verbindung stehen. Relativ weit verbreitet ist das Gartendenkmal, das die Freiräume der denkmalgeschützten Allee in möglichst weitgehender Herstellung des einstmals gedachten oder logischerweise denkbaren Zustandes im Zusammenhang des Banddenkmals sieht. Die andere Richtung dokumentiert sich in der Bereichsentwicklungsplanung, die vor allem eine Verbindung und Entwicklung von Grün- und Freiräumen im gesamten Bezirk anstrebt. Die Erläuterungen gestern und heute haben dargestellt, wie intensiv diese Räume über die Allee und mit der Allee zusammengehören und zusammenwirken.

Trotz allen erklärten Interesses und der Grundüberzeugung einer unweigerlich positiven Entwicklung der ehemaligen Stalinallee zum Boulevard im Osten Berlins, ist die Entwicklung ohne nachhaltige und konsequente Weiterbildung planerischer Anstrengungen nicht durchzusetzen.

Jörg Haspel

Denkmalpflegerische Aspekte der Sanierung und Revitalisierung der Karl-Marx-Allee*

Das Denkmalprofil des Berliner Bezirks Friedrichshain wird unübersehbar akzentuiert durch Nachkriegszeugnisse, die als Denkmal sozialistischen Städtebaus interpretiert werden können. Die ehemalige Stalinallee ist nur ein Beispiel hierfür und mit Sicherheit nicht einmal das umstrittenste Bauzeugnis der ehemaligen »Hauptstadt der DDR«. Wer die drei Radialstraßen stadtauswärts fährt, die den 1920 neugebildeten Stadtbezirk Friedrichshain gliedern und ihn gleichsam als Durchgangszone zwischen dem historischen Stadtzentrum und dem gründerzeitlichen S-Bahn-Ring charakterisieren, ist unausweichlich mit Ergebnissen sozialistischen Städtebaus konfrontiert, die bald als Datierungshilfe, bald als stilistisches Bestimmungsmerkmal oder zur politisch-moralischen Bewertung auch mit dem Begriff »Stalinismus« etikettiert werden könnten.

Nachkriegsdenkmale

Da ist zunächst und vor allem die noch zu Stalins Lebzeiten (1879–1953) und in seinem Namen – genauer: unter seinem Straßennamen – begonnene Magistralenbebauung der Karl-Marx-Allee, von 1949 bis 1961 »Stalinallee« genannt. Aus der Tradition des Personenkults und der Propagandakunst läßt sich auch der Ausgangspunkt der 1950 bis 1992 »Leninallee« genannten Landsberger Allee begreifen, die das Zentrum der vormaligen »Hauptstadt der DDR« mit den Plattenneubausiedlungen von Marzahn oder Hellersdorf und Hohenschönhausen verbindet. Der von geschwungenen und abgestuften hohen Wohnbauten (1968 bis 1970) gefaßte »Leninplatz« (heute: »Platz der Vereinten Nationen«) und mehr noch das 1991/92 abgetragene Lenindenkmal (1970, Nikolai W. Tomski), das sich mit dem benachbarten Friedhof der Märzgefallenen und antifaschistischen Skulpturengruppen im angrenzenden Volkspark Friedrichshain zu einer recht parteilichen »Monumentenstrecke« mit der Karl-Marx-Allee verband, dieser komplexe Denkmalzusammenhang steht für eine bewußt proletarische Denkmälersetzung im Stadtbild.

Nicht zuletzt befindet sich entlang der südlichen Radialstraße am Nordufer der Spree ein ausgedehnter Rest des Bauwerks, das allgemein im politischen Sinne für »Stacheldraht und Mauer« als Zeichen der Unfreiheit entstand, nämlich die Berliner Mauer. Genauer: es handelt sich um ein Stück Hinterlandmauer, das – seit 1990/91 als bemalte »East-Side-Gallery« – über einen Kilometer Länge die Straße begleitet und zugleich trennt vom Fluß, der hier die Grenze bildete zwischen Ost- und West-Berlin und somit zwischen den

* Bei dem vorliegenden Beitrag handelt es sich um die überarbeitete und ergänzte Fassung eines Referates, das erstmals unter dem Titel »Zwischen Erhaltung und Erneuerung: die Karl-Marx-Allee« auf der Tagung »Stalinistische Architektur unter Denkmalschutz?« des Deutschen Nationalkomitees von ICOMOS im September 1995 in Berlin gehalten wurde.

Volkspark Friedrichshain, Friedhof der Märzgefallenen 1848, Bronzefigur »Roter Matrose« (Hans Kies, 1960) nahe den Gräbern der Novemberrevolution 1918

Volkspark Friedrichshain, Denkmal für polnische und deutsche Antifaschisten (Künstlerkollektiv, 1972)

Volkspark Friedrichshain, Gedenkstätte für die Interbrigadisten im Spanischen Bürgerkrieg 1936–1939, Figur des Spanienkämpfers (Fritz Cremer, 1968)

beiden geopolitischen Hemisphären der Nachkriegszeit.

Natürlich wäre es verfehlt, das Denkmalprofil des Bezirks Friedrichshain auf seine sozialistischen Akzente an den Radialen und somit auf seine jüngere Vergangenheit zu verkürzen; und sicher bleibt es richtig, daß etwa Altstralau Kulturdenkmale von ungleich höherem Alterswert und Seltenheitswert besitzt als beispielsweise das Karl-Marx-Relief (1964, Hans Kies), das an den Aufenthalt des »Klassikers des Wissenschaftlichen Sozialismus« auf der Halbinsel erinnern soll. Aber die Einfallstraßen durch Friedrichshain ins Zentrum von Berlin mögen doch etwas von dem Ausmaß der Schwierigkeiten vermitteln, die es bereiten kann, diesen Teil der Geschichte und des Denkmalbestands im Bezirk Friedrichshain unvoreingenommen als erhaltenswertes »Erbe« anzunehmen.

Von den erwähnten Nachkriegszeugnissen in Friedrichshain erfreut sich heute vermutlich keines größerer Bekanntheit und Beliebtheit als die Wohnblöcke der »Ersten sozialistischen Straße Deutschlands«. Die zeitgenössischen politischen und ästhetischen Verdikte, mit denen die ersten Bauabschnitte der Stalinallee im Sinne einer Totalitarismustheorie in die Tradition nationalsozialistischer Achsen- und Monumentalarchitek-

Berliner Mauer (Hinterlandmauer), Mühlenstraße, sog. East-Side Gallery: in der Mitte des Bildes »Mein Gott hilf mir, diese tödliche Liebe zu überleben« (sog. Bruderkuß von Dimitrij Vrubel, 1990)

Alt-Stralau, Erinnerungsstätte an den Aufenthalt von Karl Marx und den Glasarbeiterstreik von 1901 in Stralau
Hans Kies, 1964

tur (etwa durch den Vergleich der »Speer-Leuchten« an der Magistrale von 1938/39 im Westen mit den Kandelabern an der Magistrale der fünfziger Jahre im Osten) gestellt oder eines rückwärts gewandten, russifizierten »Zuckerbäckerstils« bezichtigt werden konnten, sie sind spätestens mit der postmodernen Wiederkehr eines Neohistorismus selbst Geschichte geworden. Und verblaßt ist auch die Erinnerung an die Ereignisse des 17. Juni 1953, die nicht zuletzt von den Bauarbeitern auch der ehemaligen Stalinallee ihren Ausgang genommen hatten. Die Anerkennung der Karl-Marx-Allee als erhaltenswertes Denkmalensemble ist wohl just für diejenigen Bauabschnitte am höchsten entwickelt, die unmittelbar für die rigorose Durchsetzung des »sozialistischen Realismus« in der Architektur stehen. Für diese Bauabschnitte hat nicht nur die Fachwelt, sondern im Grundsatz auch die öffentliche Meinung die Denkmalfrage längst positiv entschieden.

Denkmalstatus

Die rechtsverbindlich geschützte Denkmalzone Karl-Marx-Allee ist allerdings umfangreicher und facettenreicher als der Gegenstand, der sich inzwischen wachsender öffentlicher Anerkennung und Zuwendung erfreut. Der nach dem neuen Berliner Denkmalschutzgesetz (1995) in die Liste aufgenommene Denkmalbereich umfaßt zunächst die bereits nach dem Denkmalpflegegesetz der DDR (1975) geschützten Bauten, wie das 1952 fertiggestellte und eine Generation später in die zentrale Denkmalliste der DDR eingetragene Hochhaus an der Weberwiese (Hermann Henselmann), das gleichsam als Prototyp die Bauten der Stalinallee – insbesondere die Hochhäuser am Strausberger Platz – vorwegnahm und als Leitbau für die erste Entwicklungsetappe der DDR-Architektur gelten kann. Dazu gehört auch und vor allem der im wesentlichen 1951 bis 1955 beziehungsweise 1958 bis 1960 ausgebaute erste monumentale Straßenabschnitt zwischen Strausberger Platz und Proskauer Straße, der das Programm der Arbeiterwohnpaläste in nationaler Tradition repräsentiert und 1986 unter Denkmalschutz gestellt worden war.

Miteinbezogen sind freilich nunmehr die in den Tagen der »Runden Tische« 1990 in die Denkmalliste aufgenommenen und durch das Gesetz zur Vereinheitlichung des Berliner Landesrecht (1990) überführten Ergänzungen, insbesondere die Wohnzeilen und Laubenganghäuser an der Südseite der Allee (1949 bis 1950, Ludmilla Herzenstein, Helmut Riedel), deren städtebauliche Disposition an Hans Scharouns Konzept für eine »Wohnzelle Friedrichshain« von 1949 erinnert. Zusätzlich in die Denkmalausweisung aufgenommen ist die 1959 bis 1965 stadteinwärts vom Strausberger Platz zum Alexanderplatz fortgeführte Alleebebauung im Bezirk Berlin-Mitte, deren Wohnhochhausscheiben in Plattenbauweise als wegweisender Beitrag zur Industrialisierung des Wohnungsbaus in der DDR Beifall fanden.

Die ausgedehnten Grünflächen der Straßen- und Platzräume am älteren Magistralenabschnitt, die auf Grünplanungen von Reinhold Lingner zurückgehen, sind überdies als Gartendenkmale aufgeführt. Namhafte Einzelobjekte, wie »Kino Kosmos« (1961 bis 1962) und »Kino International« (1961 bis 1963) oder das »Interhotel Berolina« (1961 bis 1963) und »Cafe Moskau« (1961 bis 1964), die alle unter der architektonischen Oberleitung von Josef Kaiser entstanden, sowie der Ringbrunnen (1967, Fritz Kühn) und die Karl-Marx-Büste am Strausberger Platz sind dem Denkmalbereich ebenfalls eingeschrieben. Andere Baudenkmale, wie das »Haus des Lehrers« mit »Kongreßhalle« (1961 bis 1964, Hermann Henselmann) oder der Fernsehturm (1965 bis 1969) am Alexanderplatz ergänzen und steigern wirkungsvoll das Denkmalgefüge der sozialistischen Magistrale und den Weg in das neugestaltete Zentrum der Stadt.

Unter Denkmalschutz steht heute also mehr als die häufig zitierten und fotografierten traditionalistischen Turmbauten und Wohnblöcke der fünfziger Jahre. Eingetragen ist ein Denkmalbereich, der auf einer Länge von über zwei Kilometern das hochverdichtete Ergebnis eines rund 25jährigen Planungs- und Bauprozesses dokumentiert. Dabei hat die städtebauliche und architektonische Ent-

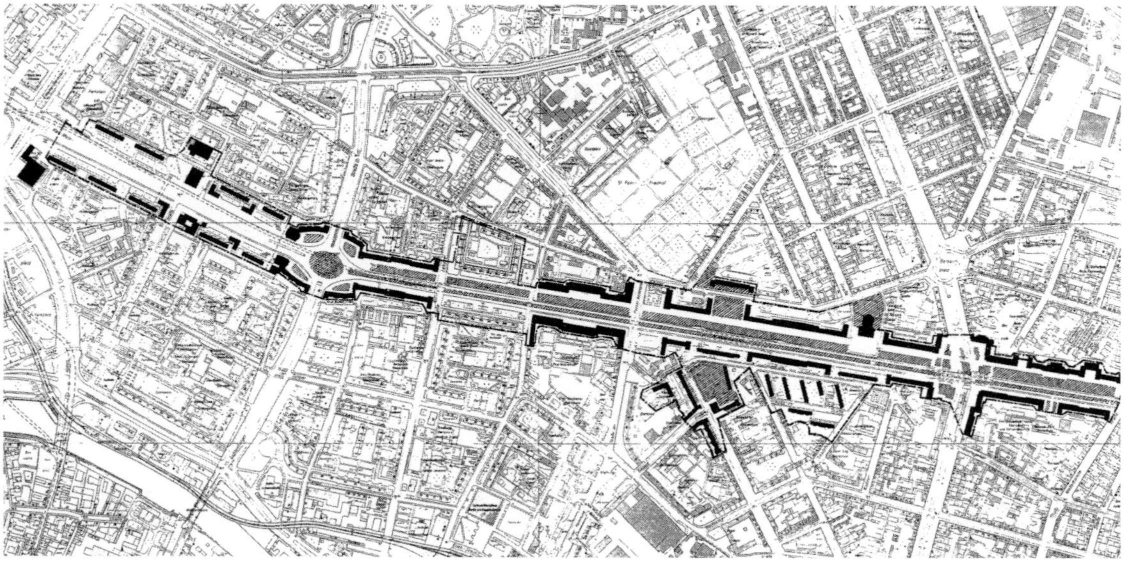

Plan 1
Denkmalzone Karl-Marx-Allee: der östliche Denkmalbereich im Bezirk Friedrichshain umfaßt die Wohnzeilen und Laubenganghäuser der ersten Nachkriegsjahre und die spätere Magistralenbebauung des Nationalen Aufbauprogramms einschließlich der Lückenschließung der 1960/70er Jahre; schraffiert dargestellt die denkmalwerten Grünanlagen des älteren Straßenabschnitts; der westliche Denkmalbereich im Bezirk Mitte schließt die straßenbegleitende Bebauung der Plattenwohnhausscheiben und der vorgelagerten Pavillons für Wohnfolgeeinrichtungen sowie ein Hotelhochhaus aus den frühen 1960er Jahren ein und findet seinen Abschluß in der Denkmalgruppe von Haus des Lehrers und Kongreßhalle am Alexanderplatz

wicklung an der Karl-Marx-Allee im unmittelbaren räumlichen Nebeneinander und Gegeneinander geradezu exemplarischen Charakter angenommen für die baupolitischen Linienkämpfe im sozialistischen Nachkriegsdeutschland. Es handelt sich gewissermaßen um eine Abfolge von Demonstrativbauvorhaben, die Hauptentwicklungsphasen des Städtebaus und der Architektur von der Gründung der DDR (1949) bis zum Ende der Ulbricht-Ära (1971) sinnfällig vergegenwärtigen.
In ihrer städtebaulichen Disposition und in gestalterischer Hinsicht lassen sich vor allem drei Entwicklungsstadien unterscheiden:

- die in den späten vierziger Jahren geplanten und begonnenen Bauten (Laubenganghäuser Karl-Marx-Allee; Wohnzeilen Graudenzer Straße), die dem Leitbild einer aufgelockerten und durchgrünten Stadtlandschaft und der Neuen Sachlichkeit der architektonischen Zwischenkriegsmoderne verpflichtet sind;
- die unmißverständlich gegen diese erste Nachkriegsbauschicht gesetzten Großwohnblöcke, die im Rahmen des ersten Fünf-Jahres-Planes als Vorhaben des Nationalen Aufbauprogramms bis 1955 beziehungsweise 1958 bis 1960 zwischen Strausberger Platz und Proskauer Straße (einschließlich Hochhaus an der Weberwiese) entstanden und den 90 Meter breiten Straßenraum im Sinne einer monumentalen, traditionsverbundenen Magistralenbebauung mit symmetrisch gegliederten und historisierend dekorierten Keramikfassaden säumen;
- die Schließung von Baulücken des älteren Magistralenabschnitts in den sechziger/siebzi-

Karl-Marx-Allee, Laubenganghaus (Ludmilla Herzenstein, 1949/50); die Straßenfronten in der Flucht der späteren Magistralenbebauung wurden bewußt durch eine Baumreihe »abgepflanzt«

Karl-Marx-Allee, »Kino International« und »Hotel Berolina« (Josef Kaiser, 1961 bis 1963) markieren den städtebaulichen Schwerpunkt des 2. Bauabschnittes

Alexanderplatz, Haus des Lehrers mit Kongreßhalle
Hermann Henselmann, 1961 bis 1963

ger Jahren und vor allem der im Sinne eines »International Style« von der traditionalistischen Altbebauung abgesetzte zweite Magistralenabschnitt im Bereich Berlin-Mitte, der 1959 stadteinwärts zwischen Strausberger Platz und Alexanderplatz aufgenommen wurde, bestehend aus acht- und zehngeschossigen Wohnhochhäusern in industrieller Plattenbauweise mit vorgelagerten flachen Pavillons für Wohnfolgeeinrichtungen entlang der Straße.

Stadträumlich und programmatisch zusammengehalten wird dieses mehrschichtige und vielgestaltige Ensemble aber tatsächlich durch das als »Stalinallee« geplante Straßenband, eine repräsentative Magistrale, die vom Osten zum Stadtzentrum führt und in sich steigernden räumlichen Abschnitten auf den Mittel- und Höhepunkt der Hauptstadt vorbereiten sollte. Die kompositorischen Schwerpunktsetzungen und Platzbildungen der Allee sind die kuppelbekrönten Türme am Frankfurter Tor, die rahmenden Hochhäuser am Strausberger Platz, die von Hotelhochhaus- und Kinoarchitektur markierte Zäsur an der Kreuzung Schillingstraße und der Schlußakzent von Haus des Lehrers und Kongreßhalle am Alexanderplatz. Diese vier Schwerpunktbildungen gliedern mit unterschiedlichen Gestaltungsmitteln die Magistrale in eine erfahrbare Sequenz von Straßen- und Platzräumen, wie sie gedacht war als östliches Pendant zu der traditionellen Repräsentationsachse Siegesallee/Unter den Linden und auf die städtebauliche und politische Mitte eines neuen Berlin hinführen sollte.

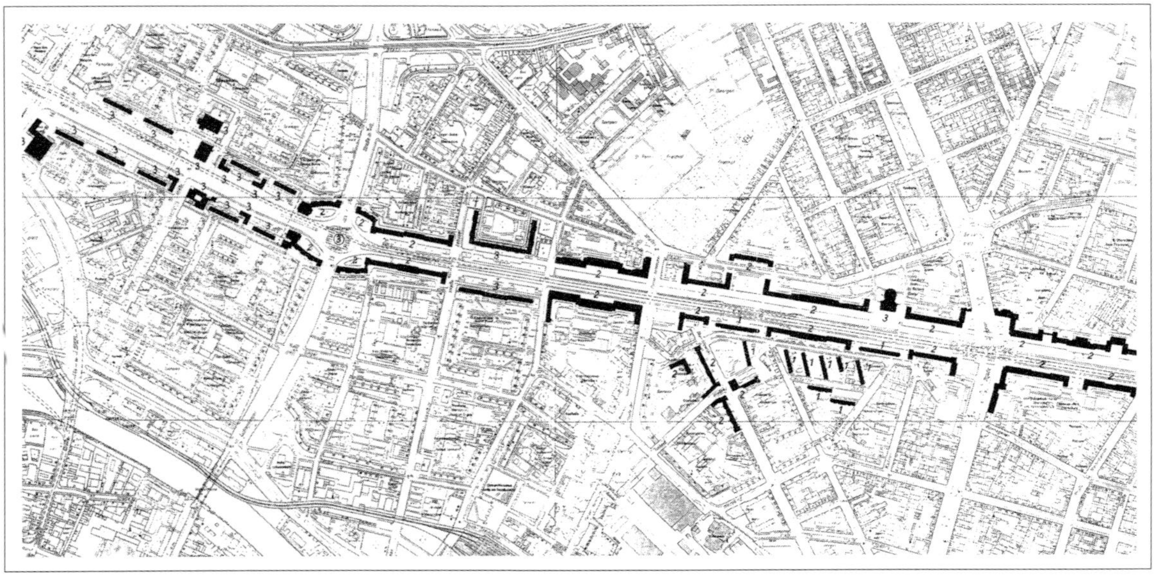

Plan 2
Denkmalzone Karl-Marx-Allee zwischen Proskauer Straße und Alexanderplatz:
1. Bauten der Nachkriegsmoderne (1948 bis 1950);
2. Magistralenbebauung der Nationalen Tradition (1951 bis 1958);
3. Industrialisierte Bauten (1959 bis 1965)

Denkmalkonflikte

Der seit der Vereinigung Berlins am 3. Oktober 1990 geltende Denkmalschutz für den Gesamtabschnitt der Karl-Marx-Allee war von Beginn an politisch umstritten. Unausgesprochen mögen polit-ästhetische Motive, also ideologische Vorbehalte gegen den proklamierten ersten sozialistischen Straßenzug Deutschlands und ein gestalterisches Unbehagen gegenüber den Plattenbauten des jüngeren Bauabschnitts hinter parlamentarischen Initiativen gestanden haben, die eine Revision der Unterschutzstellung und ihrer Konsequenzen forderten. Vor allem aber wuchs mit dem wirtschaftlichen und sozialen Umbruch im Ostteil der Stadt die Sorge, der Denkmalschutz könne die erforderliche Sanierung und Revitalisierung der Magistrale zwischen Alexanderplatz und Frankfurter Tor behindern, ja blockieren.

Stellvertretend für den Grundtenor parlamentarischer Vorstöße seit der Vereinigung der Stadt sei hier ein 1991 vom Berliner Abgeordnetenhaus mehrheitlich verabschiedeter Antrag zur »Einschränkung des Denkmalschutzes für die Karl-Marx-Allee« erwähnt, der eine Rücknahme der Eintragung für den westlichen Abschnitt und eine Reduzierung denkmalpflegerischer Anforderungen für den östlichen Abschnitt zum Ziel hatte. Die schließlich vom Berliner Senat unter Hinweis auf die denkmalschutzrechtliche Eintragungspflicht abgelehnten Löschungsanträge und die sich daraus entwickelnden politischen Kontroversen über die Erhaltungs- und Entwicklungserfordernisse der Allee konzentrierten sich in der vergangenen Legislaturperiode (1991 bis 1995) vor allem auf den älteren Abschnitt zwischen Strausberger Platz und Frankfurter Tor. Sie entzündeten sich in der Regel an fünf Konfliktthemen:

- Stellplatzangebot und Parkierungskonzept: die von der Denkmalpflege zur Attraktivitätsförderung im Sinne der Gewerbetreibenden vorgeschlagene Kurzparkmöglichkeit auf der jeweils äußeren Fahrspur wird von der Verkehrsverwaltung abgelehnt unter dem Hinweis, daß die existierenden drei Fahrstreifen je Richtung nicht eingeschränkt werden dürften und statt dessen straßenbegleitende Grünflächen und Bürgersteige zum Ausbau von Parkbuchten in Anspruch genommen werden sollten – eine autogerechte Alternative, dem das gartendenkmalpflegerische Interesse an der historischen Freiflächengestaltung ebenso entgegensteht, wie das Ziel einer Verkehrsreduzierung zur Verbesserung der Wohn- und Aufenthaltsqualität an der Karl-Marx-Allee;
- Schaufensterfronten und Reklameflächen: ein inzwischen mit dem Bezirksamt Friedrichshain und der Eigentümerseite abgestimmtes Gestaltungskonzept enthält einzelfallübergreifende Regelungen für Materialwahl, Gliederung und Farbigkeit von Schaufenstern und Ladeneingängen sowie über Lage und Ausführung von Werbemaßnahmen; die Richtlinie eröffnet unter Wahrung einheitlicher historischer Strukturmerkmale der Geschäftsfront individuelle Gestaltungsspielräume zur abschnittweisen Anpassung der Schaufenster- und Ladenzone an veränderte Nutzungs- und Geschäftsinteressen;
- Innenraumgestaltung der Geschäftslokale: ebenfalls im Rahmen des mit dem Bezirksamt Friedrichshain und den Eigentümern abgestimmten Regelwerks entstanden Kriterien für einen Innenausbau (Unterteilung oder Kombination bestehender Einheiten, Grundrißveränderungen usw.), wobei im Grundsatz eine Neueinteilung im Inneren ermöglicht und geprüft werden soll, wo rückwärtige Erweiterungen der Laden- und Gaststättenzone denkmalverträglich gestaltet werden können, um wirtschaftlichere Gebäudetiefen und Geschäftsgrößen zu erreichen; eine Auswahl raumkünstlerisch erhaltenswerter Interieurs soll exemplarisch gesichert, womöglich restauriert und in künftige Umnutzungsprojekte einbezogen werden; in Ausnahmefällen sind die Bergung und Sicherung historischer Ausstattungsstücke hinter einer reversiblen Verkleidung von wertvollen Wand- und Deckendekorationen vorgesehen;
- Freiraumgestaltung des Boulevards: viele Gewerbetreibende, insbesondere Anlieger der nördlichen Promenadenseite, betrachten die großzügig ausgelegten Fußgänger- und Grünflächen als Barriere und wollen mit Werbeanlagen oder ähnlichem im Straßenraum präsent sein; der Erhaltungszustand und der Pflegeaufwand für die historischen Freiflächen, aber auch die Erfordernisse einer zeitgemäßen Möblierung stehen einer völligen Wiederherstellung entgegen; ein gartendenkmalpflegerisches Konzept sieht die Wahrung und Vervollständigung historischer Freiraumstrukturen sowie deren Weiterentwicklung für heutige Ansprüche an einen prominenten Stadtboulevard vor;
- Fassadensanierung: knapp 50 000 Quadratmeter Keramikplatten, das ist fast die Hälfte der charakteristischen keramischen Fassaden des Denkmalensembles, sind in den letzten Jahrzehnten abgefallen, abgenommen worden oder noch abgängig; eine dauerhafte Erhaltung der Restflächen und deren werkgetreue Ergänzung erscheint gegenwärtig aus bauphysikalischen Gründen beziehungsweise aus Gewährleistungs- und Finanzierungsgründen nur ausnahmsweise realisierbar; die in den bisherigen Untersuchungen sowie an Pilotprojekten zur Fassadensanierung gesammelten Werte und Erfahrungen sind unter konservatorischen Gesichtspunkten befriedigend, aber noch nicht langfristig finanziell abgesichert.

Gartendenkmalpflege und Freiraumkonzept

Die Freiflächen an der ehemaligen Stalinallee wurden 1953 von einem Planungskollektiv unter Leitung von Reinhold Lingner entworfen und in der nachfolgenden Ausführungsplanung von Helmut Kruse weitgehend aufgenommen. Zusammenhängende Entwurfs- und Realisierungspläne zu den Freiflächen- und Grünanlagen an der Stalin-/Karl-Marx-Allee waren in den Archiven

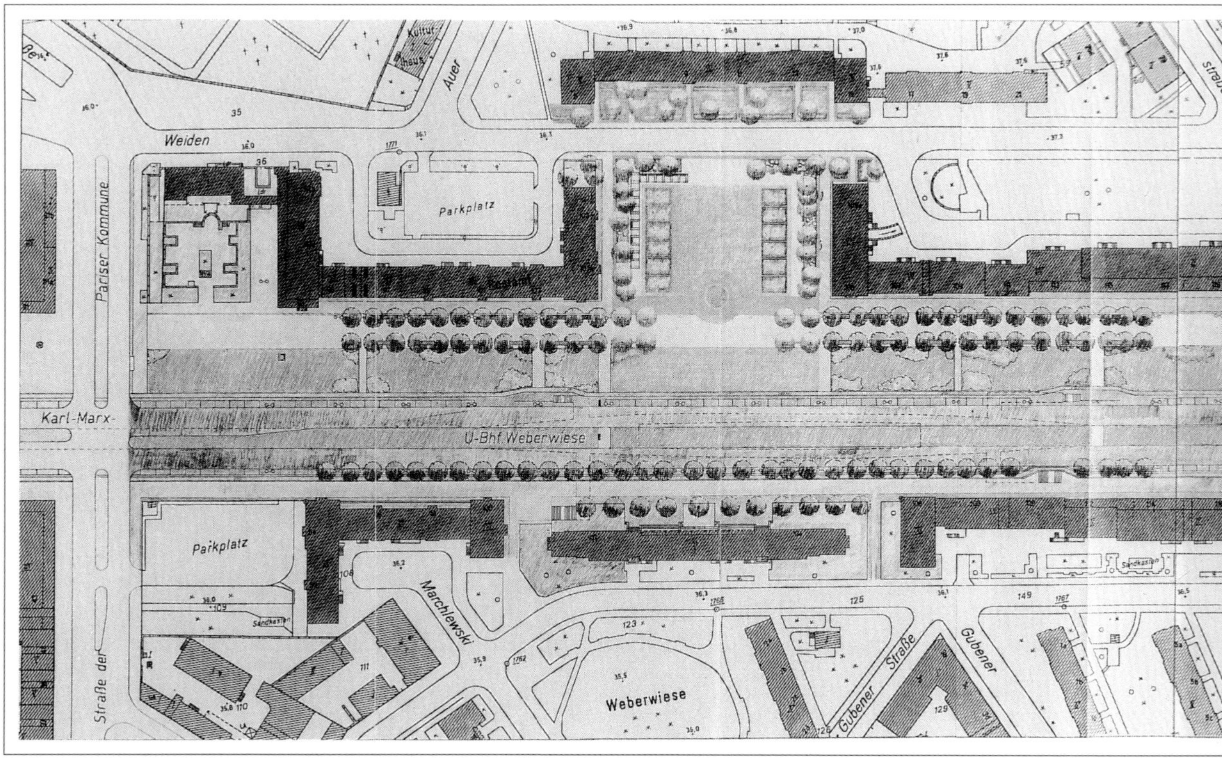

Plan 3. Gartenpflegerisches Rahmenkonzept für die Karl-Marx-Allee, Berei

bisher nicht auffindbar. Lediglich Pläne des Staudengarten-Entwurfs von Kruse (1954) und Planunterlagen der Umgestaltung von 1979 (Entwurf und technische Pläne) sowie einzelne Varianten für die Sommerblumenbepflanzung des Bereiches östlich des Frankfurter Tores konnten vom Naturschutz- und Grünflächenamt Friedrichshain zur Verfügung gestellt werden.

Die Grünanlagen sollten hohen landschaftskünstlerischen Ansprüchen genügen und in Korrespondenz mit der begleitenden Bebauung einen zusammenfassenden Rahmen für die repräsentative Magistralenarchitektur bilden. Die am sowjetischen Leitbild einer Aufmarschstraße (Gorkistraße/Moskau) orientierte Gestaltung sollte gleichzeitig als überörtlicher Einkaufsboulevard die Lebensqualität für die arbeitende Bevölkerung heben helfen. Die axiale, aber asymmetrische Gliederung erzielte eine geschlossene Straßenraumwirkung und nutzte die Südorientierung der nördlichen Randbebauung geschickt zur Anlegung einer besonnten Promenade mit großzügigen Grünflächen.

Der Entwurf von Reinhold Lingner hatte begleitende, regelmäßige Baumreihen vorgesehen, um durch eine beidseitig durchgehende Bepflanzung der Magistrale einen alleenartigen Charakter zu verleihen. Die durch zurückgesetzte Teile der Wohnblöcke gebildeten platzartigen Erweiterungen gestaltete Lingners Entwurf zu dekorativen Stadtplätzen. Sie betonten die in der Architektur vorgegebenen Querachsen und verklammern in den Kreuzungsbereichen die beiden Straßenseiten.

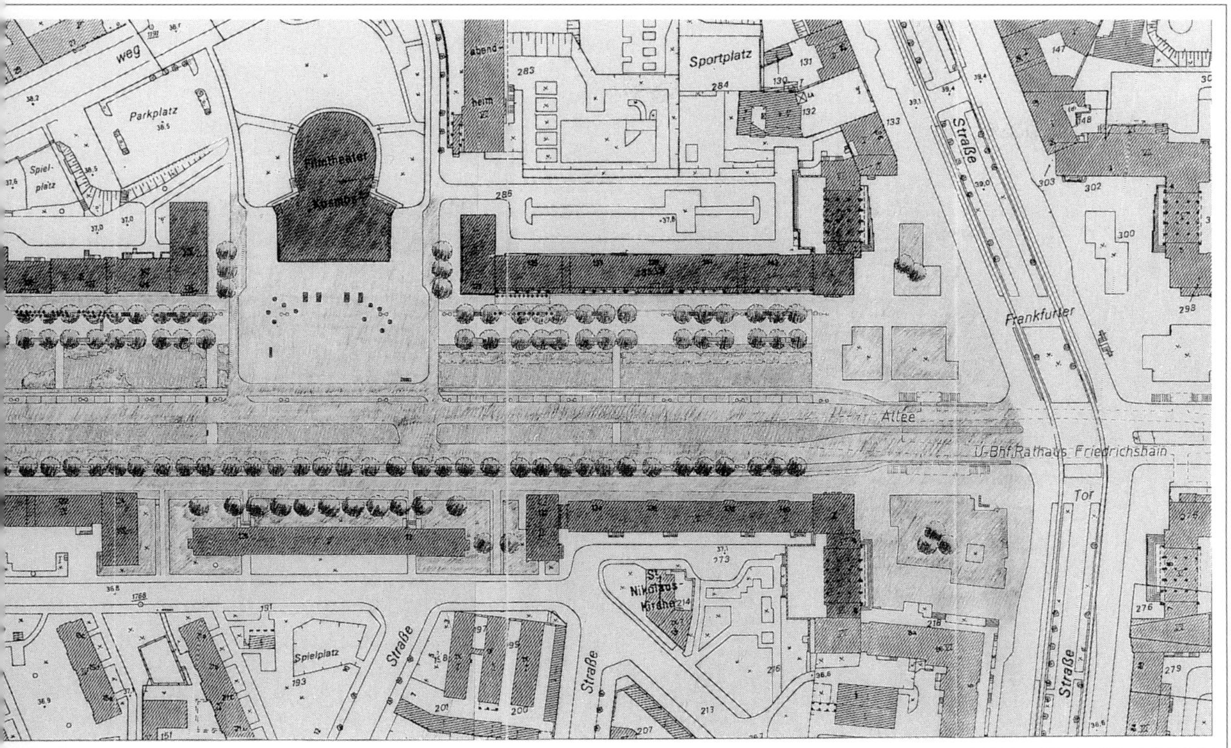

ischen Straße der Pariser Kommune und Frankfurter Tor (PA-LA, 1994)

Der Entwurf schloß auch Kleinarchitektur-Elemente ein, wie Bänke in den Baumreihen, Vitrinen vor den Eingängen, Brunnen und Plastiken auf den Schmuckplätzen, die vor allem zur rhythmischen Gliederung, Akzentuierung und Aufwertung der Straßenräume dienen. Die Ausführungspläne stützten sich in Grundzügen auf diese Vorgaben.

Bis heute sehr gut erkennbar geblieben und in einigen Abschnitten auch umfassend überliefert ist die historische Abwicklung der Freiraumbereiche. Die Freiflächen im Querschnitt des überdurchschnittlich breiten Straßenraumes gliedern sich von Norden nach Süden in folgende Teilbereiche:

- Gehweg entlang der Wohnblöcke;
- Promenade mit abwechselnd ein- oder zweireihigen Baumalleen; getrennt von der Rasenfläche durch eine niedrige Hecke; eine Leuchtenreihe in den Zwischenräumen der ersten Baumreihe;
- Rasenfläche mit locker angeordneten Stauden-, Sommerblumen- und Ziergehölzflächen;
- Fahrradweg mit Unterstreifen; eine Leuchtenreihe auf dem Unterstreifen;
- zwei dreispurige Fahrbahnen mit einem acht Meter breiten Mittelstreifen als Rasenfläche, bepflanzt mit Sommerblumen;
- Fahrradweg mit Unterstreifen; eine Leuchtenreihe auf dem Unterstreifen;
- Gehweg entlang der Wohnblöcke mit einer Baumreihe im Unterstreifen.

Karl-Marx-Allee, Blick vom Block C-Nord in den begrünten Straßenraum: links Block C-Süd von Richard Paulick, daneben Lückenschließung der 1970er Jahre durch Plattenwohnhaus anstelle des 1961 abgetragenen Stalindenkmals

Karl-Marx-Allee, Staudengarten und Rosenpergola nach gartendenkmalpflegerischer Wiederherstellung (1994)

Neben den Grünflächen und den Geh- beziehungsweise Fahrwegflächen wird der Freiraum heute insbesondere durch historische Kandelaber, Reklamesäulen beziehungsweise Schauvitrinen, Papierkörbe, Sitzbänke und Pflanzenkübel sowie Brunnen und Plastiken an den Schmuckplätzen charakterisiert. Freisitze beziehungsweise Caféterrassen, wie sie ursprünglich nur an den platzartigen Erweiterungen der Allee vorgesehen waren, haben sich – zumindest entlang der besonnten Nordpromenade – im Laufe der Jahre auch auf dem Gehweg im unmittelbaren Vorfeld der gastronomischen Einrichtungen der Erdgeschoßzone etabliert.
Die wenigen erhalten gebliebenen historischen Elemente der Kleinarchitektur aus der Erbauungsphase der fünfziger Jahre sollen instandgesetzt und wiederhergestellt werden. Dies gilt insbesondere für »Lichtreklamesäulen«, Fahrradständer und Sitzbänke. Verloren gegangene oder nur bedingt aussagefähige Belegstücke der historischen Ausstattungselemente könnten durch zeitgemäße Neugestaltungen am ursprünglichen Standort ersetzt oder durch Neuaufstellungen ergänzt werden. Erst die Integration moderner technischer und gestalterischer Elemente in die historische Ausstattung erfüllt heutige Anforderungen an einen funktionierenden und vom Publikum angenommenen Boulevard. Sorgfältig plazierte und gestaltete Telefonzellen, Informationstafeln oder Glasvitrinen wären hier in erster Linie denkbar. Auf der Grundlage von Musterentwürfen für Sitzbänke, Papierkörbe oder Uhren ist auch bei der Neumöblierung eine gestalterische Vereinheitlichung der Freiraumwirkung gewährleistet. Eine begrenzte Aufstellung von niedrigen modernen Werbeträgern vor der Gebäudefront und die Placierung von Straßencafés und Straßenlokalen im Gehweg- oder Promenadenbereich könnten die Attraktivität und Aufenthaltsqualität während der Sommersaison steigern.
Der ursprüngliche Baumbestand, insbesondere die Alleereihen, sollte ergänzt werden, wobei zusätzliche Neupflanzungen ausgeschlossen sind, um die historisch beabsichtigten Raumwirkungen nicht »zuzupflanzen«. Verzichtet werden müßte wohl wegen des damit verbundenen Pflegeauf-

wandes auf eine Nachpflanzung der historischen Hecke zwischen Promenade und Rasenfläche. Wiederangelegt werden sollten hingegen die bunten Pflanzeninseln, zumindest an den Eckpartien der Rasenspiegel, und geschaffen werden müßten zusätzliche Straßenüberquerungen und Übergangswege zu den vorgesehenen Parkierungsstreifen. Der Bau von modernen Fahrgastaufzügen könnte die bestehenden U-Bahn-Zugänge in ihrer Erschließungsfunktion für die Allee stärken. Für das Stadtbild und die Stadtgeschichte Berlins kommt den Leuchtenreihen beiderseits der Fahrbahn und entlang der Promenade besonderer Stellenwert zu, wobei die Erhaltung und Neuanfertigung der zwei- oder vierarmigen Kandelaber aus der Erbauungszeit der Allee sicherzustellen wären.
Als Musterabschnitt für eine denkmalgerechte Wiederherstellung und Weiterentwicklung der historischen Außenanlagen der Allee bietet sich die Strecke zwischen Pariser Kommune und Frankfurter Tor an, die von Laubenganghäusern der Nachkriegsmoderne, von Wohnpalästen einer national verstandenen Bautradition und vom Filmtheater Kosmos im Sinne des »International Style« gesäumt wird. Ein für die Berliner Gartendenkmalpflege erarbeitetes Rahmenkonzept sieht unter Wahrung denkmalrelevanter Grundstrukturen eine Wiedergewinnung historischer Freiraumqualitäten und deren Ergänzung durch neue Elemente vor. Als Modellvorhaben erfolgte mit Mitteln der Europäischen Gemeinschaft und des Landes Berlin in den letzten Jahren eine Sanierung der als »Cour d'honneur« interpretierbaren Anlage des Rosen- und Staudengartens. Ziel war dabei nicht eine völlige Rekonstruktion der bereits mehrfach umgestalteten Zieranlage nach den Entwürfen von 1953/54, sondern eine aus dem Bestand heraus entwickelte Klärung des ursprünglichen Freiraumgefüges und seiner Pflanzenkomposition.

Baudenkmalpflege und Fassadensanierung

Voruntersuchungen, die 1990/91 unter Beteiligung der Berliner »Bundesanstalt für Materialforschung und Materialprüfung« (BAM) entstanden

Karl-Marx-Allee, Block C-Nord (Richard Paulick, 1951/52): Teile der Keramikfassade – darunter die ehemaligen Reliefdarstellungen zum Nationalen Aufbauprogramm am Mittelrisalit – sind durch Kunststoffplatten ersetzt

sind, haben im Grundsatz drei denkbare Sanierungsvarianten für die Keramikfassaden des älteren Bauabschnitts erbracht:
- Rekonstruktion, also Erhaltung und Vervollständigung des Keramikfliesenbelags,
- hinterlüftete neue Keramikfassade ohne Wärmedämmung (mit einer Aufbaudicke von zusätzlich drei Zentimetern),
- hinterlüftete neue Keramikfassade mit Vollwärmeschutz (mit einer Aufbaudicke von zusätzlich sieben Zentimetern).

Das Plädoyer der Denkmalpflege für die ersten beiden Varianten fand in der folgenden Abwägung wegen der Gewährleistungsproblematik und des Heizkosten- beziehungsweise Energiespararguments keine Berücksichtigung mehr – trotz der deutlich geringeren Herstellungskosten für die Denkmalpflegevariante. Die Entscheidung, die sich als eine Vorentscheidung für die gesamte Allee erweisen sollte, fiel zugunsten eines neuen Fassadenaufbaus und einer Neuverkleidung der Oberflächen. Gleiches gilt inzwischen auch für die geplante Sanierung der Spaltkeramikfassaden der jüngeren Wohnhausscheiben (QP-Typen) an der Karl-Marx-Allee im Bezirk Mitte.

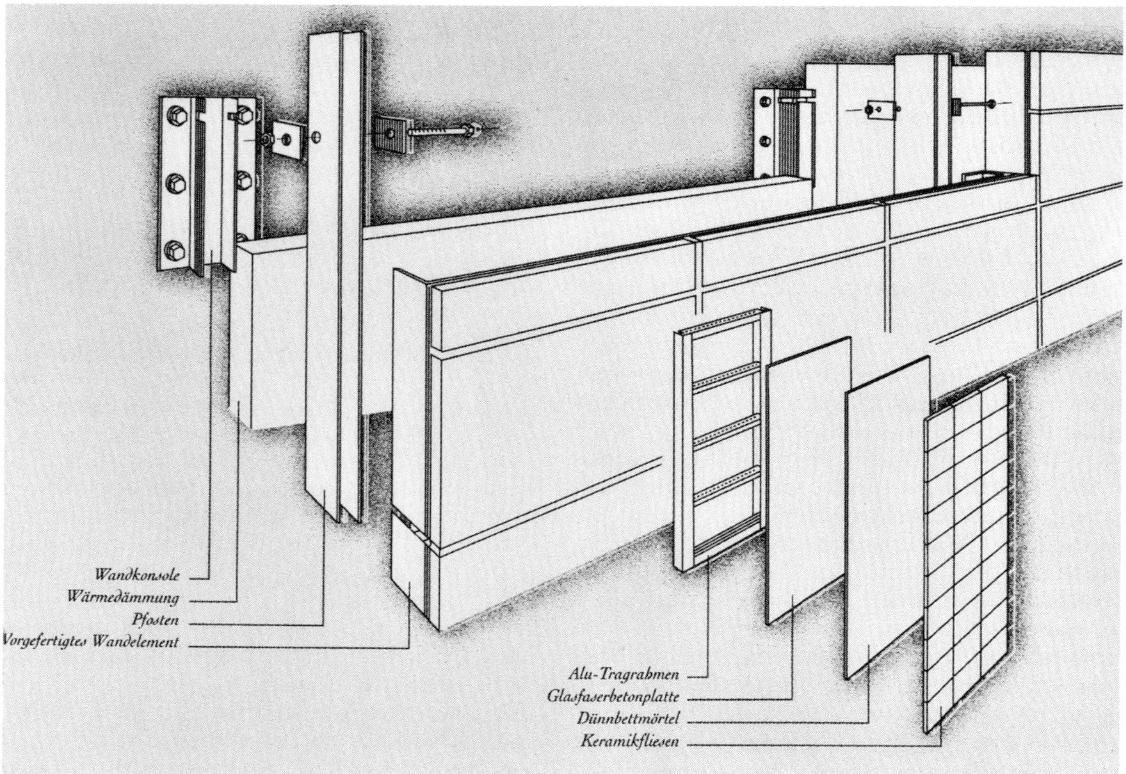

Plan 4
Sanierungsvariante für den Aufbau einer wärmegedämmten und hinterlüfteten Keramikfassade auf Trägerplatte an der Karl-Marx-Allee, 1994

Erste Erfahrungen mit der Erneuerung von Keramikfassaden brachte – nachdem die Sanierungskonzepte der DDR auf einen Ersatz durch Kunststoffplatten gesetzt hatten – das Pilotprojekt »Karl-Marx-Allee 132« (Block E-Süd, Hanns Hopp, 1951 bis 1952). Das 1992 präsentierte Ergebnis fiel optisch für die meisten Betrachter befriedigend aus, war bei näherem Hinsehen freilich mit einem merklichen Authentizitätsverlust verbunden: sämtliche Keramikplatten mußten einer hinterlüfteten und wärmegedämmten neuen Fassadenverkleidung weichen. Die Nachbrände der Keramikplatten hatten nicht nur das Farbspiel der alten Fassade eingebüßt, sondern das Fassadenrelief war an den Öffnungen bis zu zehn Zentimeter tiefer geworden. Eine Fortsetzung der am Block E-Süd erprobten Sanierungsmethode verhinderten zunächst diese hohen Kosten des Pilotverfahrens.

Eine Alternative zu dieser »Runderneuerung« kam 1992 bei der Instandsetzung des »Hauses Berlin« am Strausberger Platz (Hermann Henselmann, 1952 bis 1953) zum Zuge, wo auf eine Wärmedämmung und vollständige Neuverkleidung der in den siebziger Jahren bereits großflächig abgefallenen beziehungsweise abgenommenen Keramikverkleidung verzichtet wurde. Statt dessen blieben die restlichen Keramikplatten erhalten oder wurden repariert und durch Nachbrände zu flächig geschlossenen Abschnitten in der historischen Verlegetechnik »im Mörtelbett« ergänzt. Möglich gemacht hatte diese eher bestandsorientierte Maßnahme ein Zuschuß der Denkmalpflege, die Zurückstellung einer totalen Fassadenrekonstruktion und der Verzicht auf überzogene Gewährleistungsansprüche.

Ein vergleichsweise preiswertes Fassadensystem kam 1993 an dem »Haus Strausberger Platz 2« (Hermann Henselmann, 1952 bis 1953) zur Anwendung, wo die neugebrannte Außenwandkeramik auf eine Trägerplatte aufgebracht und als Fertigelement auf einer Unterkonstruktion mit Wärmedämmung befestigt wurde. Der gesamte Montagevorgang für eine Hauseinheit war an einem Tag abgeschlossen und insgesamt deutlich kostengünstiger als das erste Pilotprojekt. Von besonderem Vorteil war dabei das regelmäßige historische Fugennetz der Keramikplatten, während bei einer Verlegung im Kreuzverband eine Vorfertigung auf Trägerplatten wegen des dabei entstehenden »Flatterrandes« erschwert wird.

Neben der bauphysikalischen beziehungsweise technischen Problematik bei der Erhaltung von im Mörtelbett verlegten Keramikplatten oder einer Erneuerung unter Beibehaltung des historischen Fassadenreliefs, ist vor allem die Kostenfrage schwer zu beantworten. Die Fassadensanierung beläuft sich beispielsweise für den aktuell geplanten »Block C-Nord« (Richard Paulick, 1951 bis 1953), bei einer Wiederherstellung der Keramikoberflächen (als hinterlüftete und wärmegedämmte Konstruktion) auf rund 1800 DM pro Quadratmeter gegenüber 550 DM pro Quadratmeter bei einer Putzlösung. Allein für die Hauptfassaden, die in die öffentlichen Straßenräume wirken, wären das knapp 7000 Quadratmeter Keramikflächen, also eine Differenz von über sieben Millionen DM. Die Wiederherstellung des vormals mit programmatischen Schmuckmotiven zum Fünfjahresplan 1951 bis 1955 versehenen Mittelrisalits, der über den Boulevard hinweg auch mit dem zentralen Risalit von »Block C-Süd« (Richard Paulick, 1951 bis 1953) im Südabschnitt korrespondiert, würde sich nach dieser Rechnung fast auf eine Million DM für die Keramiklösung belaufen. Um die Kostenrelationen zu verdeutlichen, sei darauf hingewiesen, daß der Gesamtetat der Denkmalförderung des Landes Berlin rund zehn Millionen DM im Jahr beträgt und daß die Karl-Marx-Allee allein im älteren Bauabschnitt insgesamt 14 Blöcke mit Keramikfassaden umfaßt.

Denkmalrelevant und kostenrelevant sind außerdem die umlaufend notwendigen Natursteinarbeiten, denkmalpflegerische Vorgaben für die aufwendiger gestalteten halböffentlichen Eingangs- und Erschließungsbereiche sowie die Forderung nach exemplarischer Erhaltung und Restaurierung von Belegwohnungen für jeden Grundriß- und Ausstattungstyp. Um wenigstens die Wiederherstellung des lisenengegliederten Mittelrisalits an Block C-Nord zu ermöglichen, wird deshalb über die vom Land Berlin zugesagte Modernisierungs- und Instandsetzungsförderung hinaus eine gezielte Denkmalförderung für die Keramikfassade erforderlich. Bewilligt sind Denkmalpflegemittel außerdem über eine fünfstellige Summe zur Reparatur und Vervollständigung der historischen »Lichthaus«-Reklame an der Straßenfront (wie auch die Erneuerung des Schriftzugs »Karl-Marx-Buchhandlung« am Block C-Süd von der Denkmalpflege gefördert wurde).

Denkmaldienliche Erneuerungsansätze?

Die ausführlicher vorgestellte Diskussion der Freiflächengestaltung und Fassadenerneuerung darf freilich nicht darüber hinwegtäuschen, daß eine Revitalisierung der Karl-Marx-Allee als »Kudamm des Ostens« und damit auch eine mittelfristige Sicherung des Denkmal-Boulevards sehr viel grundsätzlichere Strukturprobleme lösen muß. Im Vordergrund standen und stehen bis heute die Schwierigkeiten, die Laden- und Geschäftsnutzungen im Erdgeschoß und ersten Obergeschoß zwischen Strausberger Platz und Frankfurter Allee zu stabilisieren und zu stärken. Daß es sich dabei um ein Problem handelt, das die Geschichte der Karl-Marx-Allee seit ihrer Bauzeit

Karl-Marx-Allee, Block C-Süd mit Schaufensterfront und Ladenräumen der Karl-Marx-Buchhandlung nach Instandsetzung (1994): ein Teil der Buchhandlung dient seit der Renovierung als Sitz der Architektenkammer Berlin

begleitet und prägt, sei hier nur am Rande erwähnt. Noch während der Bauausführung in den fünfziger Jahren kam es aufgrund der Erfahrungen mit den ersten Blöcken zu Korrekturversuchen, indem die Tiefe der Ladengeschosse gegenüber den darüber befindlichen Wohngeschossen vergrößert wurde, um wirtschaftlichere Verkaufs- und Lagereinheiten einschließlich der dafür erforderlichen Nebenflächen unterzubringen. Auch die Entscheidung für freistehende größere Pavillonbauten im stadteinwärts folgenden letzten Bauabschnitt erfolgte aus den Negativerfahrungen mit den eingebauten Ladengeschossen der 50er Jahre.

Nachdem die Karl-Marx-Allee ihre stadtweite Bedeutung im Warenangebot beziehungsweise Einzelhandelssortiment durch die spätere Bebauung um den Alexanderplatz und in Richtung Rathaus einzubüßen drohte, mußten bereits zu DDR-Zeiten große Anstrengungen unternommen werden, um die kilometerlange Aneinanderreihung von Wohnfolgeeinrichtungen für den täglichen Bedarf durch attraktive Angebote von quartiersübergreifendem Charakter in der Magistrale wirtschaftlich abzusichern. Nach der Wende erwiesen sich der Wandel der Einzelhandels- und Nutzungsstruktur an der Karl-Marx-Allee selbst, aber auch die Entstehung von Einkaufs- und Fachhandelszentren am Stadtrand und die fehlende urbane Dichte – also die mangelnde Wohndichte und Kaufkraft – an der Allee und ihrem Umfeld als zusätzliche Handikaps. Ein umfassender und langfristig wirksamer Lösungsansatz für dieses Dilemma ist bis heute nicht entwickelt worden und, so kann vermutet werden, am allerwenigstens von denkmalschutzrechtlichen Auflagen abhängig.

Es darf im Gegenteil angenommen werden, daß gerade von den durch und mit der Denkmalpflege initiierten Baumaßnahmen Impulse zur Attraktivitätssteigerung des Standorts Karl-Marx-Allee und Anreize für weitere Investitionen in die Erhaltung des Ensembles ausgehen. Die mit finanzieller Unterstützung des Landeskonservators erfolgte Restaurierung von ehemaligen Räumen der Karl-Marx-Buchhandlung (Block C-Süd, Richard Paulick) als Sitz der Berliner Architektenkammer lieferte einen überzeugenden Beweis für die Möglichkeiten einer denkmalgerechten Umnutzung historischer Geschäftsräume für neue Funktionen und darf zugleich als wichtiges baukulturelles Signal zur öffentlichen Anerkennung des Denkmalensembles gelten. Die aus Denkmalfördermitteln der Europäischen Gemeinschaft und des Landes Berlin finanzierte gartendenkmalpflegerische Wiederherstellung des Rosen- und Staudengartens, einer die Allee begleitenden, von Pergolen gerahmten und durch raumbildende Hecken gegliederten Schmuckanlage an der Nordseite der

Magistrale, bringt die bis in die sechziger Jahre gepflegte Gestaltungs- und Aufenthaltsqualität der Freiräume wieder zur Geltung und lädt zum Verweilen an der Promenade ein.
Andere Planungen, wie der vorgesehene Umbau des Hotels Berolina zu einer Geschäfts- und Bürohausscheibe, in der das Bezirksamt Berlin-Mitte sein neues Rathaus finden soll, oder das bereits begonnene Büro- und Geschäftshochhaus an der platzartig geweiteten Kreuzung zur Straße der Pariser Kommune könnten als architektonische und funktionale Kristallisationspunkte auf den gesamten Denkmalbereich positiv ausstrahlen. Die Arrondierung des im Grundriß eiförmigen Kinos »Kosmos«, des bis heute besucherstärksten Berliner Lichtspielhauses, das durch einen Kranz von neun unterirdischen Vorführsälen zum modernen Multiplex-Kino erweitert werden soll, und die damit verbundene Anlage eines Biergartens und eines Terrassencafés sollen der Allee bereits in Kürze wieder eine wichtigere Rolle im gesellschaftlichen Leben der Stadt zurückgeben.

Donald Möller

Karl-Marx-Allee – Die Denkmalfonds

Dieser Ausflug in die Gedankenwelt der Finanzierungstechnik soll als erstes zeigen, in welchen wirtschaftlichen Nöten sich ein Investor befindet, der sich mit einer derart umfangreichen Aufgabe befaßt. Im zweiten Schritt wird der gedankliche Ansatz zur Lösung der Finanzierungsaufgabe skizziert. Unter dem Kapitel »Die Umsetzung als Denkmalfonds« wird bereits der »Rohling« sichtbar – das Ergebnis und der Finanzierungsweg, der beschritten wurde. Erfolgreich beschritten, kann man heute sagen – das war lange Zeit gar nicht sicher. Zum Schluß folgt ein kurzer Ausblick.
Wie finanziert man die Instandsetzung eines Straßenzuges auf privatwirtschaftlicher Basis? Die Bauarbeiten der ehemaligen Stalin-Allee haben enorme Mittel verschlungen. Man hat auch damals schon sehr aufwendig gebaut. In der Folgezeit ist die Karl-Marx-Allee dann in Ungnade gefallen. Mit dem wirtschaftlichen Ergebnis, daß ihr nicht die Mittel zur Verfügung gestellt wurden, die nötig gewesen wären, um sie zu erhalten. Was wir vorfinden, ist ein Zustand, der sich aus vierzigjähriger mangelnder Pflege ergibt. Inzwischen ist sehr viel über Art und Umfang der Schäden bekannt. Es steht fest, daß auch die Instandsetzung wieder sehr aufwendig wird, vielleicht sogar aufwendiger als ein Neubau. Auf der anderen Seite ist klar, daß die notwendigen Mittel aus dem Bereich der öffentlichen Hilfen nicht aufgebracht werden können. Was also kann man tun? Wie finanziert man die Instandsetzung eines ganzen Straßenzuges auf privatwirtschaftlicher Basis?

Wie finanziert man die Instandsetzung eines Straßenzuges auf privatwirtschaftlicher Basis?

Ausgaben in DM / m^2				Einnahmen in DM / m^2	
Erwerb der Substanz	DM	900,00			
Instandsetzung	DM	1.900,00			
	DM	2.800,00			
x 7 % Zinsen	DM	196,00 p. a.			
pro Monat	DM	16,33 p. M	Miete	DM	5,50 p. M.
Unterdeckung				DM	10,83 p. M.
x 200.000 m^2 x 12 Monate			Verlust:	DM	25.992.000,00 p. a.

Ausgaben ohne Erwerbsnebenkosten, Bauzeitzinsen usw.
Einnahmen ohne Abzug von Kosten für Instandhaltung, Verwaltung, Mietausfall usw.

Ausgangslage

Machen wir einmal eine ganz einfache Rechnung auf. Zunächst die Ausgaben: Ein Investor zahlt für seinen Einstieg und erwirbt die Substanz. Das ist auch hier der Fall. Die gezeigten Zahlen betreffen den Denkmalfonds Nr. 2, also den Block C-Nord. Alle Zahlen sind DM pro Quadratmeter Nutzfläche, das heißt Wohnfläche oder Gewerbefläche.

Der Substanzwert ist 900 DM pro Quadratmeter. Nach den ersten Ergebnissen der bautechnischen Untersuchung war bereits klar, daß alle Beteiligten den Gürtel sehr eng schnallen müssen – denn die Instandsetzung kostet pro Quadratmeter etwa 1900 DM. Nebenkosten, Notargebühren usw. sind hier nicht einzeln aufgeführt, damit über runde Zahlen gesprochen werden kann. Rechnen wir also mit einem Einstandspreis von 2800 DM für jeden Quadratmeter, der später instandgesetzt vorliegt. Zum Vergleich: Ein Neubau ist heute für 2200 DM an reinen Baukosten zu haben.

Wer diese Finanzierungsaufgabe übernimmt, muß sehen, wie er wirtschaftlich zurecht kommt. Die Ausgaben stehen fest: 2800 DM. Bauzeit – Zinsen und Nebenkosten bleiben wegen der besseren Übersichtlichkeit einmal unberücksichtigt. Angenommen, das Ganze wird einfach finanziert, das heißt, jemand nimmt einen Kredit auf. Bei »gnädigen« Zinsen bekommt er den Kredit zu sieben Prozent. Bezogen auf 2800 DM fallen dann allein an Zinsen 196 DM im Jahr an. Das sind auf den einzelnen Monat gerechnet 16,33 DM pro Quadratmeter, nur für die Finanzierung.

Was steht dem an Einnahmen gegenüber? Hier sehen wir ein großes leeres Feld und dann einen Betrag von 5,50 DM. Auch hier ist die Darstellung vereinfacht: Es wurde die Miete angesetzt und alles weggelassen, was die Miete normalerweise mindert (Bewirtschaftungs-, Verwaltungskosten usw.).

Im Ergebnis haben wir also ein Mißverhältnis: Kosten pro Monat von 16,33 DM und Einnahmen von 5,50 DM. Damit ergibt sich eine Unterdeckung von 10,83 DM für jeden Quadratmeter, in jedem Monat. Bezogen auf die gesamte Allee mit etwa 200 000 Quadratmeter und aufs Jahr gerechnet ergibt sich ein Verlust von knapp 26 Millionen DM.

Man kann sich vorstellen, daß die Freude der Investoren unter diesen Bedingungen schnell abnimmt. Spätestens, wenn die erste Zinszahlung fällig wird, nach einem Monat oder nach drei Monaten, gehen die Lichter aus. Das gilt für jeden Investor, der auf dieser Basis kalkulieren muß. Die erste Erkenntnis lautet also: Man weiß jetzt genau, wie es nicht geht.

Also galt es zu überlegen, an welchen Schrauben man drehen kann, um das Bild zu verbessern. Ein Weg mußte gefunden werden, um wenigstens zu einem Ausgleich zwischen Ausgaben und Einnahmen zu kommen. Es ging einfach darum, die 16,33 DM herunterzudrücken und die 5,50 DM mit anderen Mitteln aufzustocken, wenn man an der Aufgabe nicht scheitern wollte.

Der gedankliche Ansatz

Welche gedanklichen Ansätze kann es geben, welche Hilfsmittel können herangezogen werden, um diese Aufgabe ordentlich und kaufmännisch sauber zu lösen? Der einfachste Weg ist zunächst der Ruf nach Fördermitteln – mit der Begründung, daß dieser Straßenzug inmitten der Hauptstadt eine besondere Bedeutung hat und daß durch die gemachten Auflagen auch besondere Belastungen getragen werden müssen. Etwa ein Drittel der Instandsetzungsaufwendungen von 1900 DM pro Quadratmeter sind Aufwendungen, die dem Denkmalschutz zuzurechnen sind.

Hilfen durch Fördermittel

Die Deutsche Pfandbrief Immobilienmanagement AG (DePfa) hat erklärt, daß sie die Allee instandsetzen und alle Auflagen erfüllen wird – aber das Land Berlin, quasi als Veräußerer, muß dabei helfen. Denn auf der anderen Seite soll ja das Mietenniveau unangetastet bleiben. Das Land Berlin war im Rahmen seiner Möglichkeiten dazu bereit und fördert die Blöcke C-Süd und C-Nord. Wie sich das zahlenmäßig auswirkt, wird noch aufgezeigt.

Nutzung von steuerlichen Anreizen

Die zweite Rahmenbedingung ist die Nutzung von steuerlichen Anreizen. Der Steuergesetzgeber hat durch das Fördergebietsgesetz eine investitionslenkende Maßnahme getroffen: Privates Kapital, das für Investitionen in den neuen Ländern eingesetzt wird, soll begünstigt werden. Das funktioniert so, daß jeder, der Geld in den neuen Ländern investiert, die daraus entstehenden Verluste steuerlich gegen seine anderen positiven Einkünfte aufrechnen kann. Damit wird seine Steuerlast, zum Beispiel auf Einkommen aus unselbständiger Arbeit oder aus Gewerbebetrieb, merklich reduziert. Diese Investitionslenkung hat einen gewaltigen Investitionsschub in den neuen Ländern ausgelöst – sie hat funktioniert. Wenn wir uns die Gebiete vor den Städten ansehen, die Einkaufszentren, die nicht genutzten Gewerbegebiete und die leerstehenden Büroflächen, stellen wir fest: Wahrscheinlich hat diese Investitionslenkung sogar ein bißchen zu gut funktioniert. Hier ist jetzt einiges zurückgenommen worden – mit Ausnahme der Investitionen, die vor allem in die Altbau-Sanierung fließen. Damit gibt es einen weiteren Baustein, der dazu beiträgt, die Finanzierungsrelation zu verbessern.

Wir brauchen aber noch einen dritten Baustein. Die beiden ersten, öffentliche Hilfen und steuerliche Anreize, gehören ja zu den allgemeinen Rahmenbedingungen und sind nicht auf die spezielle Finanzierungsaufgabe bezogen. Betragsmäßig hätten diese beiden Bausteine auch nicht genügt.

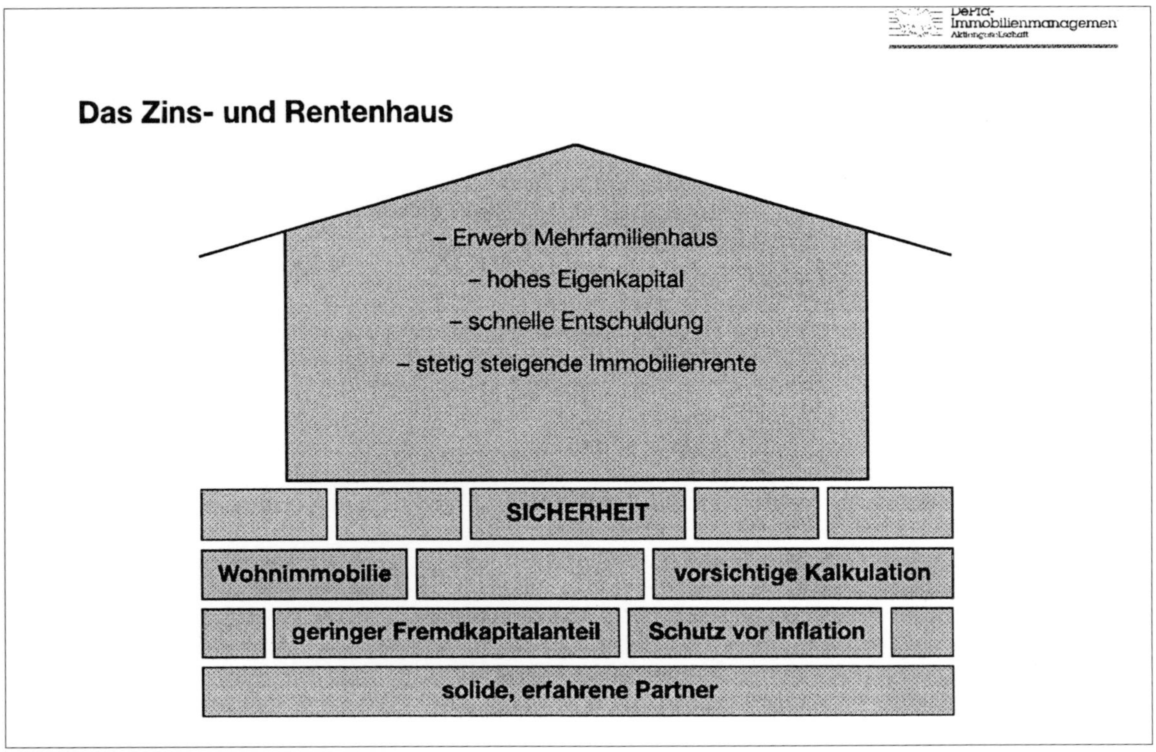

Das Konzept des Zins- und Rentenhauses

Die eigentliche Lösung des Problems hat sich erst mit dem Konzept des Zins- und Rentenhauses zur Altersvorsorge abgezeichnet. Das war das Gedankenmodell, das letzten Endes in die Denkmalfonds eingeflossen ist. Worum geht es dabei?

Die Frage ist, warum jemand sein Geld für eine Wohnung ausgeben soll, welche Motivation er hat. Wenn man mit Leuten spricht, die eine Eigentumswohnung gekauft oder einen Immobilienfonds mit Wohnungen gezeichnet haben, ist die Begründung immer etwas nebulös: Wohnungen werden immer gebraucht, gemietet wird immer, es gibt immer Bedarf, Wohnungen sind etwas Sicheres und Solides. Sie sind wertstabil; damit verliert man kein Geld, und eigentlich macht man es, damit man später im Alter ein Polster hat. Das war der Ansatzpunkt – nämlich die Frage, wie Menschen ihre Altersversorgung regeln, wenn sie nicht in der gesetzlichen Rentenversicherung sind. Wie machen es die Freiberufler, die Dienstleister, die Bäcker, Metzger, Wirte? In der Regel investieren sie in große Teile des freifinanzierten Wohnungsbaus, das heißt sie erwerben Mehrfamilienhäuser. Zur aktiven Berufszeit wird jede freie Mark in die Entschuldung gesteckt, damit man später im Alter von den Mieten leben kann bzw. die zurückbleibende Witwe versorgt ist.

Das war die Idee – und sie ist keineswegs neu. Sie wurde nur herangezogen und auf geschlossene Immobilienfonds angewendet. Und das war neu. Das hat bei der Lösung der Finanzierungsaufgabe sehr geholfen.

Gewählt wurde die Form des geschlossenen Immobilienfonds. Ein geschlossener Immobilienfonds ist eine Veranstaltung; jemand initiiert sie, schlägt ein Modell vor und kauft eine Immobilie. Dann lädt er Private ein, die ihm Geld zur Verfügung stellen und Anteilseigner an der Eigentümergesellschaft der Immobilie werden. Bei den Denkmalfonds ist es gelungen, für die beiden Blöcke C-Süd und C-Nord 800 Privatpersonen zu finden, von denen jeder im Durchschnitt über 88 000 Mark investiert hat. Diese Menschen hatten so viel Vertrauen und Begeisterung für diese Immobilien, für diese Straße und für dieses Konzept, daß sie ihr Geld eingezahlt haben, obwohl sie – und jetzt kommt das Erstaunliche – 15 Jahre lang keine Ausschüttungen zurückbekommen.

Die Konzeption sieht so aus: Es wurde eine Mindestzeichnungssumme von 50 000 DM festgelegt. Für dieses Kapital erwirbt der Anleger einen ideellen Anteil an der Eigentümergesellschaft des Gebäudes. Es gibt keine Zuordnung zu bestimmten Wohnungen; deshalb kann es auch keine Eigenbedarfskündigungen geben. Der Mieterschutz bleibt gewährleistet. In den ersten zehn Jahren erhält der Anleger lediglich die steuerlichen Vergünstigungen aus dem Fördergebietsgesetz; er zieht seinen Nutzen nur aus den Steuervorteilen. Eine Ausschüttung wird nicht gezahlt. Sie könnte in geringem Umfang gezahlt werden, aber diese Beträge werden verwendet, um damit schnellstmöglich die Verschuldung der Immobilie zurückzuführen. Nach 15 Jahren ist das Gebäude so weit entschuldet, daß Mietüberschüsse zur Verfügung stehen. Diese werden dann auch in bar ausgeschüttet – der Anleger bezieht daraus ein Zusatzeinkommen.

Das Zins- und Rentenhaus hat einen soliden Sockel aus Sicherheit. Es gibt keine spekulativen Elemente. Wir haben hier Wohnungsbau auf solidester Basis, was die Immobilie angeht, was die Konzeption angeht, was die Preisstellung angeht. Es gibt erfahrene Partner. Und es wird sehr viel Eigenkapital eingesetzt. Alle Überschüsse in den ersten Jahren gehen sofort in die Tilgung, das heißt in den Substanzzuwachs für den Anleger. Für ihn gibt es eine »Durststrecke« von 15 Jahren, in denen er keine Ausschüttung erhält. Danach bekommt er Ausschüttungen in Höhe von 8,2 Prozent auf seine Einlage – das ist seine zusätzliche Altersversorgung.

Nach diesen gedanklichen Rohansätzen zu den Denkmalfonds kam dann die Überlegung: Wie sieht eigentlich der typische Anleger aus, der angesprochen werden soll? Wer soll das Geld geben? Und wie ist – daraus abgeleitet – der Weg, auf dem das Produktangebot zu ihm transportiert wird?

DePfa-Immobilienmanagement Aktiengesellschaft

Der ideale Zeichner

Alter:	40 bis 50 Jahre
Noch-Arbeitszeit:	ca. 10 bis 20 Jahre
Einkommenssituation heute:	hohes Aktiveinkommen, benötigt **kein zusätzliches** Einkommen (= Ausschüttung) aus einer steuerorientierten Kapitalanlage
Steuersituation:	hoher Grenzsteuersatz
Einkommenssituation in 10 bis 20 Jahren:	Ruhestandsbezüge bzw. geringe Beschäftigung
dto. Steuersituation:	niedrige Steuer-Grenz-Belastung
Oder:	Die Fondsanlage wird für erbschaft- oder schenkungsteuerliche Dispositionen genutzt!

Der ideale Zeichner ist zwischen vierzig und fünfzig Jahre alt. Er arbeitet noch zehn bis zwanzig Jahre. Er bezieht ein hohes Einkommen und braucht die Ausschüttung aus dieser Geldanlage nicht. Wettbewerbsprodukte in Berlin (sozialer Wohnungsbau, geförderter Wohnungsbau, geschlossene Immobilienfonds) bieten Ausschüttungen von vielleicht 0,75 Prozent. Wenn 50 000 DM gezeichnet und mit 0,75 Prozent verzinst werden, sind das 375 DM im Jahr. Das ist ein so krasses Mißverhältnis, daß man die Ausschüttung besser ganz wegläßt. Dann gehen alle Überschüsse in die schnelle Tilgung.

Die Steuersituation des idealen Zeichners ist durch einen hohen Grenzsteuersatz bestimmt. Das ist der Steuersatz, der für jede weitere verdiente Mark bezahlt werden muß, also ein Maß für die Steuerprogression. Der Zeichner erwartet, daß er in zehn bis zwanzig Jahren »in Rente geht« und möchte dann eine Zusatzrente aus der Immobilie haben. Die gesetzliche Rentenversicherung wird keinesfalls ausreichen, um sein bisheriges Wohlstandsniveau zu halten. Die Fondsanlage kann aber auch bei Erbschaft oder Schenkung steuertechnisch vorteilhaft eingesetzt werden.

Die Umsetzung als Denkmalfonds

Was wollen wir diesem »idealen Zeichner« verkaufen? Wir möchten ihm einen Anteil an der Karl-Marx-Allee verkaufen, einen ideellen Anteil, ein Stück Papier. Und wir müssen die Begeisterung für die Karl-Marx-Allee wecken.

Deshalb wurde ein Prospekt entwickelt, der die Besonderheit und den Unikatcharakter der Karl-Marx-Allee hervorhebt. Die Kalkulationsansätze sind so gewählt – dazu mußten alle Beteiligten den Gürtel sehr eng schnallen –, daß ein überzeugendes Preis-/Leistungsverhältnis herauskommt. Umgerechnet erwirbt der Anleger den Quadratmeter, und zwar Substanz, Instandsetzung und die gesamte Dienstleistung (Vermietung, Verwaltung usw.) zu einem Preis von 3725 DM (C-Nord) bzw. 3600 DM (C-Süd).

Das Umfeld der steuersparenden Kapitalanlagen

Bei wohnwirtschaftlichen Immobilien kommt es immer auf mehrere Dinge an. Zum einen auf die Lage: Die könnte nicht besser sein als hier, mitten in der Hauptstadt, im Zentrum. Zum anderen zählt die Solidität des Preis-/Leistungsverhältnisses. Wenn wir die Zahlen des Denkmalfonds mit denen von Eigentumswohnungen in ähnlicher Lage vergleichen, schneidet der Fonds außerordentlich gut ab. Der Vergleich hinkt etwas, weil ein Fonds, also ein Stück Papier, gegen eine ganze Eigentumswohnung gestellt wird. Andererseits kann man mit einer Eigentumswohnung an der Vermögensbildung per Immobilie nur dann teilnehmen, wenn man zwei-, drei- oder vierhunderttausend Mark ausgibt.

Besonderheiten der Denkmalfonds

Das Konzept ist für breite Anlegerschichten geöffnet: Der Einstiegspreis liegt bei 50000 DM. An diesem Konzept kann also auch teilhaben, wer kein ganzes Haus, keine ganze Eigentumswohnung erwerben will. Verglichen mit den Preisen in anderen deutschen Städten, wobei die in den letzten beiden Jahren etwas gesunkenen Immobilienpreise schon berücksichtigt sind, bekommt der Anleger für 3600 DM beim Denkmalfonds Nr. 1 sehr viel. Vor allem, wenn man sich vor Augen hält, daß in den 3600 DM die ganze Dienstleistung bereits enthalten ist. Wer schon einmal eine Wohnung vermietet hat, weiß, wieviel Ärger und Laufereien man damit haben kann. Das wird ihm hier alles abgenommen. Der Anleger erhält in der Regel einmal im Jahr Post: die Mitteilung, welche Angaben er bei seinem Finanzamt machen muß.

Investition und Finanzierung

Investition		Finanzierung	
Objektkosten (Kaufpreis, Instandsetzung, Notar usw.)	60.323 TDM		
Finanzierungs- und Finanzierungsnebenkosten	10.450 TDM	Mietüberschuß Bauzeit	2.343 TDM
Gesellschaftskosten (Garantien, Treuhänder, Steuerberatung, Fondsgeschäftsführung usw.)	8.940 TDM	Eigenkapital incl. 5 % Agio	34.860 TDM
		Darlehen	42.510 TDM
	79.713 TDM		79.713 TDM

Das Zahlenwerk

In dieser Tabelle ist aufgelistet, was das einzelne kostet. Der größte Block sind die Objektkosten selbst, also der Erwerb der Substanz und die Instandsetzung. Dann kommen die Finanzierungskosten, die auch bei einer anderen Finanzierungslösung so anfallen würden. Und schließlich die Gesellschaftskosten mit einem Anteil von elf Prozent. Das sind die Kosten, die durch die Gestaltung als geschlossener Immobilienfonds zusätzlich verursacht werden – z. B. die Mietgarantien. Anleger setzen voraus, daß es eine Mietgarantie gibt. Sie wollen sicher sein, daß Mieten bezahlt werden – und wenn nicht, muß jemand für die Einnahmen garantieren. Dieses Sicherheitspaket ist wichtig für die Anleger, die sich in der Regel um ihre Anlage nicht kümmern. Wer ein Wertpapier, einen geschlossenen Immobilienfonds zeichnet, muß sicher sein, daß alle möglichen Risiken weitestgehend ausgeschlossen sind. Die Zahl von 79,7 Millionen (das ist der Block C-Nord) wird in Eigenkapital und Fremdkapital aufgeteilt. 42,5 Millionen wurden als Darlehen aufgenommen, das sehr schnell entschuldet wird. Der Rest ist Eigenkapital, das heißt das Geld von Zeichnern und die Mietüberschüsse während der Bauzeit.
Das ist die steuerliche Seite. Hier werden bestimmte Ansätze aus der vorhergehenden Rechnung steuerlich beurteilt. Daraus resultiert eine Verlustquote von 103 Prozent in den ersten zwei Jahren. Das ist der Nutzen, den die Anleger haben: 103 Prozent ihrer Einlage können sie mit positiven anderen Einkünften verrechnen und nur der resultierende Betrag ist zu versteuern.

DePfa-Immobilienmanagement Aktiengesellschaft

Steuerliches Ergebnis in der Investitionsphase

	1995	1996
Mietüberschuß	781 TDM	1.562 TDM
Funktionsträgergebühren	3.489 TDM	
Finanzierungskosten	3.058 TDM	3.141 TDM
Verwaltungskosten	501 TDM	
Damnum	4.251 TDM	
Normalabschreibung	95 TDM	189 TDM
Sonderabschreibung	20.649 TDM	1.087 TDM
	31.262 TDM	2.855 TDM
Voraussichtliches steuerliches Ergebnis in Prozent des nominalen Eigenkapitals	94 %	9 %
		103 %

DePfa-
Immobilienmanagemen

Liquiditätsrechnung

	1997	1998	2004	2010	2011	2015
Mieteinnahmen Wohnen ./. Ausfallwagnis	1.213	1.274	1.707	2.288	2.402	2.920
Aufwendungszuschuß	1.551	1.511	1.236	902	843	607
Mieteinnahmen Gewerbe ./. Kosten	980	1.011	1.219	1.464	1.510	1.702
Ergebnis Vermietung	3.744	3.796	4.162	4.654	4.755	5.229
Zinsertrag/Liquiditätsreserve	25	20	41	88	106	48
./. Geschäftsführer, Treuhänder etc.	287	287	325	390	401	451
./. Darlehenszinsen	2,721	2.664	2.229	1.885	1.727	1.585
verwendbare Liquidität	761	865	1.649	2.467	2.733	3.241
Tilgung Darlehen	871	928	1.363	2.100	425	568
geplante Ausschüttung					2.722	2.722
Liquiditätsreserve im Fonds	390	327	1.115	2.123	1.709	906
Restverschuldung	41.639	40.711	33.700	23.030	22.605	20.561

Diese Tabelle zeigt die wesentlichen Komponenten aus dem Immobilienfonds und auch die erwartete Entwicklung in der Zukunft.

In der ersten Zeile steht die Wohnungsmiete; ab Fertigstellung beträgt sie etwa 6,30 DM netto kalt. Ein gewisses Mietausfallwagnis von zwei Prozent, das ist branchenüblich, wird abgezogen. Jetzt kommt die große Stunde der Fördermittel: der Aufwendungszuschuß. Das Land Berlin unterstützt die Investitionsaufgabe mit einem Aufwendungszuschuß, der sich nicht in der Finanzierungsrechnung von Eigenkapital/Fremdkapital wiederfindet. Er wird nämlich nicht als Einmalbetrag zur Verfügung gestellt, sondern als Mietzuschuß. Das ist fast eine zweite Miete. In den ersten Jahren ist dieser Aufwendungszuschuß mit 1,5 Millionen DM sogar höher als die eigentliche Wohnungsmiete. Das Land Berlin strengt sich also sehr an, daß hier die Wohnungsmieten bezahlbar bleiben. Der Zuschuß baut sich in den nächsten Jahren sehr deutlich ab. Zusammengerechnet summiert sich der Betrag innerhalb von 24 Jahren auf etwa 30 Millionen DM.

Nach der Wohnungsmiete zeigt die Tabelle noch die Gewerbemieten einschließlich Mietausfallwagnis, die Kosten für die Hausverwaltung und für die normale Instandhaltung. Für die Instandhaltung ist ein Betrag von 1,50 DM im Monat pro Quadratmeter angesetzt. Das schmälert die Einnahmen von 5,50 DM, das heißt, die 1,50 DM für die normale Instandsetzung, für Schönheitsreparaturen usw. müßten eigentlich abgezogen werden. Die Zahl ist auch mit einem Index versehen, sie steigt also über die Jahre an. Das stellt sicher, daß es später zu keinem Investitionsstau kommt – die notwendigen Mittel sind bereits einbehalten.

Das Ergebnis der Vermietung: 3,7 Millionen. Daraus müssen noch verschiedene Kosten gedeckt werden. Der größte Posten sind die Zinsen für die Darlehen, 2,7 Millionen. Es bleiben dann 781 000 DM, die beliebig verwendet werden könnten. Statt sie aber auszuschütten, werden sie eingesetzt, um die Darlehen zu tilgen. Das zeigt die Restverschuldung in der letzten Zeile der Tabelle. Wie man sieht, baut sich diese Restver-

Beteiligungen an den Denkmalfonds Nr. 1 und Nr. 2
aufgegliedert nach Altersgruppen

v. Alter (Jahre)	bis Alter (Jahre)	Anzahl der Beteiligungen		Summe Beteiligungsbetrag in DM		Durchschnitt Beteiligungsbetrag in DM	
		Fonds 1	Fonds 2	Fonds 1	Fonds 2	Fonds 1	Fonds 2
o. Angabe		4	4	384.000	400.000	96.000	100.000
20	29	12	11	850.000	860.000	70.833	78.182
30	39	88	99	6.350.000	9.170.000	72.159	92.626
40	49	149	163	12.960.000	13.260.000	86.980	81.350
50	59	124	86	10.836.000	7.310.000	87.987	85.000
60	69	19	22	2.050.000	1.750.000	107.895	79.545
70	99	7	5	570.000	450.000	81.429	90.000
Gesamt		**430**	**390**	**34.000.000**	**33.200.000**	**84.615**	**85.128**

schuldung immer etwa in Höhe der verwendbaren Liquidität ab. Das geht sehr schnell – bei einer geplanten Ausschüttung dagegen würde hier nichts passieren.
Diese Hebelwirkung sieht man deutlich in den letzten drei Zeilen der Tabelle. Die Zeile Tilgung/ Darlehen zeigt, daß alles bis zum Jahr 2010 normal weiterläuft. Im Jahr 2011 schlägt die Entwicklung um: Die relativ hohe Tilgung (zuletzt im Jahr 2010 2,1 Millionen) fällt auf 425 000 DM. Dafür setzt dann die Ausschüttung an die Anleger ein. Wenn wir uns jetzt den Betrag ganz unten in dieser Spalte ansehen: Das sind 22 Millionen Restverschuldung – nur noch etwa die Hälfte der ursprünglichen Höhe, und das innerhalb von 15 Jahren.

Der Verkauf an Anleger

So sieht das Rechenwerk aus, das den Anlegern angeboten wird. Die Anleger haben es gekauft und werden es weiter kaufen. Warum? Zum einen, weil sie den Eindruck gewinnen, daß es sich um ein sehr solides Zahlenwerk handelt. Zum anderen, weil solide Partner beteiligt sind und weil auch der richtige Weg zum Kunden gewählt wurde. Nachdem der Weg definiert war, wurde die Vertriebsorganisation gefunden, die dafür geeignet ist. Auch das beste Produkt braucht jemanden, der es zum Kunden transportiert und erläutert. Die Persönlichkeit des Verkäufers strahlt auch auf das Produkt aus. Von jemandem mit knallbunter Krawatte und gelben Schuhen wird man so ein Produkt wahrscheinlich nicht kaufen.
Deshalb mußte es anders gemacht werden. Es ging darum, eine Breitenwirkung zu erzielen. Das Produkt mußte von seriösen Beratern erläutert werden, weil es sehr erklärungsbedürftig ist – wie alle steuersparenden Kapitalanlagen. Für den Vertrieb wurden die Volksbanken gewonnen. Das Ganze wird also über den Schalter der Volksbanken verkauft, von den Volksbanken erläutert. Der Verkauf läuft sehr gut: Die Anteile am Denkmalfonds Nr. 1 konnten im letzten Jahr in sehr kurzer Zeit verkauft werden. Die Anteile am Denkmal-

fonds Nr. 2, C-Nord, sind ebenfalls alle verkauft, und zwar noch vor Ende letzten Jahres. Inzwischen ist auch die Bautätigkeit schon im Gange.
Daß es gelungen ist, dabei auch die Zielgruppe zu erreichen, zeigt die nächste Tabelle mit der Auswertung der Zeichner nach Altersklassen.

Ausblick Denkmalfonds Nr. 3

Als nächstes steht auf dem Arbeitsprogramm für 1996, den Gebäudeblock D-Nord instandzusetzen. Hier muß noch ein bißchen gerechnet werden, weil noch nicht letzte Klarheit über die Höhe der Fördermittel besteht. Beabsichtigt ist, auch hier das gedankliche Konzept – in der Grundidee alt, in der Umsetzung auf die Allee neu – wieder anzuwenden. Damit wird man den verschiedensten Interessen gerecht: den Interessen des Denkmalschutzes, soweit das finanzierbar ist, den Interessen der Anleger, und nicht zuletzt den Belangen der Bewohner.

Auswirkungen für die Bewohner

Welche Auswirkungen gibt es da? Zunächst einmal die fast unmenschlichen Belastungen während der Kernbauphase: knöcheltiefer Schutt in der Wohnung, wochenlanger Lärm. Das ist nur auszuhalten, wenn man eine Perspektive hat. Die haben die Bewohner hier: Die Mieten werden aufgrund dieser Maßnahmen nicht nennenswert steigen. Im mietrechtlichen Sinn sind die Maßnahmen keine Modernisierung, sondern Instandsetzungen. Alles ist schon vorhanden; es wird keine Modernität in wesentlichen Teilen hinzugefügt. Deshalb kann es im Großen und Ganzen beim Mietansatz bleiben.
Rechnen wir es einfach einmal um: 6,30 DM pro Quadratmeter sind bei einer 70-Quadratmeter-Wohnung in der Allee 441 DM kalt. In dieser Lage mitten in Berlin und voll instandgesetzt! Deshalb werden die Bewohner um Verständnis gebeten, daß dafür eine gewisse Zeit der Belastung akzeptiert werden muß.

Weitere Denkmalfonds

Kann man diese Konzeption auch auf andere Baudenkmale anwenden? Natürlich, es ist eine Finanzierungskonzeption, für die es kein Copyright, keinen Urheberschutz gibt. Jeder kann das nachmachen, wenn er sich dazu aufgerufen fühlt und wenn es sich so rechnet. Das Produkt »Denkmalfonds«, das hoffentlich zu einem Markenbegriff wird, soll so oft wie möglich angewendet werden.

Anwendbarkeit auf andere Baudenkmale

Im Grunde läßt sich die hier gewählte Finanzierungslösung auf alle Baudenkmale anwenden, die wirtschaftlich genutzt werden. Also auch auf denkmalgeschützte Bürogebäude oder auf Gebäude, die von Behörden genutzt werden usw. Die Konzeption ist breiter anwendbar, und es wäre natürlich im Sinne der erhaltenen Bautätigkeit zu begrüßen, wenn sie ab und zu kopiert würde.

Rosemarie Baudisch

Verzeichnisse

Quellen und Literatur

Ungedruckte Quellen

Bundesarchiv Berlin, DH 2 (DBA) und H 1.

Landesarchiv Berlin, *FDGB-Bezirksvorstand Groß-Berlin. Organisation-Instrukteur-Abteilung* sowie Rep. 113 und Rep. 135.

Stiftung Archiv der Parteien und Massenorganisationen der DDR im Bundesarchiv Berlin, Ny 4182: *Nachlaß Walter Ulbricht,* J IV (Sitzungsprotokolle des Politbüros).

Gedruckte Quellen und Amtliche Schriften

Wissen Sie Bescheid über Berlin?, hrsg. vom Senator für Bau- und Wohnungswesen, Berlin 1958.

Gesetzblatt der DDR (1950).

Interbau Berlin 1957. Amtlicher Katalog, Berlin 1957.

Interbau Berlin 1957. Wiederaufbau Hansaviertel Berlin, H. 1, Darmstadt 1957.

Die Interbau wird diskutiert. Die ersten Ergebnisse, Wiesbaden–Berlin 1960.

Protokoll der Verhandlungen des III. Parteitages der Sozialistischen Einheitspartei Deutschlands, 20. bis 24. Juli 1950 in der Werner-Seelenbinder-Halle zu Berlin, Berlin 1951, Bd. 1.

Reise nach Moskau. Quellenedition zur neueren Planungsgeschichte (= REGIO doc. Dokumentenreihe des IRS, Nr. 1), hrsg. vom Institut für Regionalentwicklung und Strukturplanung, Berlin 1995.

Die Stadt von morgen, hrsg. vom Senator für Bau- und Wohnungswesen, Berlin 1957.

Verordnung zur Bildung eines Beirates für Architektur bei dem Magistrat von Groß-Berlin. Verordnungsblatt für Groß-Berlin, 12. Jahrgang, T. I, Nr. 14 vom 20. 2. 1956.

Verordnungsblatt für Groß-Berlin, 12. Jahrgang, T. I, Nr. 20, hrsg. vom Magistrat von Groß-Berlin; Ausgabetag 6. 3. 1956.

Verwendbarkeit des preisgekrönten Entwurfs Jobst/Kreuer für die Internationale Bauausstellung 1956 im Hansaviertel, 11. 2. 1954.

Auf halbem Wege ... von der Mietkaserne zum sozialen Wohnungsbau, hrsg. vom Senator für Bau- und Wohnungswesen, Berlin 1957.

Literatur

Rolf Badstübner/Wilfried Loth, *Wilhelm Pieck – Aufzeichnungen zur Deutschlandpolitik,* Berlin 1994.

Karl Baedeker, *Berlin und Umgebung. Handbuch für Reisende,* 19. Aufl., Leipzig 1921.

Arnulf Baring, *Der 17. Juni 1953.* Mit einem Vorwort von Richard Löwenthal, 2. Aufl., Stuttgart 1983.

Adolf Behne, *Was will die moderne Kunst?,* in: *Bildende Kunst* 2 (1948), H. 1, S. 3–6.

Adalbert Behr, *Richard Paulick 1903–1979,* in: *Große Baumeister* (= Bauakademie der DDR. Schriften des Instituts für Städtebau und Architektur), Berlin 1990, S. 297–347.

Peter Behrens. *Berlin Alexanderplatz. Pläne, Zeichnungen und Photographien zum Wettbewerb und der Bebauung 1929–1932.* Katalog der Ausstellung 14. März bis 25. April 1993, o. O. 1993.

Gerhard Beier, *Wir wollen freie Menschen sein. Der 17. Juni 1953: Bauleute gingen voran,* Frankfurt am Main–Wien 1993.

Klaus von Beyme, *Sowjetische Einflüsse auf den frühen Städtebau der DDR,* in: *Wissenschaftliche Zeitschrift der Hochschule für Architektur und Bauwesen Weimar* 39 (1993), Reihe A, H. 1/2, S. 15–20.

Ernst Bloch, *Erbschaft dieser Zeit,* Frankfurt am Main 1985.

Christian Borngräber, *Hermann Henselmann,* in: Wolfgang Ribbe/Wolfgang Schäche (Hrsg.), *Baumeister. Architekten. Stadtplaner. Biographien zur baulichen Entwicklung Berlins,* Berlin 1987, S. 559–574.

Greg Castillo, *Cities of the Stalinist Empire, in: Forms of Dominance. On the Architecture and Urbanism of the Colonial Enterprise,* Aldershot–Brookfield (USA)–Hongkong–Sydney o. J. [um 1993].

Edmund Collein, *Das nationale Aufbauprogramm – Sache aller Deutschen,* in: *Deutsche Architektur* 1 (1952, H. 1, S. 13–19.

Wir bauen Deutschlands Hauptstadt, hrsg. von der Deutschen Bauakademie und dem Nationalen Komitee für den Neuaufbau der deutschen Hauptstadt, [Leipzig 1952].

Christoph Dieckmann, *Time is on my Side. Ein deutsches Heimatbuch,* Berlin 1995.

El Lissitzky, *Čelovek, mera vsech portnych* [Der Mensch ist das Maß aller Schneider], in: *Izvestija ASNOVA,* Moskva 1926.

Ernst-Reuter-Siedlung. Zur Erinnerung an die Einweihungsfeier am 18. Juli 1954.

E. Kurt Fischer, *Hanns Hopp und seine Arbeiten,* in: Ders., *Hanns Hopp. Ein Architekt in Ostpreußen,* Berlin–Leipzig–Wien 1929, S. V–VII.

Michel Foucault, *Rux Martin u. a.,* Frankfurt am Main 1993.

Hartmut Frank (Hrsg.), *Faschistische Architekturen. Planen und Bauen in Europa 1930 bis 1945,* Hamburg 1985.

Einige Gedanken zur Turmhausarchitektur von Kurt Magritz, in: *Deutsche Architektur* 2 (1953), H. 3, S. 106–110.

Johann Friedrich Geist/Klaus Kürvers, *Das Berliner Mietshaus 1945–1949,* München 1989.

Johann Friedrich Geist/Klaus Kürvers/Dieter Rausch, *Hans Scharoun. Chronik zu Leben und Werk,* hrsg. von der Akademie der Künste, Berlin 1993.

Arnold Gfeller/Hans Mähly, *Wohnhochhäuser in Basel,* in: *Die neue Stadt. Monatsschrift für Architektur und Städtebau* 4 (1950), S. 438–440.

Wilhelm Girnus, *Zu den neuen Entwürfen für die Stalinallee,* in: *Neues Deutschland* vom 8. 2. 1953, S. 6.

Otto Grotewohl, *Volk und Kultur.* Referat zur Eröffnung der Kulturwoche der Stadt Erfurt am 24. 9. 1948, in: *Deutsche Kulturpolitik. Reden von Otto Grotewohl.* Mit einer Einleitung von Nationalpreisträger Johannes R. Becher, Dresden 1952, S. 41–55.

Simone Hain, *Zwischen sowjetischer Europapolitik und linkem Nationalismus. Ein Versuch, sich der Stalinallee zu nähern,* in: Bernd Wilczek (Hrsg.), *Berlin – Hauptstadt der DDR 1949–1989. Utopie und Realität,* Zürich–Baden Baden 1995, S. 33–51.

Simone Hain, *Die andere »Charta«. Städtebau auf dem Prüfstand der Politik,* in: *Kursbuch* 112 (1993), S. 47–62.

Simone Hain, *Reise nach Moskau. Erste Betrachtungen zur politischen Struktur des städtebaulichen Leitbildwandels des Jahres 1950 in der DDR,* in: *Wissenschaftliche Zeitschrift der Hochschule für Architektur und Bauwesen Weimar* 39 (1993), Reihe A bzw. Ausgabe A, H. 1/2, S. 5–14.

Simone Hain, *Reise nach Moskau. Wie Deutsche »sozia-*

listisch« bauen lernten, in: *Bauwelt* 83 (1992), Nr. 45, S. 2546–2558.

Simone Hain, *Mart Stam in der DDR 1948–1952. »... spezifisch, reformistisch, bauhausartig ...«* in: *form + zweck* 23 (1991), H. 2 u. 3, S. 58–61.

Magdalena Heider/Kerstin Thöns (Hrsg.), *SED und Intellektuelle in der DDR der fünfziger Jahre. Kulturbundprotokolle,* Köln 1990.

Hermann Henselmann, *Der reaktionäre Charakter des Konstruktivismus* [4. Dezember 1951], in: *Andreas Schätzke, Zwischen Bauhaus und Stalinallee. Architekturdiskussion im östlichen Deutschland 1945–1955.* Mit einer Schlußbetrachtung von Thomas Topfstedt (= Bauwelt Fundamente 95), Braunschweig–Wiesbaden 1991, S. 146–148.

Hermann Henselmann, *Karl Friedrich Schinkel. Eine Studie,* in: *Über Karl Friedrich Schinkel,* hrsg. von der Deutschen Bauakademie, Berlin 1951, S. 6–28.

Hermann Henselmann, *Aus der Werkstatt des Architekten,* in: *Deutsche Architektur* 1 (1952), H. 4, S. 156–165.

Hermann Henselmann, *Formalismus und Realismus,* in: *Planen und Bauen* 4 (1950), H. 8, S. 244–248 und H. 9, S. 282–287.

Eugen Hoffmann. *Lebensbild – Dokumente – Zeugnisse* (= Wissenschaftliche Beiträge 27), hrsg. von der Hochschule für Bildende Künste, Dresden 1985.

Hanns Hopp, *Werkstattbericht zum Projekt Stalinallee,* in: *Deutsche Architektur* 1 (1952), H. 2, S. 66–72.

Reginald R. Isaacs, *Walter Gropius. Der Mensch und sein Werk,* Berlin 1984.

Kurt Junghanns, *Zwei interessante städtebauliche Dokumente,* in: *Planen und Bauen* 5 (1951), Nr. 2, S. 39–40.

Kurt Junghanns, *Der deutsche Werkbund. Sein erstes Jahrzehnt,* Berlin 1982.

Gerhard Keiderling, *Berlin 1945–1986. Geschichte der Hauptstadt der DDR,* Berlin 1987.

Willi Kreuer/Gerhard Jobst, *Erläuterungen zum Wettbewerbsbericht für die Bebauung des Hansaviertels,* Berlin 1953.

Hans Lauter, *Der Kampf gegen den Formalismus in Kunst und Literatur,* Berlin [1951].

Kurt Liebknecht, *Fragen der deutschen Architektur.* Referat auf dem 1. Deutschen Architektenkongreß Berlin, Dezember 1951.

Kurt Liebknecht, *Im Kampf um eine neue deutsche Architektur,* in: *Neues Deutschland,* Nr. 36, Ausgabe A, vom 13. 2. 1951, S. 3–4.

Dittmar Machule/Hans Stimmann, *Auf der Suche nach der Synthese zwischen heute und morgen. Zum Städtebau der Nachkriegszeit in der DDR,* in: *Bauwelt* 72 (1981), S. 2165–2172.

Marco De Michelis/Marco Pogatcnik, *Intervista a Hermann Henselmann,* in: Fondazione Masieri, Berlino, *Henselmann e la Stalinallee,* Anno II, mostra n. 9, Venedig 19. 11. 1988–14. 2. 1989.

Manfred Müller, *Das Leben eines Architekten. Portrait Richard Paulick,* Halle an der Saale 1975.

1945. *Krieg – Zerstörung – Aufbau. Architektur und Stadtplanung 1940–1960* (= Schriftenreihe der Akademie der Künste, Bd. 23), Berlin 1995.

Elke Pistorius (Hrsg.), *Der Architektenstreit nach der Revolution,* Basel–Boston–Berlin 1992.

Gerhard Rabeler, *Wiederaufbau und Expansion westdeutscher Städte 1945–1960 im Spannungsfeld von Reformideen und Wirklichkeit. Ein Überblick aus städtebaulicher Sicht* (= Schriftenreihe des Deutschen Nationalkomitees für Denkmalschutz, Bd. 39), Bonn o. J.

Aus der Rede des Stellvertretenden Ministerpräsidenten Walter Ulbricht auf dem Deutschen Architektenkongreß Berlin am 8. XII. 1951, in: *Deutsche Architektur* 1 (1952), H. 1, S. 2–3.

Alfred Rennert, *Die Bodenordnung im Hansaviertel,* Berlin 1957.

Alfred Rennert, *Was kostet eine Bodenordnung? Erfahrungen vom Hansaviertel Berlin,* in: *Artikeldienst Interbau* vom 4. 5. 1956.

Wolfgang Ribbe, *Der 17. Juni 1953 in Berlin. Vor-*

geschichte, Verlauf und politische Folgen (= Ausstellungskataloge des Landesarchivs Berlin, Bd. 12), Berlin 1993.

Wolfgang Ribbe, *Der 17. Juni in der DDR. Ursachen – Ereignisse – Nachwirkungen,* in: *Magdeburg 17. Juni 1953,* Magdeburg 1993.

Herbert Riecke, *Mietskasernen im Kapitalismus – Wohnpaläste im Sozialismus,* Berlin 1954.

Andreas Schätzke, *Zwischen Bauhaus und Stalinallee. Architekturdiskussion im östlichen Deutschland 1945–1955.* Mit einer Schlußbetrachtung von Thomas Topfstedt (= Bauwelt-Fundamente, Bd. 95), Braunschweig–Wiesbaden 1991.

Der Schrei nach dem Turmhaus. Der Ideenwettbewerb Hochhaus am Bahnhof Friedrichstraße BERLIN 1921/22. Katalog der Ausstellung vom 12. 10. 1988 bis 8. 1. 1989 im Bauhaus-Archiv, Museum für Gestaltung, Berlin 1988.

Andrei A. Shdanow, *Über Kunst und Wissenschaft*, Berlin 1951.

Karl Souradny, *Die künstlerische Gestaltung des Bauabschnittes F an der Stalinallee,* in: *Deutsche Architektur* 2 (1953), H. 1, S. 6–12.

Für einen fortschrittlichen Städtebau – für eine neue deutsche Architektur. Grundsätze und Beiträge zu einer Diskussion, hrsg. von der Deutschen Bauakademie, Leipzig 1951.

Josef Stalin, *Der Marxismus und die Fragen der Sprachwissenschaft,* Berlin 1951.

Vom Strausberger Platz zum Alexanderplatz, in: *Deutsche Architektur* 9 (1959), H. 1, S. 16–24.

Alexej Tarchanow/Sergej Kawtaradse, *Stalinistische Architektur,* München 1992.

Claus Träger, *Studien zur Erbetheorie und Erbeaneignung* (= Reclam Universal Bibliothek 907 – Kunstwissenschaften), Leipzig 1981.

Walter Ulbricht, *Die Großbauten im Fünfjahrplan. Rede auf dem III. Parteitag der SED,* in: *Neues Deutschland* vom 23. 7. 1950.

Das Grosse Vorbild und der sozialistische Realismus in der Architektur und in der Malerei. Vorträge von Dr. Kurt Liebknecht, Präsident der Deutschen Bauakademie, Professor Kurt Magritz, zusammengestellt und hrsg. vom Haus der Kultur der Sowjetunion, Berlin 1952.

Martin Wagner, *Potemkin in Westberlin – Zehn offene Briefe,* Berlin 1957.

Wilhelm Westecker, *Die Wiedergeburt der deutschen Städte,* Düsseldorf–Wien 1962.

Ludwig Wittgenstein, *Briefwechsel,* Frankfurt am Main 1980, Brief 87.

Paul Wolf, *Das Hochhaus im Neuaufbau zerstörter Städte,* in: *Neue Bauwelt* (1950), H. 7: Architekturteil, S. 25–29.

Personen

Beide Register beziehen sich ausschließlich auf den Text, nicht auf die Anmerkungen und die Bildlegenden.

Orte und Standorte

Das Register umfaßt neben den Ortschaften im engeren Sinne auch historisch-geographische Begriffe sowie Straßennamen. Sofern kein anderer Ort angegeben ist, waren bzw. sind die genannten Standorte in Berlin zu finden.

Bildnachweis

Neben den Beitragsautoren stellten freundlicherweise Abbildungsvorlagen zur Verfügung:

Archiv für Kunst und Geschichte, Berlin
AWEG Verlag Max Kurz K.G., Stuttgart
Wolfgang Bittner
Büchergilde Gutenberg, Frankfurt am Main/Wien
Dutschmann
Institut für Regionalentwicklung und Strukturplanung – Wissenschaftliche Sammlungen
Willy Jacobsen
Landesarchiv Berlin
Landesbildstelle Berlin
Landesdenkmalamt Friedrichshain
Michael Lindner
Sammlungen des Magistrats von Groß-Berlin, Bereich Bauwesen und Investitionen, Abt. Städtebau und Architektur
Wolfgang Reuss
Senatsverwaltung für Stadtentwicklung, Umweltschutz und Technologie (Landesdenkmalamt)
Franziska Schmidt
VEB Verlag für Bauwesen
Wohnbaugesellschaft Friedrichshain

Autoren

BODENSCHATZ, HARALD, Dr. rer. pol., Professor für Planungs- und Architektursoziologie am Institut für Soziologie der Technischen Universität Berlin

BÖHM-KLEIN, JOHANNA, Dr. phil., Wissenschaftliche Mitarbeiterin, Berlin

BUTTER, ANDREAS, Kunsthistoriker, Berlin

DEITERS, LUDWIG, Dr. Ing., Professor für Denkmalpflege und Generalkonservator a. D., Berlin

ENGEL, HELMUT, Dr. phil., Honorarprofessor am Kunsthistorischen Institut der Freien Universität Berlin; Leiter der Obersten Denkmalschutzbehörde Berlin

GIBBINS, OLAF, Dipl. Ing., Architekt, Hamburg/Potsdam/Berlin

HAIN, SIMONE, Dr. phil., Wissenschaftliche Mitarbeiterin am Institut für Regionalplanung und Strukturentwicklung, Erkner

HARTUNG, ULRICH, Dr. phil., Kunsthistoriker, Berlin

HASPEL, JÖRG, Dipl. Ing. phil., Leiter des Landesdenkmalamtes Berlin

LANKEN, HENNING VON DER, Staatssekretär a. D., Potsdam

MÖLLER, DONALD, Dipl.-Volkswirt, Direktor und Projektleiter bei der Deutschen Pfandbrief Immobilienmanagement AG, Wiesbaden

RIBBE, WOLFGANG, Dr. phil., Professor am Fachbereich Geschichtswissenschaften der Freien Universität Berlin, Vorsitzender der Historischen Kommission zu Berlin

STORK, HANS-ULRICH, Vorstand der Deutschen Pfandbrief- und Hypothekenbank AG, Wiesbaden

TSCHESCHNER, DOROTHEA, Dr. Ing. Arch., Leitende Stadtplanerin a. D., Berlin